高等职业教育财经类规划教材（物流管理专业）

现代物流运筹学

（第3版）

沈家骅　主　编
李春富　副主编

电子工业出版社

Publishing House of Electronics Industry
北京·BEIJING

内 容 简 介

本书根据全国高等职业教育物流管理专业规划教材的教学大纲编写而成。全书内容包括：物流的基本含义、物流与运筹学的关系、线性规划及其数学模型、整数规划的数学模型、物流管理中的运输问题和库存问题、动态规划与网络计划、对策论与对策模型、Excel在物流管理中的运用及物流运筹问题建模方法等。

本书内容深入浅出、结合实际，突出职业教育的特点，不仅适合作为高等职业教育物流管理专业的专业课教材，也适合企业物流管理人员阅读和参考。

未经许可，不得以任何方式复制或抄袭本书之部分或全部内容。
版权所有，侵权必究。

图书在版编目（CIP）数据

现代物流运筹学 / 沈家骅主编. —3版. —北京：电子工业出版社，2011.1
高等职业教育财经类规划教材·物流管理专业
ISBN 978-7-121-12136-4

Ⅰ. ①现… Ⅱ. ①沈… Ⅲ. ①物流－运筹学－高等学校：技术学校－教材 Ⅳ. ①F252

中国版本图书馆 CIP 数据核字（2010）第 210869 号

策划编辑：张云怡
责任编辑：陈　虹　　　特约编辑：尹杰康
印　　刷：北京虎彩文化传播有限公司
装　　订：北京虎彩文化传播有限公司
出版发行：电子工业出版社
　　　　　北京市海淀区万寿路173信箱　邮编 100036
开　　本：787×1 092　1/16　印张：13.75　字数：352千字
版　　次：2004年8月第1版
　　　　　2011年1月第3版
印　　次：2020年12月第14次印刷
定　　价：26.00元

凡所购买电子工业出版社图书有缺损问题，请向购买书店调换。若书店售缺，请与本社发行部联系，联系及邮购电话：(010) 88254888，88258888。
质量投诉请发邮件至 zlts@phei.com.cn，盗版侵权举报请发邮件至 dbqq@phei.com.cn。
本书咨询联系方式：(010) 88254573，zyy@phei.com.cn。

序

物流（Logistics）是一个控制原材料、制成品、产成品和信息的系统。物质资料从供给者到需求者的物理运动，是创造时间价值、场所价值和一定的加工价值的活动。物流是指物质实体从供应者向需求者的物理移动，它由一系列创造时间价值和空间价值的经济活动组成，包括运输、保管、配送、包装、装卸、流通加工及物流信息处理等多项基本活动，是这些活动的统一。

1990年以来，全球互联网络以不可思议的速度迅猛发展，与之相生相伴的是贸易、物流、信息全球化的步伐开始加快。尤其是WTO取代GATT后，全球化的趋势更是不可遏止，由此，更带来了现代物流业的飞速发展。

互联网促进了全球化，同样，物流系统也可像互联网般，促进全球化。贸易上，若要与世界联系，必须倚赖良好的物流管理系统。市场上的商品很多是"游历"各国后才来到消费者面前的。产品的"游历"路线正是由物流师计划、组织、指挥、协调、控制和监督的，使各项物流活动实现最佳的协调与配合，以降低物流成本，提高物流效率和经济效益。

进入21世纪后，以新型流通方式为代表的连锁经营、物流配送、电子商务等产业在中国发展迅速，服务业对整个国民经济的发展越来越重要。物流服务业被誉为是"21世纪最具发展潜力"的行业之一，并且已经成为中国经济新的增长点。

随着社会主义市场经济体制的建立，我国逐步建立了一个比较完整的物流教育体系。然而，随着社会对物流人才需求数量的急剧上升，人才供需矛盾日益显现。总体上看，我国高校大多仍处在自行设计课程与实践的阶段，与境外物流产业人才相比，差距主要体现在人员素质以及物流知识和技能与实践脱节等方面。

物流学科是一门综合学科，物流产业是一个跨行业、跨部门的复合产业，同时又具有劳动密集型和技术密集型相结合的特征。发展物流专业高等职业教育是完善物流教育多层次体系的需要，也是满足对物流人才需求多样化的需要。

2004年1月，电子工业出版社组织全国各地30余所高职院校的优秀教师编写了"高等职业教育物流管理专业"系列规划教材，时隔6年，如今该系列教材已经修订到第3版，在此期间，全国有百余所院校使用过这个系列的教材，获得了任课教师和学生的普遍好评。其中多种教材被评为"普通高等教育'十一五'国家级规划教材"，这更是对教材质量的肯定。

近年来，高等职业院校教学改革和课程改革稳步推进，不断深化。为使教材更好地适应市场，方便教师教和学生学，编者不断收集和征求一线教师的意见和建议，紧随物流行业发展趋势，认真调研并分析物流企业各个岗位的实际需求，不断修正和完善书中的内容，使教材内容最大限度的贴近实际岗位要求。

3版教材保留了2版教材的精髓，同时弥补了2版教材的不足。在内容方面体现了物流领域的新知识、新技术、新思想、新方法；在编写方法上坚持"岗位"引领、"工作过程"导向，突出"实用性、技能性"，提高学生动手能力，注重现实社会发展和就业的需求。

相信第3版教材更加贴合学校教学，更为适应企业对技能型人才的需要，希望修订教材的出版和使用能为培养优秀的物流专业人才起到积极地推动作用。

黄有方

教育部物流专业教学指导委员会　副组长
中国物流学会　副会长
上海海事大学　副校长
2010年10月

前 言

"现代物流运筹学"是物流专业人才必须熟练掌握的一门重要专业课程。第二次世界大战时期,美军开始系统地研究军事后勤保障问题及后勤服务中的物资和武器设备的调运问题,研究成果后来分别发展为物流学和运筹学。运筹学在战后更是被运用到包括经济在内的相关行业,并迅速发展成为一门比较完备的学科。相对而言,物流学科发展比较缓慢,但物流学与运筹学的相互联系、相互渗透和交叉发展更紧密了。

本书在编写过程中以实例结合理论,将应用技术具体化,避免烦琐的数学公式推导,通俗易懂,强调对读者实践能力的培养,因而特别符合高职高专学生的学习要求,使他们能利用本教材掌握课程要点,为以后的工作和学习打好基础。

本书可作为高等职业教育物流管理、运输、货运等专业的教材或教学参考书,也适合企事业单位管理人员和工程技术人员阅读和参考。书中每一章都附有思考题和练习题,可帮助读者复习和巩固所学的内容。

本书在第1版、第2版的基础上对内容进行了修改,对某些章节内容进行了调整,从而使教材内容更适合高职高专学生的学习要求。

全书内容包括物流的基本概念、物流与运筹学的关系、线性规划、整数规划、运输问题、库存管理、动态规划、网络计划、对策论及使用Excel求解运筹学问题的方法等。

参加本书编写工作的人员及其分工情况如下:李春富(宁波城市学院)编写了绪论、线性规划部分;赵刚(上海海事大学)编写了整数规划部分;盛子宁(上海海事大学)编写了动态规划部分;王新平(西安科技大学)编写了使用Excel求解运筹学问题的方法部分;陈秀英(上海市工业技术学校)编写了运输问题部分;沈家骅(上海海事大学)编写了库存管理、网络计划、对策论部分;最后由沈家骅统稿并任主编。张修丽(上海海事大学)对本书的编写工作提供了很多的帮助,在此表示衷心的感谢。

由于时间仓促和水平有限,错漏之处在所难免,恳请广大读者指正。

编 者
2010年8月于上海

Contents 目录

绪论

- 0.1 物流的基本含义 ……………………………………………………………（1）
  - 0.1.1 物流概念产生的背景 …………………………………………………（1）
  - 0.1.2 物流概念的内涵 ………………………………………………………（2）
  - 0.1.3 物流学的产生和发展 …………………………………………………（3）
- 0.2 物流与运筹学的关系 ……………………………………………………（4）
  - 0.2.1 运筹学是物流现代化的技术支持 ……………………………………（4）
  - 0.2.2 运筹学的主要研究方向 ………………………………………………（5）
- 0.3 我国运筹学应用研究 ……………………………………………………（7）
  - 0.3.1 我国古代运筹学运用案例 ……………………………………………（7）
  - 0.3.2 我国现代对运筹学的应用和认识 ……………………………………（8）
- 绪论小结 ……………………………………………………………………（8）
- 思考与练习 …………………………………………………………………（8）

第1章 线性规划

- 1.1 线性规划及其数学模型 …………………………………………………（10）
  - 1.1.1 案例 ……………………………………………………………………（10）
  - 1.1.2 线性规划的一般模型 …………………………………………………（13）
- 1.2 线性规划的图解法 ………………………………………………………（14）
- 1.3 线性规划问题标准化 ……………………………………………………（17）
  - 1.3.1 线性规划问题的标准型 ………………………………………………（17）
  - 1.3.2 非标准型线性规划问题的标准化 ……………………………………（18）
- 1.4 单纯形法的基本步骤和计算 ……………………………………………（19）
- 1.5 改进的单纯形法和对偶问题 ……………………………………………（23）
  - 1.5.1 改进的单纯形法 ………………………………………………………（23）
  - 1.5.2 对偶问题 ………………………………………………………………（23）
- 1.6 线性规划问题应用案例 …………………………………………………（25）
- 1.7 单纯形法的原理 …………………………………………………………（28）
- 1.8 线性规划问题的 Excel 处理 ……………………………………………（29）
  - 1.8.1 电子表格软件 Excel 简介 ……………………………………………（29）
  - 1.8.2 使用 Excel 建立数学公式并输入数据 ………………………………（31）

1.8.3　使用 Excel 求解 ……………………………………………………（33）
　　1.8.4　Excel 求解实例 …………………………………………………（36）
本章小结 ………………………………………………………………………（38）
思考与练习 ……………………………………………………………………（39）

第 2 章　整数规划

2.1　整数规划的数学模型 ………………………………………………（42）
　　2.1.1　案例 ………………………………………………………………（42）
　　2.1.2　整数规划数学模型的一般形式 …………………………………（43）
2.2　分枝定界法 …………………………………………………………（45）
　　2.2.1　案例 ………………………………………………………………（45）
　　2.2.2　分枝定界法的一般步骤 …………………………………………（49）
2.3　指派问题 ……………………………………………………………（49）
　　2.3.1　指派问题及其数学模型 …………………………………………（49）
　　2.3.2　匈牙利法 …………………………………………………………（51）
　　2.3.3　对匈牙利法的两点说明 …………………………………………（54）
2.4　指派问题的 Excel 处理 ……………………………………………（54）
　　2.4.1　指派问题的模型特点 ……………………………………………（54）
　　2.4.2　指派问题的 Excel 处理 …………………………………………（55）
本章小结 ………………………………………………………………………（57）
思考与练习 ……………………………………………………………………（57）

第 3 章　运输问题

3.1　运输问题模型 ………………………………………………………（60）
3.2　运输问题的表上作业法 ……………………………………………（62）
　　3.2.1　产销平衡运输问题的表上作业法 ………………………………（62）
　　3.2.2　产销平衡运输问题表上作业法步骤 ……………………………（68）
　　3.2.3　利用位势法求检验数 ……………………………………………（72）
　　3.2.4　确定初始方案的其他方法 ………………………………………（74）
3.3　产销不平衡的运输问题 ……………………………………………（77）
3.4　运输问题应用案例 …………………………………………………（80）
3.5　运输问题的 Excel 处理 ……………………………………………（85）
　　3.5.1　运输问题模型的特点 ……………………………………………（85）
　　3.5.2　运输问题的 Excel 处理 …………………………………………（85）
本章小结 ………………………………………………………………………（87）
思考与练习 ……………………………………………………………………（87）

第 4 章 库存管理

4.1 存储模型的基本概念 ……………………………………………………………（92）
4.1.1 需求 …………………………………………………………………………（92）
4.1.2 补充 …………………………………………………………………………（93）
4.1.3 费用 …………………………………………………………………………（94）
4.1.4 存储策略 ……………………………………………………………………（94）
4.2 确定型存储模型 ………………………………………………………………（95）
4.2.1 模型Ⅰ：不允许缺货的订货-销售存储模型 …………………………………（95）
4.2.2 模型Ⅱ：不允许缺货的生产-销售模型 ………………………………………（97）
4.2.3 模型Ⅲ：允许缺货的订货-销售存储模型 ……………………………………（100）
4.2.4 模型Ⅳ：有批量折扣的经济批量模型 ………………………………………（102）
4.3 随机性存储模型 ………………………………………………………………（104）
4.3.1 需求为离散型随机变量的存储模型 …………………………………………（104）
4.3.2 需求为连续型随机变量的存储模型 …………………………………………（107）
本章小结 ……………………………………………………………………………（108）
思考与练习 …………………………………………………………………………（109）

第 5 章 动态规划

5.1 引例 ………………………………………………………………………………（111）
5.2 动态规划的基本概念 …………………………………………………………（113）
5.2.1 动态规划的基本名词 …………………………………………………………（114）
5.2.2 最优化原理与动态规划基本方程 ……………………………………………（116）
5.3 动态规划应用案例 ……………………………………………………………（122）
5.3.1 资源分配问题 …………………………………………………………………（122）
5.3.2 背包问题 ………………………………………………………………………（125）
5.3.3 生产库存问题 …………………………………………………………………（128）
5.4 动态规划问题的 Excel 处理 …………………………………………………（137）
本章小结 ……………………………………………………………………………（140）
思考与练习 …………………………………………………………………………（140）

第 6 章 网络计划

6.1 网络计划技术 …………………………………………………………………（145）
6.2 网络计划的基本概念 …………………………………………………………（145）
6.3 网络图的绘制 …………………………………………………………………（147）
6.3.1 网络图绘制规则 ………………………………………………………………（147）
6.3.2 网络图的事项（结点）顺序编号 ……………………………………………（151）

6.4 关键路线（CP）的概念及时间参数 (151)
6.4.1 关键路线的概念 (151)
6.4.2 时间参数及其计算 (152)
6.4.3 矩阵计算法 (157)
6.5 网络计划的优化方法 (159)
6.6 工序时间的确定 (166)
本章小结 (168)
思考与练习 (168)

第7章 对策论

7.1 引言 (172)
7.2 对策模型的基本要素 (173)
7.3 矩阵对策（两人有限零和对策） (174)
7.3.1 矩阵对策（两人有限零和对策）的表示 (175)
7.3.2 矩阵对策（两人有限零和对策）的纯策略 (176)
7.3.3 矩阵对策的混合策略 (179)
7.4 求解矩阵对策的方法 (183)
7.4.1 图解法 (183)
7.4.2 线性规划法 (186)
7.5 对策模型应用案例 (188)
本章小结 (190)
思考与练习 (190)

附录A 练习题参考答案

练习题参考答案 (194)

附录B 物流运筹问题建模概述

B.1 解决问题、制定决策与定量分析 (206)
B.2 定量分析方法简介 (207)
B.3 物流运筹常用方法 (209)

参考文献

参考文献 (210)

绪 论

内容提要
- ☑ 物流的基本含义
- ☑ 物流与运筹学的关系
- ☑ 我国运筹学的应用研究

0.1 物流的基本含义

物流是一个随着经济的发展而发展起来的概念,它是世界经济迅速发展和科学技术不断进步的产物,是社会进步的标志。社会化大生产特别是工业化的实现,使得产品极大丰富,产品的大量交换、运输和仓储成为必然。各种各样物资的流动与日俱增,越来越受到人们的关注。

物流作为新兴的服务产业,是国民经济发展的动脉。在国际上,物流产业已经被认为是继原材料、劳动力之外的"第三利润源泉"。

中国政府清楚地认识到,作为新的经济增长点的现代物流业的发展必将成为中国在21世纪实现国民经济发展的基础产业。加快现代物流的发展,不断优化资源配置,增强企业核心竞争力,提高经济运行质量,对推动国民经济的持续发展具有十分重要的意义。为此,国家计划发展委员会、国家经济贸易委员会在其发布的《当前国家重点鼓励发展的产业、产品和技术目录》中,将发展物流配送中心列为重点鼓励发展的对象。

0.1.1 物流概念产生的背景

在20世纪初期的美国,首先出现了"物流(physical distribution)"一词。在第二次世界大战中,围绕战争中各种军用物资的供应和军队的调动,美国国防部适时地推出了"后勤(logistics)"理论,并将其运用到战时的物资运输、仓储、补给及军队的屯驻和调动等全面管理之中。这时的"后勤"主要强调:一定要将战时物资装备的生产、采购、配给和运输等活动作为一个整体进行运作,以此保证物资装备补给速度最快、费用最低、服务最好,并能够安全地运达目的地,从而确保战争的胜利。第二次世界大战结束后,美国军方很多人认为,美国赢得战争不是靠原子弹而是靠安全而强大的后勤保障,甚至有"打的就是后勤"的说法。后勤理论的重要性不言而喻。于是,后勤理论逐步被引入工业和商业,被人们称为"工业后勤"和"商业后勤"。这时,"后勤"包含了商品生产过程和商品流通过程中的物流。

20世纪50年代,日本将"physical distribution"翻译为"物之流通",于是物流一词产生。20世纪80年代中期,日本也开始采用"logistics"一词。现在的日本已经成为世界上物流最发达的国家之一。

在中国,人们对物流一词的应用是从20世纪80年代开始的。1983年出版的《经济大辞典》初次编入了"物流合理化"的词条,解释为"合理组织物资流通,以提高经济效益的各种措施的总称。包括合理包装、合理仓储、合理运输、合理保管,以及合理为用户服务"。1988年出版的《物资管理知识手册》,在把流通过程分解为物流、商流、资金流和信息流时,指出物流是"物资在卖方和买方之间实物形态上的流通过程"。

0.1.2 物流概念的内涵

由于世界各国对物流概念的不断研究,物流的内涵和外延有了新的发展。目前,绝大多数国家采用了后勤(logistics)的概念,但对物流的理解和对其概念的表达方式仍然仁者见仁、智者见智,不尽相同。以下是几种比较具有代表性的观点。

美国物流管理学会(CLM)1999年对物流的定义为:"Logistics is that part 'the supply chain that plans, implement, and controls the efficient, effective flow and storage of goods, services and related information, from the point of origin to the point of consumption in order to customer requirements'."即物流是供应链的一个组成部分,在满足客户需求的整个过程中,它通过计划、实施和控制,使产品、服务及相关信息能够从起点到消费终点有效并高效地流通和存储。

日本日通综合研究所对物流的定义是:"物流是物质资料从供应地向需求者的物理性移动,是创造时间性、场所性价值的经济活动。"这个定义比较重视物流经济效益的研究,把物流的价值属性反映在了物流的定义之中。日本早稻田大学的西泽修教授,在定义物流时称"在物资流通中加进情报流通便称之为物流",则把信息流通和情报引入到了物流的定义中。

2001年4月,我国正式颁布了《物流术语》(GB/T 18354—2001),同年8月正式实施。《物流术语》中把物流这种"实物形态上的流动"的概念表述为:"物品从供应地向接受地的实体流动过程。根据实际需要,将运输、存储、装卸、搬运、包装、流通加工、配送、信息处理等基本功能实施有机结合"。

国际著名的埃森哲(Accenture)咨询公司干脆就把物流定义为"对静止或运动中的存货的管理",即物流是指物料或商品在空间与时间上的位移,而现代物流管理就是将在这一过程中发生的信息、运输、库存、搬运及包装等物流活动综合起来的一种新型的集成式管理。具体来说,物流的任务可以概括为"7 rights":以适当的成本(right cost),在恰当的时间(right time)、恰当的地点(right place)、适当的条件(right condition),将具有良好质量的(right quality)、合适的产品(right product)送到适合的顾客(right customer)手中。

物流作为一个独立的概念,将同资金流、信息流一起共同作用于社会经济活动的各个方面,它们相互联系、相互依存,并互为补充,从而实现社会经济的高速增长。

现代物流的概念与传统物资储运的概念在内涵上是有区别的。物资仓储运输活动并不能涵盖物流本身的主要理由在于：第一，现代物流的概念比传统的物资储运所涵盖的内容更为广泛。物资仓储运输仅仅是指存储、运输这两个环节，而现代物流则是一种综合物流，除流通过程中的物流外，还包含为生产服务的生产供应物流、销售物流、回收物流、废弃物物流及相关信息活动等。第二，现代物流更注重生产、采购、运输、存储、物料搬运、包装及信息等活动的系统整合，从而达到整个物流活动的整体最优化，而物资仓储运输只注重自身环节的最优化。

0.1.3 物流学的产生和发展

20世纪50年代新发展起来的物流学是一门实践性很强的综合性交叉学科，它全面融会了经济、技术和管理等学科的有关内容，揭示了采购、运输、存储、装卸搬运、包装、流通加工、信息处理、客户管理等物流各要素的内在联系，已经成为当代最有影响的新兴学科之一。

1979年，英国物料搬运中心对全英国物料搬运费用进行调查统计，结果表明，在从原料获取到把产品送至用户的整个过程中，只有27%的费用是生产成本，其他费用都消耗在供应、销售、存储和运输等过程中。对于这个调查结果，美国、德国、英国等国家的专家普遍认为，现代工业发达国家已从生产性社会过渡为供应性社会，在劳动生产率水平已经很高的今天，经济水平的提高主要取决于物流效率，而不是生产过程本身。大规模生产和大量消费促使经济活动中的物流规模日趋庞大和复杂，物流活动的低效率、高成本成为对社会再生产发展的制约因素，因此，管理科学与技术的重心不得不向流通领域转移。在这种情况下，明智而有效的办法是改善物流水平和效率，从而降低企业生产的系统成本。事实上，现代管理技术与方法应用到物流管理中后，迅速产生了"十分惊人的效果"。1994年，美国的物流年度开支第一次略少于GDP的10%，为9.9%。这使一些发达国家的学者们纷纷将视线转移到物流这个尚未被触及的新领域。欧洲、美国和日本等经济发达国家和地区专门成立了多种物流研究机构，创办了一系列的学术刊物，出版有关物流的图书，并多次召开了国际、国内物流学术交流会和研讨会，交流物流研究成果。经过近半个世纪的物流理论研究与实践，一门独立的学科——物流学逐步形成了。

物流学是研究物流过程规律性及物流管理方法的学科。它主要研究物流过程中各种技术和经济管理的理论和方法，研究如何对物流过程中的有限资源，如物质资源、人力资源、资金、时间与信息等进行计划、组织、协调和控制，以期达到最佳效率和获得最大效益。

物流学的研究方法主要来自于社会科学、自然科学和技术科学的研究方法，如信息论、系统论、经济数学和运筹学等，这些理论与方法贯穿于物流学的理论研究和具体实践之中。

目前，我国物流成本占GDP的16.7%，而发达国家仅为10%。根据世界银行的估算，"十五"期间，如果我国目前这一比例降到15%，每年将会为全社会直接节省约2 400亿元物流成本，因此，物流学基本理论在中国的研究和实践显得特别迫切。我国物流研究方面的工作者如李京文、王之泰等，在建立、完善物流学的理论体系、学科建设和具体实践等方面也进行了卓有成效的研究。

0.2 物流与运筹学的关系

如前所述，物流与运筹学都起源于20世纪40年代的第二次世界大战，两者一开始就互相渗透、交叉发展。它们具有紧密的联系：一方面，物流业的发展离不了运筹学的技术支持；另一方面，运筹学的应用研究也大都是围绕物流管理展开的。

"Operation Research"原意是操作研究、作业研究、运用研究、作战研究，译为运筹学，是借用了《史记》"运筹策于帷幄之中，决胜于千里之外"一语中"运筹"二字，既显示其军事的起源，也表明它在我国已早有萌芽。

运筹学作为一门现代科学，有的学者把运筹学描述为就组织系统的各种经营做出决策的科学手段。P. M. Morse 与 G. E. Kimball 在他们的奠基作中给运筹学下的定义是："运筹学是在实行管理的领域，运用数学方法，对需要进行管理的问题统筹规划，做出决策的一门应用科学。"运筹学的另一位创始人定义运筹学为："管理系统的人为了获得关于系统运行的最优解而必须使用的一种科学方法。"运筹学使用许多数学工具（包括概率统计、数理分析、线性代数等）和逻辑判断方法，研究系统中人、财、物的组织管理、筹划调度等问题，以期系统发挥最大效益。

0.2.1 运筹学是物流现代化的技术支持

物流现代化不仅仅是物流工具的现代化。物流运筹学的发展体现了泰勒所提出的"科学管理"的内涵，强调运用数学和统计学手段解决生产、运输、仓储等过程中的运筹问题。事实上，现代物流管理所表现出的复杂性已经不是简单的算术所能解决的。以电子计算机为手段，应用运筹学、数理统计等方法和系统理论，已经成为支撑现代物流管理的有效途径。物流现代化管理必须具有运筹学的技术支撑。

1. 运筹学的特点

运筹学主要具有以下3个特点。

（1）运筹学已被广泛应用于工商企业、军事部门、民政事业等研究组织内的统筹协调问题，故其应用不受行业、部门的限制。

（2）运筹学既可对各种经营活动进行创造性的科学研究，又涉及组织的实际管理问题，因此它具有很强的实践性，最终能向决策者提供建设性意见，并收到实效。

（3）运筹学以整体最优为目标，从系统的观点出发，力图以整个系统最佳的方式来解决该系统各部门之间的利害冲突；对所研究的问题求出最优解，寻求最佳的行动方案，所以它也可看成是一门优化技术，提供的是解决各类问题的优化方法。

2．运筹学的研究方法

运筹学主要有以下三种研究方法。

（1）从现实生活场合抽出本质的要素来构造数学模型，因而可寻求一个跟决策者的目标有关的解。

（2）探索求解的结构并导出系统的求解过程。

（3）从可行方案中寻求系统的最优解。

0.2.2 运筹学的主要研究方向

运筹学（operation research）也称为作业研究，是运用系统化的方法，通过建立数学模型及其测试，协助达成最佳决策的一门学科。它主要研究经济活动和军事活动中能用数量来表达的有关运用、筹划与管理等方面的问题。它根据问题的要求，通过数学的分析与运算，做出综合性的合理安排，以达到更加经济、有效地配置人力、物力、财力等资源。

运筹学的主要分支有规划论、图论、网络分析、存储论、对策论等，它们在物流管理中得到了广泛的应用。许多关于运筹学的著作把排队论也作为运筹学的一个分支。

1．规划论

在生产和经营管理工作中，经常要研究计划管理工作中有关安排和估计的问题，特别是如何有效地利用有限的人力、财力和物力来取得最优的经济效果。这类问题一般可以归纳为在满足既定的要求下，按某一衡量指标来寻求最优方案的问题。这类问题其实就是规划问题。

如果问题的目标函数和约束条件的数学表达式都是线性的，则称为"线性规划（linear programming）"问题。"线性规划"问题只有一个目标函数，其建模相对简单，有通用的算法和计算机软件。用线性规划可以解决的典型问题有生产计划问题、混合配料问题、下料问题和运输问题等。

如果问题的目标函数和约束条件的数学表达式不都是线性的，则称为"非线性规划（nonlinear programming）"问题。非线性规划在很多工程问题的优化设计中具有重要作用，是优化设计的有力工具。

如果所考虑的规划问题可划分为几个阶段求解，则称为"动态规划（dynamic programming）"问题。动态规划问题也有目标函数和约束条件。该方法根据多阶段决策问题的特点，提出了多阶段决策问题的最优性原理，可以解决生产管理和工程技术等领域中的许多实际问题，如最优路径问题、资源分配问题、生产计划问题和库存问题等。

2．图论和网络分析（graph theory and network analysis）

图论是运筹学的一个古老但又十分活跃的分支，它是网络技术的基础。图论的创始人是数学家欧拉。1736 年他发表了图论方面的第一篇论文，解决了著名的哥尼斯堡七桥难题。相隔 100 年后，1847 年基尔霍夫第一次应用图论的原理分析电网，从而把图论引入工程技术领域。20 世纪 50 年代以来，图论的理论得到了进一步发展，用图描述复杂、庞大的工程系统和管理问题，可以解决很多工程设计和管理决策的最优化问题，如完成工程任务的时间最少、距离最短、费用最省，等等，因此，图论受到数学、工程技术和经营管理等方面越来越广泛的重视。

生产管理中经常会遇到线路的合理衔接搭配、管道线路的通过能力、仓储设施的布局等问题。在运筹学中，可将这些问题抽象为结点、边（弧）所组成的图形问题。网络分析就是根据所研究的网络对象，赋予图中各边某个具体参数，如时间、流量、费用、距离等，规定图中结点为流动的起点、中转点和终点，然后进行网络流量的分析和优化。

3. 存储论（inventory theory）

存储论是一种研究最优存储策略的理论和方法。在实际生产实践过程中，企业希望尽可能减少原材料和产成品的存储以减少流动资金和仓储费用。但是，过少的原材料仓储可能导致企业原材料供应不上，从而导致生产不能正常进行；过少的产成品存储则可能导致客户不能得到足够的商品，从而导致客户忠诚度的下降。存储策略就是研究在不同需求、供货及到达方式等情况下，确定在什么时间点及一次提出多大批量的订货，使用于订购、存储和可能发生短缺的费用的总和最少。

4. 排队论（queueing theory）

排队论又称为随机服务系统理论。1909年丹麦的电话工程师爱尔朗（A. K. Erlang）提出了排队问题；1930年以后，开始了更为一般的研究，取得了一些重要成果；1949年前后，开始了对机器管理、陆空交通等方面的研究；1951年以后，理论研究工作有了新的进展，逐渐奠定了现代随机服务系统的理论基础。排队论主要研究各种系统的排队队长、排队的等待时间及所提供的服务等各种参数，以便获得更好的服务。排队论是研究系统随机聚散现象的理论。

5. 对策论（game theory）

对策论研究有关决策的问题。所谓决策就是根据客观可能性，借助一定的理论、方法和工具，科学地选择最优方案的过程。决策问题由决策者和决策域构成，而决策域又由决策空间、状态空间和结果函数构成。研究决策理论与方法的科学就是决策科学。决策所要解决的问题是多种多样的，从不同角度有不同的分类方法。按决策者所面临的自然状态的确定与否可分为：确定型决策、风险型决策和不确定型决策；按决策所依据的目标个数可分为：单目标决策与多目标决策；按决策问题的性质可分为：战略决策与策略决策，以及按不同准则划分成的其他决策问题类型。

不同类型的决策问题应采用不同的决策方法，决策的基本步骤如下。

（1）确定问题，提出决策的目标。
（2）发现、探索和拟定各种可行方案。
（3）从多种可行方案中，选出最满意的方案。
（4）决策的执行与反馈，以寻求决策的动态最优。

如果决策者的对方也是人（一个人或一群人），双方都希望取胜，这类具有竞争性的决策称为对策或博弈型决策。构成对策问题的三个基本要素是：局中人、策略与一局对策的得失。目前对策问题一般可分为两人有限零和对策、阵地对策、连续对策、多人对策与微分对策等。

0.3 我国运筹学应用研究

运筹学作为科学概念是在20世纪中期提出来的，而运筹学思想可以追溯到很早以前。我国蜀汉时期即有所谓"夫运筹帷幄之中，决胜千里之外"的说法，充分体现了我国古代人民对于运筹学的分支"预测和规划论"的重视。秦始皇派蒙恬大军抗击匈奴时，从山东每调运192石粮草只有1石能到达在大漠中与匈奴作战的将士手中；而清朝乾隆平息葛尔丹叛乱时，从江南每调运12石粮草就有1石粮草能到达在大漠中与葛尔丹叛军作战的将士手中，这与运筹实践水平的极大提高是分不开的。

0.3.1 我国古代运筹学运用案例

我国古代的能人志士有许多采用运筹学思想指导实践的案例，至今对我们仍有很好的借鉴作用。

1. 丁谓修宫，一举而三役济

宋真宗大中祥符年间，大内失火，烧毁了大片宫殿、楼阁、凉亭和台榭。宋真宗任命晋国公丁谓负责修复这些建筑。该建筑工程需要解决三个难题：一是大片废墟垃圾的处理问题；二是取土困难，因为要到郊区去取土，路途太远；三是与此相关的运输问题难以解决，包括运土和运输大量其他建筑材料。丁谓运筹规划，终于制订了绝妙的施工方案。首先下令"凿通衢取土"用以解决施工用土问题；然后引汴水入新挖的大沟，"引诸道竹木筏排及船运杂材，尽自堑中入至宫门"，从而解决了大批木材、石料的运输问题；最后待建筑运输任务完成之后，再排除堑水，把工地所有垃圾倒入沟内，重新填为平地。该方案的三个过程为：挖沟并取土→引水入沟并运输→填沟并处理垃圾。此方案"一举而三役济"，"省费以亿万计"，而且还大大缩短了工期。丁谓所设计的方案，其思想与如今运筹学中的统筹方法一致。

2. 田忌赛马

战国初期，齐国的国王要求田忌和他赛马，规定各人从自己的上马（即头等马）、中马、下马中各选一匹马来比赛，并且说好每输一匹马就得支付一千两银子给获胜者。当时齐王的马比田忌的马强，结果每年田忌都要输掉三千两银子。孙膑给田忌出主意：上马虽不及齐王的上马，但却强于齐王的中马，因此用上马与齐王的中马比赛，同理用中马与齐王的下马比赛，而用下马与齐王的上马比赛。比赛结果田忌反而赢得一千两银子。田忌所用的策略就是如今运筹学中对策论的策略。

上述案例说明，从古代开始，我国就已经拥有了朴素的运筹学思想。

0.3.2　我国现代对运筹学的应用和认识

运筹学概念起源于欧美，在学科研究方面，欧美的水平也明显领先于我国。但我国的科学工作者们并不气馁，他们用自己的聪明才智和努力工作使运筹学的思想得以在全国普及，并指导人们的实践。1955年，运筹学的思想开始为我国科学工作者所认识，1956年中国科学院力学研究所建立了我国第一个运筹学研究组。20世纪60年代，华罗庚教授亲自指导青年科技工作者在全国推广运筹学方法。华罗庚的"优选法"和"统筹方法"被各部门采用，取得了很好的效果。杨纪珂教授亲自带领学生深入厂矿企业，推广应用"质量控制"技术，也取得了很好的效果，受到各界的好评。更重要的是，他们还为管理人员编写了通俗易懂的普及性读物，让更多的人学习和运用运筹学方法，使得运筹学的思想第一次在古老的中华大地上得以普及。

改革开放以来，运筹学的应用更为普遍，特别是在流通领域中的应用更为广泛。例如，运用线性规划进行全国范围的粮食、钢材的合理调运，广东水泥合理调运等；许多企业在作业调配、工序安排、场地选择时，创造性地使用了简单易行的"图上作业法"和"表上作业法"等运筹学方法，取得了显著的效果。

但是，运筹学在物流领域中的应用还远远不够。作为计划经济时代的特殊产物，生产重于物流的思想还在很多人的头脑中存在，很多企业领导仍将物流看成是生产的附属。运筹学是软科学中"硬度"较大的一门学科，兼有逻辑的数学和数学的逻辑的性质，是系统工程学和现代管理科学中的一种基础理论和不可缺少的方法、手段和工具。

现在，物流领域正在大力开发和应用物流信息系统，许多企业在管理信息系统中采用了运筹学方法，增加了辅助决策功能，取得了明显的经济效益，提高了企业的管理水平，受到企业决策层和主管部门的重视。我们有理由相信，运筹学与信息技术相结合，广泛应用于物流管理，必将使我国物流管理上升到一个更高的水平。本书在介绍一些基本运筹思想和方法的同时，还要介绍如何使用计算机技术（如Excel软件）来帮助解决实际问题。

绪论小结

本绪论主要讲述了物流产生的背景和物流的内涵；物流学在国际和国内的发展现状及其应用效果；运筹学的产生背景和发展过程；物流与运筹学的关系及我国进行物流与运筹学研究的一些历史渊源。

思考与练习

思考题

0.1　物流是在什么背景下产生的？

0.2　物流的内涵应该怎样理解？

0.3 目前物流学在国内外的研究进展如何？它的效果是怎么显示出来的？请上网查找。
0.4 上网查找更多关于运筹学产生的背景。
0.5 运筹学研究的主要内容有哪些？一般可以解决哪些物流规划问题？
0.6 我国古代对运筹学的应用还有哪些著名案例？请上网查找。
0.7 通过对绪论的学习，请谈谈学习物流运筹学的重要性。

第1章 线 性 规 划

内容提要

- ☑ 如何建立一个简单的线性规划模型
- ☑ 线性规划模型的图解法
- ☑ 单纯形法求线性规划模型的方法
- ☑ 对偶问题的相关概念
- ☑ 案例
- ☑ 线性规划问题的单纯形解法的基本原理

企业的生产过程总是需要消耗一定的资源,而资源总是稀缺的,因而合理利用现有资源,将其进行最佳分配,是充分发挥企业资源效能,提高企业综合经济效益的必由之路。线性规划模型就是一种优化资源配置,使企业尽可能取得最佳经济效益的重要数学方法。

1.1 线性规划及其数学模型

1.1.1 案例

例 1.1 某厂拟生产甲、乙两种适销产品,每件利润分别是 3(百元)和 5(百元)。甲、乙产品的部件各自在 A、B 两个车间分别生产,每件甲、乙产品的部件分别需要 A、B 车间的生产能力 1 工时和 2 工时;两种产品的部件最后都要在 C 车间装配,装配每件甲、乙产品分别需要 3 工时和 4 工时。A、B、C 三个车间每天可用于生产这两种产品的工时分别是 8、12、36。应如何安排生产这两种产品才能获利最大?

解 设 x_1、x_2 分别是甲产品和乙产品的日产量,z 为这两种产品每天总的利润。首先列出该问题的数据,如表 1.1 所示。

表 1.1 例 1.1 数据表

产品 车间	单耗/(工时/件) 甲 x_1	乙 x_2	生产能力/(工时/天)
A	1	0	8
B	0	2	12
C	3	4	36
利润/(百元/件)	3	5	—

根据题意，建立模型如下：

$$\max z = 3x_1 + 5x_2$$

$$\text{s.t.} \begin{cases} x_1 \leq 8 \\ 2x_2 \leq 12 \\ 3x_1 + 4x_2 \leq 36 \\ x_1 \geq 0, x_2 \geq 0 \end{cases} \quad (1\text{-}1)$$

其中，max 是英文 maximize（最大化）的缩写。

例 1.2 有 A、B、C 三个工地，每天 A 工地需要水泥 17 百袋，B 工地需要用水泥 18 百袋，C 工地需要水泥 15 百袋。为此，甲、乙两个水泥厂每天生产 23 百袋水泥和 27 百袋水泥专门供应三个工地。两个水泥厂至工地的单位运价如表 1.2 所示。问：如何组织调运使总运费最省？

表 1.2　水泥厂至工地的单位运价　　　　　　　　千元/百袋

水泥厂＼工地	A	B	C
甲	1	1.5	2
乙	2	4	2

解 设 x_{ij} 为甲、乙两个水泥厂分别运到 A、B、C 三个水泥厂的水泥袋数，则可以做出如表 1.3 所示的数据表。

表 1.3　例 1.2 数据表

水泥厂＼工地	A	B	C	供应量/百袋
甲	x_{11}	x_{12}	x_{13}	23
乙	x_{21}	x_{22}	x_{23}	27
需求量/百袋	17	18	15	50

由题意容易得到如下数学模型：

$$\min z = x_{11} + 1.5x_{12} + 2x_{13} + 2x_{21} + 4x_{22} + 2x_{23}$$

$$\text{s.t.} \begin{cases} x_{11} + x_{12} + x_{13} = 23 \\ x_{21} + x_{22} + x_{23} = 27 \\ x_{11} + x_{21} = 17 \\ x_{12} + x_{22} = 18 \\ x_{13} + x_{23} = 15 \\ x_{ij} \geq 0 \,(i=1,2; j=1,2,3) \end{cases} \quad (1\text{-}2)$$

其中，min 是 minimize（最小化）的缩写。

例 1.3 光明厂生产中需要某种混合料，它应包含甲、乙、丙三种成分。这些成分可由市场购买的 A、B、C 三种原料混合后得到。已知各种原料的单价、成分含量及各种成分每月的最低需求量如表 1.4 所示。

表 1.4 例 1.3 数据表

机床\机器	A	B	C	各种成分的每月最低需求量
甲	1	1	1	20
乙	1/2	1/2	1/4	6
丙	2	1	1	10
原料的单价（万元/吨）	6	3	2	—

问：该厂每月应购买各种原料多少吨，才能使在满足需求的基础上，用于购买原材料所耗费的资金为最少？

解 现设 x_1、x_2、x_3 分别为原料 A、B、C 的购买数量，显然有 x_1、x_2、$x_3 \geq 0$，又设 z 为总的耗费资金，则 $z = 6x_1 + 3x_2 + 2x_3$，由题意容易得到如下数学模型：

$$\min z = 6x_1 + 3x_2 + 2x_3$$

$$\text{s.t.} \begin{cases} x_1 + x_2 + x_3 \geq 20 \\ \dfrac{1}{2}x_1 + \dfrac{1}{2}x_2 + \dfrac{1}{4}x_3 \geq 6 \\ 2x_1 + x_2 + x_3 \geq 10 \\ x_1, x_2, x_3 \geq 0 \end{cases} \tag{1-3}$$

例 1.4 一家昼夜服务的宾馆，一天 24 小时分成 6 个时段，每个时段需要的在岗服务员人数如表 1.5 所示。

表 1.5 例 1.4 数据表

工作时段（起迄时间）	服务员人数
第 1 时段（2～6 时）	4
第 2 时段（6～10 时）	8
第 3 时段（10～14 时）	10
第 4 时段（14～18 时）	7
第 5 时段（18～22 时）	12
第 6 时段（22～2 时）	4

每个服务员每天连续工作 8 小时，且在每个时段开始时上班。问：最少需要多少名服务员？试建立该问题的线性规划数学模型。

解 现设 x_j 为第 j 时段开始上班工作的服务员人数（$j=1,2,3,4,5,6$），又设 z 为需要的服务员总的人数，$z = x_1 + x_2 + x_3 + x_4 + x_5 + x_6$。由题意得到如下数学模型：

$$\min z = x_1 + x_2 + x_3 + x_4 + x_5 + x_6$$

$$\text{s.t.}\begin{cases} x_6 + x_1 \geqslant 4 \\ x_1 + x_2 \geqslant 8 \\ x_2 + x_3 \geqslant 10 \\ x_3 + x_4 \geqslant 7 \\ x_4 + x_5 \geqslant 12 \\ x_5 + x_6 \geqslant 4 \\ x_1, x_2, x_3, x_4, x_5, x_6 \geqslant 0 \end{cases} \quad (1\text{-}4)$$

从前面 4 个例子中不难发现它们的共同点：它们的限制条件（或称为约束条件）都是线性方程组，或者是线性不等式组；它们都是求一组满足约束条件的非负的解，使得一个线性函数（目标函数）取得极大值（或极小值），因此，这些问题都是线性规划问题。

1.1.2 线性规划的一般模型

线性规划模型的目标是企业利润的最大化。在不考虑产品销售情况的理想状态下，将资源尽可能地配置到利润率更高的产品上去，并尽可能减少资源的浪费，是实现线性规划模型总目标的关键所在。

一般线性规划模型可以表示如下：

$$\text{opt } z = c_1 x_1 + c_2 x_2 + \cdots + c_n x_n \quad (1\text{-}5)$$

$$\text{s.t.}\begin{cases} a_{11} x_1 + a_{12} x_2 + \cdots + a_{1n} x_n \leqslant b_1 \\ a_{21} x_1 + a_{22} x_2 + \cdots + a_{2n} x_n \leqslant b_2 \\ \cdots \\ a_{m1} x_1 + a_{m2} x_2 + \cdots + a_{mn} x_n \leqslant b_m \\ x_j \geqslant 0, j = 1, 2, \cdots, n \end{cases} \quad (1\text{-}6)$$

建立一个实用的线性规划模型必须明确以下 4 个组成部分的含义。

第一，决策变量。决策变量是模型中的可控而未知的因素，经常使用带不同下标的英文字母表示不同的变量，如式（1-5）、式（1-6）中的 x_j。

第二，目标函数。线性规划模型的目标是求系统目标的极值，可以是求极大值，如企业的利润和效率等，也可以是求极小值，如成本和费用等。式（1-5）即为最优化目标函数，简称目标函数。式中 opt 即 optimize（最优化）的缩写，根据问题要求不同，可以表示为 max（最大化）或 min（最小化）。

第三，约束条件。约束条件是指实现系统目标的限制性因素，通常表现为生产力约束、原材料约束、能源约束、库存约束等资源性约束，也有可能表现为指标约束和需求约束，如式（1-6）中的前 m 个式子。

第四，非负限制。由于在生产实际问题中，资源总是代表一些可以计量的实物或人力，因而一般不能是负数，如式（1-6）中的最后一个。

由式（1-5）和式（1-6）组成的线性规划模型还可以用下列的矩阵式表示，即

$$\text{opt } z = CX$$
$$\text{s.t.} \begin{cases} AX \leq B \\ X \geq O \end{cases}$$

其中，$A = \begin{bmatrix} a_{11} & \cdots & a_{1n} \\ \vdots & & \vdots \\ a_{m1} & \cdots & a_{mn} \end{bmatrix}$ 为系数矩阵；$C = [c_1, \cdots, c_n]$；

$X = [x_1, \cdots, x_n]^T$；$B = [b_1, \cdots, b_m]^T$；$O = [0, \cdots, 0]^T$ 表示 $\mathbf{0}$ 矩阵。

1.2 线性规划的图解法

图解法是借助几何图形来求解线性规划问题的一种方法，它利用几何图形来确定模型的可行解与最优解。

例 1.5 用图解法求例 1.1 中的线性规划模型的解，如图 1.1 所示。

$$\max z = 3x_1 + 5x_2$$
$$\text{s.t.} \begin{cases} x_1 \leq 8 \\ 2x_2 \leq 12 \\ 3x_1 + 4x_2 \leq 36 \\ x_1 \geq 0, x_2 \geq 0 \end{cases}$$

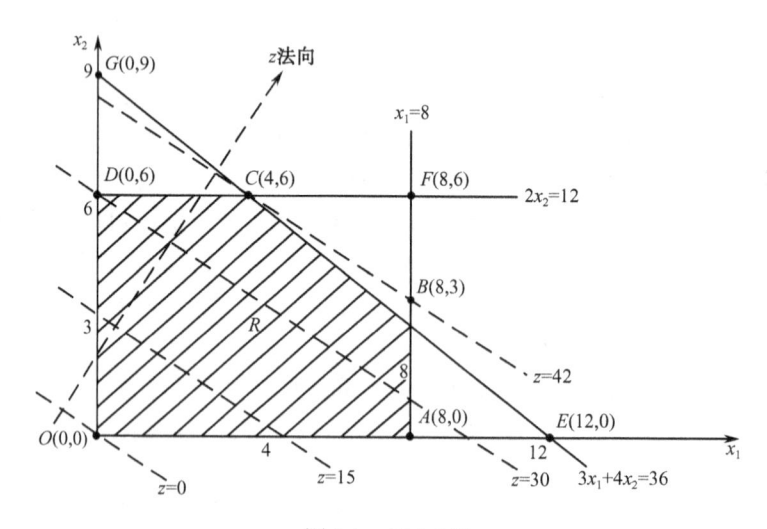

图 1.1 例 1.5 图

解 首先，根据所有约束条件共同构成的图形是可行域图形。

具体方法为：在 Ox_1x_2 平面直角坐标系中，由于 $x_1 \geq 0, x_2 \geq 0$，所以指的是在第一象限。画出直线 $3x_1+4x_2=36$，定出约束条件 $3x_1+4x_2 \leq 36$ 表示的区域；为了找到 $3x_1+4x_2<36$ 的

半平面，只要在某个半平面上找到一点，把该点的坐标代入不等式，若满足不等式，则该点所在半平面为所求，否则为另一半平面 $3x_1+4x_2>36$。

为了计算简单起见，一般选取原点(0,0)代入不等式，因把原点坐标代入时能满足不等式 $3\times0+4\times0<36$，所以原点所在半平面满足不等式，于是约束条件 $3x_1+4x_2\leqslant36$ 代表含原点的半平面及直线 $3x_1+4x_2=36$ 本身。

画出直线 $2x_2=12$，定出 $2x_2\leqslant12$ 的平面。由于原点满足不等式 $2x_2<12$，所以 $2x_2\leqslant12$ 为含直线 $2x_2=12$ 在内的下半平面。

画出直线 $x_1=8$，定出 $x_1\leqslant8$ 的半平面，由于原点满足该不等式，所以 $x_1\leqslant8$ 表示含原点在内的左半平面及直线 $x_1=8$ 本身。本模型的可行域图形如图1.1阴影部分所示，即标识为 R 的部分。

其次，画出目标函数 $z=3x_1+5x_2$ 的等值线。本模型的目标函数代表以 z 为参数的一族平行线，由小到大适当地给 z 赋值，如令 $z=0, 15, 30, \cdots$，可得到一组平行线，而位于同一直线上的点具有相同的目标函数值（z 值）。

最后，找到最优解。沿着垂直于等值线的方向（即直线 $z=3x_1+5x_2$ 的法向量方向，并且使 z 值递增的方向），移动直线 $z=3x_1+5x_2$，当移动到 C 点时，值在可行域上达到最大，从而确定 $C(4,6)$ 点就是本模型的最优点，即 $x_1=4$，$x_2=6$，$z_{max}=42$ 为最优解。

从以上图解法的过程可以看出，图解法只能适用于仅含有两个变量的线性规划问题的求解，因而图解法的实际用途并不广泛。但是，通过图解法可以得到以下结论：

（1）线性规划的可行域为凸集，即集合中任意两点连线上的一切点仍然在该集合中。这样的凸集表现为一个凸多边形，在空间上必将是一个凸几何体。

（2）线性规划的最优解在凸集的某一个顶点上达到（存在凸集的某一条边界上达到的可能性）。

（3）线性规划的可行域若有界，则一定有最优解。

以上三点结论是非常有用的，特别是第二点结论非常明确地告诉我们，线性规划的最优解不可能在可行域的内点取得，而只能在凸集的某一个顶点上达到（特殊情况为在凸集的某一条边界上达到）。由于可行域的顶点个数是有限的，所以在求解线性规划模型的最优解时，只要在可行域的有限个顶点范围内一一寻找即可。这样将极大地降低线性规划问题的复杂程度，减少大量的工作。

需要特别说明的是，在实际使用图解法求线性规划问题的解时，可能会遇到三种特殊情况，下面通过三个例题分别对三种情况进行说明。

例1.6 求解线性规划问题，其模型如下：

$$\max z = x_1 + 2x_2$$

$$\text{s.t.} \begin{cases} 2x_1 + x_2 \leqslant 8 \\ x_2 \leqslant 3.5 \\ x_1 + 2x_2 \leqslant 8 \\ x_1 \geqslant 0, x_2 \geqslant 0 \end{cases}$$

解 画出直线 $2x_1+x_2=8$，$x_2=3.5$，$x_1+2x_2=8$，$x_1=0$ 和 $x_2=0$，它们围成的凸多边形 $OABCD$ 就是满足全部约束条件的点（可行解）构成的区域，所以凸多边形 $OABCD$ 就是可行域 R，如图1.2所示。

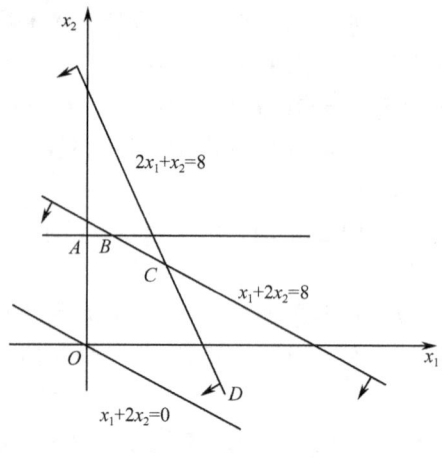

图 1.2　例 1.6 图

由于目标函数 $z=x_1+2x_2$ 与约束条件 $x_1+2x_2=8$ 的斜率都是 $-\dfrac{1}{2}$，所以在所有等值线中，必有一条等值线 l 与可行域的边 BC 重合，既与可行域相交，又离原点最远，于是 BC 边上每一点都是最优解，因而有无数个最优解（不唯一）。在具体计算目标函数的最大值时，理论上可以从线 BC 上任意取一点代入，但为了计算简单起见，往往选择一个特殊点。此处选择 $B(1,3.5)$ 点，可把这个最优解代入目标函数中得最大值为 $1+2\times3.5=8$。

例 1.7　求解线性规划问题，其模型如下：

$$\max z = 2x_1 + 2x_2$$
$$\text{s.t.} \begin{cases} x_1 - x_2 \geq 1 \\ -x_1 + 2x_2 \leq 2 \\ x_1 \geq 0, x_2 \geq 0 \end{cases}$$

解　将约束条件画在 Ox_1x_2 平面直角坐标系中，如图 1.3 所示。因为约束条件 $x_1-x_2\geq1$ 表示含直线 $x_1-x_2=1$ 及不含原点的半平面；约束条件 $-x_1+2x_2\leq2$ 表示含直线 $-x_1+2x_2=2$ 与原点的半平面；约束条件 $x_1\geq0, x_2\geq0$ 表示只在第一象限。我们发现，可行解域是无界区域，平行直线族的直线可以无限远离原点，又与可行域相交，因此目标函数无上界，线性规划问题无最优解，即 $z=2x_1+2x_2$ 无最大值。

例 1.8　求解线性规划问题，其模型如下：

$$\max z = 2x_1 + 2x_2$$
$$\text{s.t.} \begin{cases} -x_1 + x_2 \geq 1 \\ x_1 + x_2 \leq -2 \\ x_1 \geq 0, x_2 \geq 0 \end{cases}$$

解　将约束条件画在 Ox_1x_2 平面直角坐标系中，如图 1.4 所示。因为约束条件 $-x_1+x_2\geq1$ 表示包括直线 $-x_1+x_2=1$ 及不含原点的半平面；约束条件 $x_1+x_2\leq-2$ 表示包括直线 $x_1+x_2=-2$ 及不含原点的半平面；约束条件 $x_1\geq0, x_2\geq0$ 表示在第一象限，如图 1.4 所示。由图 1.4 可知，同时满足约束条件的点不存在，即不存在可行域，没有可行解，当然也没有最优解。

由本节 4 个例题看出，两个变量的线性规划问题的解，可能有以下 4 种情况。

（1）有唯一最优解，并且一定是可行域上的一个顶点（如例 1.5 的情形）。

（2）有无数多个最优解，并且最优解一定是可行域上的一条边（如例 1.6 的情形）。

（3）有可行解，但是没有最优解，并且可行域上的点使目标函数趋向无穷大（如例 1.7 的情形）。

（4）没有可行解，不存在可行域，当然无最优解（如例 1.8 的情形）。

上述结论对一般线性规划问题也是成立的。

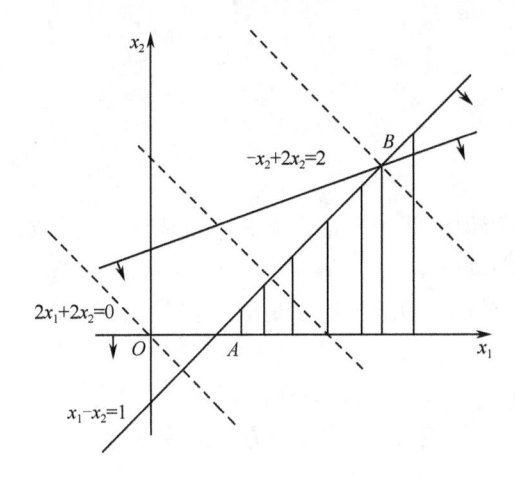

图 1.3 例 1.7 图 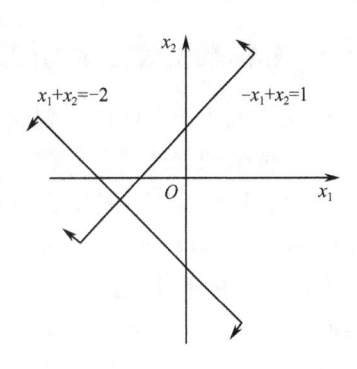　　　　　　图 1.4 例 1.8 图

1.3 线性规划问题标准化

线性规划问题的数学模型，都是由决策变量、约束条件（线性等式或不等式）及目标函数（最大或最小）三部分组成的。为了使线性规划问题的求解变得尽可能简化，我们需要规定线性规划模型的标准形式。

1.3.1 线性规划问题的标准型

一般线性规划问题的标准型为

$$\max z = c_1 x_1 + c_2 x_2 + \cdots + c_n x_n$$

$$\text{s.t.} \begin{cases} a_{11} x_1 + a_{12} x_2 + \cdots + a_{1n} x_n = b_1 \\ a_{21} x_1 + a_{22} x_2 + \cdots + a_{2n} x_n = b_2 \\ \cdots \\ a_{m1} x_1 + a_{m2} x_2 + \cdots + a_{mn} x_n = b_m \\ x_j \geq 0, j=1,2,\cdots,n;\ b_i \geq 0, i=1,2,\cdots,m \end{cases}$$

或简记为

$$\max z = CX$$
$$\text{s.t.} \begin{cases} AX = B \\ X, B \geq 0 \end{cases}$$

上述标准型有以下 4 个特征：
（1）目标函数值总为求最大；
（2）约束条件全为线性等式；
（3）约束条件右端常数项全部为非负数；
（4）决策变量全大于或等于零。

1.3.2 非标准型线性规划问题的标准化

如果得到的一个线性规划问题不具有以上所说的四个特征，那么可以通过一定的数学变形将非标准型线性规划问题标准化，具体方法如下。

（1）若目标函数取最小值即 $\min z = CX$，由于求 z 的最小值就是求 $-z$ 的最大值，所以可以将其转化为 $\max(-z) = -CX$。

（2）当约束条件中第 i 个方程出现 $a_{i1}x_1 + a_{i2}x_2 + \cdots + a_{in}x_n \leq b_i$ 时，增加一个"松弛变量" $x_{i+1} \geq 0$，使 $a_{i1}x_1 + a_{i2}x_2 + \cdots + a_{in}x_n + x_{i+1} = b_i$。同样，当约束条件中第 i 个方程出现 $a_{i1}x_1 + a_{i2}x_2 + \cdots + a_{in}x_n \geq b_i$ 时，则减去一个"松弛变量" $x_{i+1} \geq 0$，使 $a_{i1}x_1 + a_{i2}x_2 + \cdots + a_{in}x_n - x_{i+1} = b_i$。

（3）当决策变量 x_j 不满足 $x_j \geq 0$ 时，增加两个新的非负决策变量 $x_j' \geq 0$ 和 $x_j'' \geq 0$，用 $x_j' - x_j''$ 替代 x_j，即令 $x_j = x_j' - x_j''$。

（4）当约束条件中第 i 个方程右端出现常数项 $b_i < 0$ 时，在方程两边同时乘以 -1，得到 $-b_i > 0$。

这样，就可以将任意一个非标准型线性规划问题化为标准型了。

例 1.9 将下列非标准型线性规划问题化为标准型。

$$\min z = 3x_1 - 2x_2 + 4x_3$$
$$\text{s.t.} \begin{cases} 2x_1 + 3x_2 + 4x_3 \geq 300 \\ x_1 + 5x_2 + 6x_3 \leq 400 \\ x_1 + x_2 + x_3 \leq 200 \\ x_1 \geq 0, x_2 \geq 0, x_3 \text{不限} \end{cases}$$

解 按照前面的变换方法，执行下列步骤：
（1）将 $\min z$ 转化为 $\max(-z)$。
（2）令 $x_3 = x_3' - x_3''$，且 $x_3' \geq 0$，$x_3'' \geq 0$。
（3）将第一个约束方程的左边减去一个非负的松弛变量 x_4，将第 2、第 3 个约束方程的左边分别加上一个非负的松弛变量 x_5 和 x_6。

这样，可以将原来的线性规划问题标准化为

$$\max(-z) = -3x_1 + 2x_2 - 4x_3' + 4x_3'' + 0x_4 + 0x_5 + 0x_6$$

$$\text{s.t.} \begin{cases} 2x_1 + 3x_2 + 4x_3' - 4x_3'' - x_4 = 300 \\ x_1 + 5x_2 + 6x_3' - 6x_3'' + x_5 = 400 \\ x_1 + x_2 + x_3' - x_3'' + x_6 = 200 \\ x_1, x_2, x_3', x_3'', x_4, x_5, x_6 \geq 0 \end{cases}$$

1.4 单纯形法的基本步骤和计算

两个变量的线性规划问题可以用图解法进行求解，而当变量是三个或三个以上且约束条件又多时，可行域所在的凸集表现为一个凸多边形，在空间上必将是一个凸几何体，因此几乎无法通过作图来找可行域，更无法找到最优解，此时图解法就显得无能为力，这类问题可以利用单纯形法进行求解。

本书只介绍求解约束条件呈"≤"的线性规划问题的单纯形法，其他情形可以通过计算机软件来实现线性规划问题的求解，因而本书不予介绍，有兴趣的读者可以参阅相关教材。为了学习线性规划问题的单纯形解法，下面首先介绍几个相关概念。

（1）基变量——在标准型每一个约束方程中选一个变量 x_j，它在该方程中的系数为 1，在其他方程中系数为零，这个变量 x_j 就称为基变量，或称为基础变量。如有 m 个约束方程，就可得到 m 个基变量，其余变量称为非基变量。

（2）基本可行解——非基变量为零的可行解。

（3）基本最优解——满足目标函数的基本可行解，简称为最优解。

为了说明单纯形方法的应用，下面通过例 1.10 阐述其计算步骤。

例 1.10 求解线性规划问题，其模型如下：

$$\max z = 3x_1 + 2x_2$$

$$\text{s.t.} \begin{cases} -x_1 + 2x_2 \leq 4 \\ 3x_1 + 2x_2 \leq 14 \\ x_1 - x_2 \leq 3 \\ x_1 \geq 0, x_2 \geq 0 \end{cases}$$

解 （1）将线性规划问题化为标准型。

引入松弛变量 x_3, x_4, x_5 后将其转化为标准型，即

$$\max z = 3x_1 + 2x_2 + 0x_3 + 0x_4 + 0x_5$$

$$\text{s.t.} \begin{cases} -x_1 + 2x_2 + x_3 = 4 \\ 3x_1 + 2x_2 + x_4 = 14 \\ x_1 - x_2 + x_5 = 3 \\ x_j \geq 0, (j = 1,2,3,4,5) \end{cases}$$

该标准型存在三阶单位矩阵 E，如 x_3 只在第一个方程中系数为 1，而在其他方程中系数为零，说明 x_3 为基变量；同样，x_4, x_5 也为基变量，于是 x_1, x_2 为非基变量。

令非基变量 $x_1=x_2=0$ 可得一组基本可行解，即
$$x_1=0, x_2=0, x_3=4, x_4=14, x_5=3$$
这组解是否为最优要进行检验。为着重说明其方法，以下直接在单纯形表上进行迭代运算。

（2）列出初始单纯形表（见表1.6），并在表中计算出检验数 λ_j。表中的计算说明如下：

① z_j 行的计算。用 C_j 列（C_j 列指目标函数中基变量的系数 C_B）中各数乘决策变量列的相对应数后再相加，即 $z_j = C_B^T A_j$，具体计算结果如下：

$$z_1 = 0\times(-1)+0\times 3+0\times 1 = 0$$
$$z_2 = 0\times 2+0\times 2+0\times(-1)=0$$
$$z_3 = 0\times 1+0\times 0+0\times 0 = 0$$
$$z_4 = 0\times 0+0\times 1+0\times 0 = 0$$
$$z_5 = 0\times 0+0\times 0+0\times 1 = 0$$
$$z = 0\times 4+0\times 14+0\times 3 = 0$$

表1.6　初始单纯形表

	C_j	3	2	0	0	0	b_i
基变量	C_B	x_1	x_2	x_3	x_4	x_5	
x_3	0	−1	2	1	0	0	4
x_4	0	3	2	0	1	0	14
x_5	0	[1]	−1	0	0	1	3
z_j		0	0	0	0	0	$z=0$
λ_j		3	2	0	0	0	—

② λ_j 行的计算。$\lambda_j = C_j - z_j$，即用 C_j 行各数减去 z_j 行相对应数，称为检验数。一般地，$\lambda_j \leq 0$ 表示基本可行解达到最优；否则 λ_j 中有一正数就要继续进行迭代运算，向最优解逼近。这里，$\lambda_1 =3-0=3$，$\lambda_2 =2-0=2$，$\lambda_3 = \lambda_4 = \lambda_5=0-0=0$，所以要继续迭代运算。

（3）确定主元列，选择进基变量。当检验数 λ_j 有正数，称检验数中最大正数所在列为主元列，主元列所对应的非基变量为进基变量。由于表1.6的检验数中最大正数为3，所以第一列为主元列，所对应的非基变量 x_1 为进基变量。需要注意：在每一步迭代过程中，当选择进基变量与离基变量的同时，在表上都要将基变量列中的基变量与目标系数列中的系数作相应改变，不可疏忽。

（4）确定主元行，选择离基变量。按最小比值原则，即用常数列各数除以主元列相对应数的正商数，取其最小比值；该比值所在行为主元行，主元行与主元列交叉的元素称为主元。主元所对应的基础变量为离基变量。

由表1.6可知，$\min\left\{\dfrac{3}{1},\dfrac{14}{3}\right\}=3$（主元列中零或负数不作比值比较），于是第三行为主元，主元为[1]，它对应的基础变量为 x_5，离基变量就是 x_5。应注意：基变量列 $(x_3, x_4, x_5)^T$ 变为 $(x_3, x_4, x_1)^T$，且 C_j 列 $(0,0,0)^T$ 变为 $(0,0,3)^T$，如表1.7所示。

表 1.7　改进单纯形表（一）

基变量	C_j	3	2	0	0	0	b_i
	C_B	x_1	x_2	x_3	x_4	x_5	
x_3	0	0	1	1	0	1	7
x_4	0	0	[5]	0	1	−3	5
x_1	3	1	−1	0	0	1	3
Z_j		3	−3	0	0	3	z=9
λ_j		0	5	0	0	−3	—

（5）对增广矩阵用初等行变换将主元化为 1，主元所在列其余元素化为零。

由表 1.6 可知，主元已为 1，只要将第一列其余元素化为零即可。根据上述步骤并计算 z_j 与 λ_j 之后列入单纯形表 1.7 中。

由于表 1.7 检验数仍有正数 5，所以继续以下运算。

（6）重新按第 3 步和第 4 步对表 1.7 确定主元列与主元行及主元，选择进基变量与离基变量。

由表 1.7 可知，主元列是第二列，进基变量为对应的非基变量 x_2，按最小比值原则 $\min\left\{\dfrac{5}{5},\dfrac{7}{1}\right\}=1$，于是主元行为第二行，主元为[5]，离基变量为对应的基变量 x_4。

（7）对增广矩阵用初等行变换将主元[5]化为 1，将主元[5]所在第二列其余元素化为零，得表 1.8。应注意：基变量列应由 $(x_3, x_4, x_1)^T$ 变为 $(x_3, x_2, x_1)^T$；C_j 列应由 $(0,0,3)^T$ 变为 $(0,3,2)^T$。

表 1.8　改进单纯形表（二）

基变量	C_j	3	2	0	0	0	b_i
	C_B	x_1	x_2	x_3	x_4	x_5	
x_3	0	0	0	1	$-\dfrac{1}{5}$	$\dfrac{8}{5}$	6
x_2	2	0	1	0	$\dfrac{1}{5}$	$-\dfrac{3}{5}$	1
x_1	3	1	0	0	$\dfrac{1}{5}$	$\dfrac{2}{5}$	4
Z_j		3	2	0	1	0	z=14
λ_j		0	0	0	−1	0	—

由于表 1.8 中的检验数都满足 $\lambda_j \le 0$，所以最优解已经找到，迭代运算终止。最优解为 $x_1=4, x_2=1, x_3=6, x_4=0, x_5=0$，最优目标函数为 $z=14$。

当运算非常熟练以后，可以在同一表上进行迭代运算，下面举例说明。

例 1.11　求解线性规划问题，其模型如下：

$$\max z = 40x_1 + 45x_2 + 24x_3$$

$$\text{s.t.}\begin{cases} 2x_1 + 3x_2 + x_3 \le 100 \\ 3x_1 + 3x_2 + 2x_3 \le 120 \\ x_j \ge 0, (j=1,2,3) \end{cases}$$

解 先化为标准型，再用单纯形法。

$$\max z = 40x_1 + 45x_2 + 24x_3 + 0x_4 + 0x_5$$

$$\text{s.t.} \begin{cases} 2x_1 + 3x_2 + x_3 + x_4 = 100 \\ 3x_1 + 3x_2 + 2x_3 + x_5 = 120 \\ x_j \geq 0, (j=1,2,3,4,5) \end{cases}$$

将求解的一系列单纯形表汇总于表 1.9 中。

由表 1.9 可知：最优解为 $x_1=20$, $x_2=20$, $x_3=0$, $x_4=0$, $x_5=0$，最优目标函数值为 $z=1\,700$。下面给出单纯形法主要求解步骤。

第一步：将线性规划问题转化为标准型。由前面的例题可知一定存在单位矩阵，并且单位矩阵对应的决策变量必为基础变量。

第二步：在标准型表上作业。计算 z_j 与 λ_j，约束方程组的增广矩阵必在其表中，其中：$z_j = C_B^T A_j$，$\lambda_j = C_j - z_j$。若检验数 λ_j 全为负数或零，即 $\lambda_j \leq 0$，则最优解已求出，因而停止计算。若检验数 λ_j 中有一个正数，则选择最大正数所在列为主元列（若有两个相同正数，则一般选择下标较小的一列为主元列），主元列所对应的非基变量为进基变量。特别要注意的是：若主元列各数均为负数，则表示无可行解，终止计算。

表 1.9 单纯形计算表

基变量	C_j	40	45	24	0	0	b_i
	C_B	x_1 (2)	x_2 (1)	x_3	x_4	x_5	
x_4	0	2	[3]	1	1	0	100
x_5	0	3	3	2	0	1	120
z_j		0	0	0	0	0	$z=0$
λ_j		40	45	24	0	0	—
x_2	45	$\frac{2}{3}$	1	$\frac{1}{3}$	$\frac{1}{3}$	0	$\frac{100}{3}$
x_5	0	[1]	0	1	−1	1	20
z_j		30	45	15	15	0	$z=1\,500$
λ_j		10	0	9	−15	0	—
x_2	45	0	1	$-\frac{1}{3}$	1	$-\frac{2}{3}$	20
x_1	40	1	0	1	−1	1	20
z_j		40	45	25	5	10	$z=1\,700$
λ_j		0	0	−1	−5	−10	—

第三步：用最小比值原则确定主元行，主元行所对应的基础变量为离基变量。最小比值计算方法为 $\min\left\{\dfrac{b_j}{a_{ij}}\right\}$。

第四步：主元行与主元列交叉的元素为主元。对增广矩阵用初等行变换将主元化为 1，主元所在列其余元素化为零（主元以 [] 号表示）。

第五步：每一次迭代都要计算 z_j 与检验数 λ_j，当 $\lambda_j \leq 0$ 时可终止计算，表示最优解已得到，否则就要继续迭代寻找最优解。

从第二步到第五步就是单纯形法的迭代过程。每次迭代都得到一个新的单纯形表和改进的基本可行解。单纯形法的运算效率取决于基本可行解的检验次数，因此在单纯形法计算中应尽量减少迭代次数。

1.5 改进的单纯形法和对偶问题

1.5.1 改进的单纯形法

单纯形法的实质是从一个基本可行解走向另一个基本可行解，一步步地达到最优解的迭代过程。上面所介绍的表格形式的单纯形算法，其过程是一种特殊的消去法。我们可能已经注意到，在每个迭代表格中，我们主要关心的数据，就是检验数所在的一行和最大正检验数所在的一列，而这些数据都可以通过矩阵的运算直接从问题的初始数据中计算出来。这种借助于矩阵运算的单纯形法，就是单纯形法创始者丹茨格（G. B. Dantzig）后来提出的改进的单纯形法（revised simplex method）。

改进的单纯形法与表格形式的单纯形法，其实质完全一样，只是计算形式不同。表格形式的单纯形法，方法简单，容易掌握，非常适用于手算，而在电子计算机上用于求解小型线性规划问题时，也是比较方便的。但由于在计算机上使用表格式的单纯形法需要把整个表格储存在计算机中，因此这种方法不适合求解较大规模的线性规划问题。而改进的单纯形法，一般说来，不适合用于手工计算，但较大规模的线性规划问题，其约束方程组的系数矩阵往往是稀疏的（即矩阵中的大多数元素为零），于是利用计算机上数据处理的某些技巧，就可以在电子计算机上使用改进的单纯形法处理较大规模的线性规划问题。

这就是改进的单纯形法的最主要的优点。无论使用哪一种形式，经验表明，要解一个含有 m 个约束条件的线性规划问题，大约只要经过 $m \sim 1.5m$ 次迭代就可以了。因此，单纯形方法是一种非常有效的计算方法。

本书有专门章节介绍如何使用计算机软件求解线性规划问题，因而本节不再叙述。

1.5.2 对偶问题

1. 线性规划对偶问题的提出

线性规划对偶理论是线性规划理论中一个非常有趣的概念，它充分显示了线性规划理论逻辑的严谨性和结构的对称美。线性规划问题与其对偶线性规划问题在模型的表现形式和问题的解之间存在着紧密的联系。下面分析一个实际的线性规划模型与其对偶线性规划问题的经济意义。

例 1.12 家具厂生产桌子和椅子两种家具，有关资料如表 1.10 所示。问该家具厂应如何安排生产才能使每月的销售收入最大？

表 1.10　例 1.12 资料

	桌 子	椅 子	可供工时量
木工	4 小时/个	3 小时/个	120 小时/月
油漆工	2 小时/个	1 小时/个	50 小时/月
售价	50 元/个	30 元/个	—

解　用 x_1 和 x_2 分别表示两种产品的产量，则其线性规划模型为

$$(P) \quad \max z = 50x_1 + 30x_2$$

$$\text{s.t.} \begin{cases} 4x_1 + 3x_2 \leqslant 120 \\ 2x_1 + x_2 \leqslant 50 \\ x_1 \geqslant 0, x_2 \geqslant 0 \end{cases}$$

该问题的对偶问题可以表述为如下模型：

$$(D) \quad \min s = 120y_1 + 50y_2$$

$$\text{s.t.} \begin{cases} 4y_1 + 2y_2 \geqslant 50 \\ 3y_1 + y_2 \geqslant 30 \\ y_1 \geqslant 0, y_2 \geqslant 0 \end{cases}$$

该模型称为原模型 P 的对偶规划 D。

该对偶问题的经济解释是：该家具厂将生产桌椅的木工和油漆工用于劳务输出，赚取劳务收入，而不是自己生产桌椅。有一用户准备租入该家具厂的这两种劳务进行桌椅生产，因此他需要考虑究竟这两种劳务以什么样的价格租入最合算，于是他有如下的目标函数，即

$$\min s = 120y_1 + 50y_2$$

其中，y_1、y_2 表示两种劳务的价格。

从家具厂的角度来看，家具厂总希望利益最大化，所以只有当这两种劳务的租金大于或至少等于自己生产桌子和椅子所获得的收入时，才能答应输出劳务，否则不如将劳务用于本厂生产。

于是从桌子和椅子两个角度可以得到两个约束条件，即

$$4y_1 + 2y_2 \geqslant 50; \quad 3y_1 + y_2 \geqslant 30$$

原模型 P 和对偶模型 D 之间的联系在于它们都是关于家具厂生产经营的模型，并且使用相同的数据。不同的是，它们所反映的实质内容是完全不同的：P 模型是从家具厂的立场来追求家具厂的销售收入最大化，而 D 模型则是从家具厂谈判对手的立场寻求应付家具厂租金最少的策略。

2．对偶规划的一般数学模型

由例 1.12 可知，线性规划原问题和其对偶规划问题之间有很多联系。例如，原问题是求目标函数最大化，则对偶问题是求目标函数最小化；原问题目标函数的系数变成对偶问题的右边项，原问题的约束的右边项变为对偶问题目标函数的系数，即对偶问题的系数矩阵是原问题系数矩阵的转置。

原问题的模型如果表示如下：

$$\max z = c_1x_1 + c_2x_2 + \cdots + c_nx_n$$

$$\text{s.t.} \begin{cases} a_{11}x_1 + a_{12}x_2 + \cdots + a_{1n}x_n \leqslant b_1 \\ a_{21}x_1 + a_{22}x_2 + \cdots + a_{2n}x_n \leqslant b_2 \\ \cdots \\ a_{m1}x_1 + a_{m2}x_2 + \cdots + a_{mn}x_n \leqslant b_m \\ x_j \geqslant 0, j = 1, 2, \cdots, n \end{cases}$$

则相应的对偶问题的一般模型表示如下：

$$\min s = b_1y_1 + b_2y_2 + \cdots + b_my_m$$

$$\text{s.t.} \begin{cases} a_{11}y_1 + a_{21}y_2 + \cdots + a_{n1}y_m \geqslant c_1 \\ a_{12}y_1 + a_{22}y_2 + \cdots + a_{n2}y_m \geqslant c_2 \\ \cdots \\ a_{1n}y_1 + a_{2n}y_2 + \cdots + a_{mn}y_m \geqslant c_n \\ y_j \geqslant 0, j = 1, 2, \cdots, m \end{cases}$$

例 1.13 设线性规划原问题的模型如下：

$$\max z = x_1 + 2x_2 + 5x_3 + 2x_4$$

$$\text{s.t.} \begin{cases} x_1 + 2x_2 + 3x_3 + x_4 \leqslant 20 \\ 3x_1 + x_2 + 2x_3 + 3x_4 \leqslant 50 \\ 6x_1 + 7x_2 + x_3 + 2x_4 \leqslant 70 \\ x_1 \geqslant 0, x_2 \geqslant 0, x_3 \geqslant 0, x_4 \geqslant 0 \end{cases}$$

解 根据对偶规划规则，可以得到线性规划原问题的对偶模型为

$$\min s = 20y_1 + 50y_2 + 70y_3$$

$$\text{s.t.} \begin{cases} y_1 + 3y_2 + 6y_3 \geqslant 1 \\ 2y_1 + y_2 + 7y_3 \geqslant 2 \\ 3y_1 + 2y_2 + y_3 \geqslant 5 \\ y_1 + 3y_2 + 2y_3 \geqslant 2 \\ y_1 \geqslant 0, y_2 \geqslant 0, y_3 \geqslant 0 \end{cases}$$

1.6 线性规划问题应用案例

线性规划问题的应用十分广泛，在运输问题、设备的合理利用问题、下料问题、营养搭配问题等各方面均有应用。本节以1983年广东省建材公司运用线性规划调运水泥为例介

绍线性规划的应用。

表 1.11 中的数据是 1983 年广东省转窑水泥调运的数量和水泥厂到各地、市的单位运输成本，也就是线性规划问题中的系数矩阵。对于专业运输部门，如铁路、公路运输部门等，可以使用"万元/吨公里"表示运输成本；对于企业，由于运输工具不同，又要经过多次装卸或周转的物资调运，则一般使用实际运费为运输成本。

表 1.11 水泥调运的运输成本和供需量

用户	水泥厂	A	B	C	D	E	F	需求量
1	梅县	59.0	—	—	120.0	62.0	—	7 290
2	汕头	47.1	—	—	79.7	49.5	21.0	36 940
3	潮州	53.4	—	—	86.0	53.9	—	1 090
4	惠阳	21.8	—	30.0	62.3	22.2	—	13 140
5	深圳	21.2	22.0	21.3	50.0	21.6	—	6 080
6	韶关	30.3	12.6	—	—	30.3	—	12 780
7	肇庆	25.2	43.0	46.0	60.1	29.2	—	13 680
8	佛山	12.3	—	21.0	51.0	28.0	—	16 460
9	江门	21.2	—	37.0	51.1	28.0	—	1 130
10	珠海	21.2	—	37.5	49.0	29.0	—	3 800
11	湛江	47.1	—	—	12.6	47.5	21.0	12 720
12	茂名	59.6	—	—	12.5	60.0	—	335
13	海口	50.2	—	—	50.8	50.2	25.0	10 830
14	三亚	54.3	—	—	70.0	54.7	40.0	5 950
15	广州	12.6	—	12.6	52.1	25.0	—	22 655
供应量		61 520	15 680	18 870	5 650	27 560	35 600	164 880

运杂费=运费+装卸费+中途存储费+损耗费

在表 1.11 中，某些空格没有填数表示此路线不通或明显不合理，计算时可以取一个相当大的正数 M。

首先将该问题的线性规划表示求出来。

假设总费用为 z，各水泥厂往各地运输的水泥数量分别为 x_{ij}，其中 $i=1, 2, \cdots, 6$；$j=1, 2, \cdots, 15$；则该运输问题可以表达如下：

$\min z = 59.0x_{11} + 47.1x_{12} + 53.4x_{13} + 21.8x_{14} + 21.2x_{15} + 30.3x_{16} + 25.2x_{17} + 12.3x_{18} + 21.2x_{19} + 21.2x_{1,10} + 47.1x_{1,11} + 59.6x_{1,12} + 50.2x_{1,13} + 54.3x_{1,14} + 12.6x_{1,15} + 22.0x_{25} + 12.6x_{26} + 43.0x_{27} + 30.0x_{34} + 21.3x_{35} + 46.0x_{37} + 21.0x_{38} + 37.0x_{39} + 37.5x_{3,10} + 12.6x_{3,15} + 120.0x_{41} + 79.7x_{42} + 86.0x_{43} + 62.3x_{44} + 50.0x_{45} + 60.1x_{47} + 51.0x_{48} + 51.1x_{49} + 49.0x_{4,10} + 12.6x_{4,11} + 12.5x_{4,12} + 50.8x_{4,13} + 70.0x_{4,14} + 52.1x_{4,15} + 62.0x_{51} + 49.5x_{52} + 53.9x_{53} + 22.2x_{54} + 21.6x_{55} + 30.3x_{56} + 29.2x_{57} + 28.0x_{58} + 28.0x_{59} + 29.0x_{5,10} + 47.5x_{5,11} + 60.0x_{5,12} + 50.2x_{5,13} + 54.7x_{5,14} + 25.0x_{5,15} + 21.0x_{62} + 21.0x_{6,11} + 25.0x_{6,13} + 40.0x_{6,14}$

s.t.

(1) $x_{11}+x_{12}+x_{13}+x_{14}+x_{15}+x_{16}+x_{17}+x_{18}+x_{19}+x_{1,10}+x_{1,11}+x_{1,12}+x_{1,13}+x_{1,14}+x_{1,15}=61520$

(2) $x_{25}+x_{26}+x_{27}=15680$

(3) $x_{34}+x_{35}+x_{37}+x_{38}+x_{39}+x_{3,10}+x_{3,15}=18870$

(4) $x_{41}+x_{42}+x_{43}+x_{44}+x_{45}+x_{47}+x_{48}+x_{49}+x_{4,10}+x_{4,11}+x_{4,12}+x_{4,13}+x_{4,14}+x_{4,15}=5650$

(5) $x_{51}+x_{52}+x_{53}+x_{54}+x_{55}+x_{56}+x_{57}+x_{58}+x_{59}+x_{5,10}+x_{5,11}+x_{5,12}+x_{5,13}+x_{5,14}+x_{5,15}=27560$

(6) $x_{62}+x_{6,11}+x_{6,13}+x_{6,14}=35600$

(7) $x_{11}+x_{41}+x_{51}=7290$

(8) $x_{12}+x_{42}+x_{52}+x_{62}=36940$

(9) $x_{13}+x_{43}+x_{53}=1090$

(10) $x_{14}+x_{34}+x_{44}+x_{54}=13140$

(11) $x_{15}+x_{25}+x_{35}+x_{45}+x_{55}=6080$

(12) $x_{16}+x_{26}+x_{56}=12780$

(13) $x_{17}+x_{27}+x_{37}+x_{47}+x_{57}=13680$

(14) $x_{18}+x_{38}+x_{48}+x_{58}=16460$

(15) $x_{19}+x_{39}+x_{49}+x_{59}=1130$

(16) $x_{1,10}+x_{3,10}+x_{4,10}+x_{5,10}=3800$

(17) $x_{1,11}+x_{4,11}+x_{5,11}+x_{6,11}=12720$

(18) $x_{1,12}+x_{4,12}+x_{5,12}=335$

(19) $x_{1,13}+x_{4,13}+x_{5,13}+x_{6,13}=10830$

(20) $x_{1,14}+x_{4,14}+x_{5,14}+x_{6,14}=5950$

(21) $x_{1,15}+x_{3,15}+x_{4,15}+x_{5,15}=22655$

通过计算机处理和计算后得到该线性规划问题的解如表 1.12 所示。按照这个方案进行调运，总的运输成本达到最低，等于 410.8 万元。

表 1.12　水泥调运的最优方案

用户 \ 水泥厂		A	B	C	D	E	F	需求量
1	梅县	7 290	0	0	0	0	0	7 290
2	汕头	1 340	0	0	0	0	35 600	36 940
3	潮州	1 090	0	0	0	0	0	1 090
4	惠阳	0	0	0	0	13 140	0	13 140
5	深圳	0	2 290	0	0	3 180	0	6 080
6	韶关	0	12 780	0	0	0	0	12 780
7	肇庆	13 680	0	0	0	0	0	13 680
8	佛山	16 460	0	0	0	0	0	16 460

续表

用户 \ 水泥厂		A	B	C	D	E	F	需求量
9	江门	1 130	0	0	0	0	0	1 130
10	珠海	3 800	0	0	0	0	0	3 800
11	湛江	6 995	0	0	5 315	410	0	12 720
12	茂名	0	0	0	335	0	0	335
13	海口	0	0	0	0	10 830	0	10 830
14	三亚	5 950	0	0	0	0	0	5 950
15	广州	3 785	0	18 870	0	0	0	22 655
供应量		61 520	15 680	18 870	5 650	27 560	35 600	164 880

1.7 单纯形法的原理

从 1.2 节中的图解法得出的结论可知，线性规划的最优解一定可以在线性规划可行域的某个顶点上达到。实际对于任意一个有 n 个变量的线性规划问题，如果它有有界的线性规划可行域，则它的最优解必然在所有约束条件的交点处取得。而一个有界的线性规划可行域，其顶点个数必然是有限的。因此，求线性规划的最优解时，只要在线性规划可行域的有限个顶点上去寻找即可。

线性规划的基本可行解的个数是有限的，理论上我们可以通过比较所有的基本可行解来求得最优解。但是，当约束方程个数和决策变量的数目很大时，其基本可行解的数目也十分巨大。虽然单纯形法理论上可以解决一切线性规划问题，但人力往往无法承受相应的计算量，幸运的是，计算机技术的发展已经使我们拥有了足够的计算能力。

下面简要介绍使用计算机编程求解线性规划问题的原理。首先考察单纯形算法的基本思路。用单纯形法解题分为两个阶段：第一阶段是寻求一个可行解，经检验若不是最优解，则转入第二阶段；第二阶段从所求出的可行解出发，通过变量的调整求出新的可行解。调整的方法是从一个基本可行解出发，设法得到另一个更好的基本可行解，直到目标函数达到最优时，基本可行解即为最优解。如果仍然不是最优解，则重复进行调整。每调整一次，目标函数就改进一次（在线性规划问题的标准型中，目标函数值总是大于或等于前面得到的解的目标函数值），直到求得最优解。这一过程实际上就是如图 1.5 所示的迭代过程。

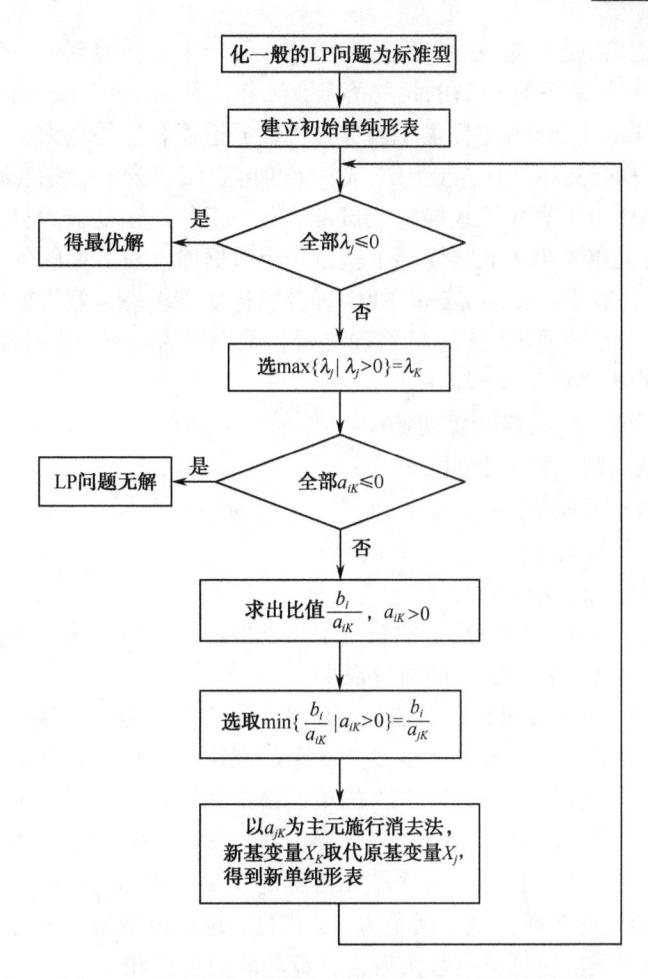

图 1.5　利用单纯形法求解线性规划问题的迭代过程

1.8 线性规划问题的 Excel 处理

1.8.1 电子表格软件 Excel 简介

电子表格软件 Excel 2003 是微软公司应用软件系统 Office 2003 的重要组成部分，Excel 2003 中文版是用于创建和维护电子表格的应用软件。电子表格实际上就是用于显示和管理数据，并能对数据进行各种复杂统计运算的表格。运用打印功能 Excel 2003 可以打印常用的各种统计报表和统计图。

运用 Excel 2003 的图表功能可以把数据信息用于二维和三维的统计图表，因此 Excel 2003 数据地图工具可以使数据信息和地理位置信息有机地组合起来。图表和数据地图完善了 Excel 2003 电子表格的应用功能。

Excel 2003 工作簿是计算机存储数据的文件，每一个工作簿都可以包含多张工作表，因此可在单个文件中管理各种类型的相关信息。工作表是 Excel 2003 用来存储和处理数据的最主要的文档。Excel 2003 还提供了被称为"数据透视表"的强大工具，使用它能够在短时间内对数据进行查阅和统计，让用户从各个角度查阅和分析财务数据。

使用 Excel 2003 电子表格不仅能完成日常的财务工作，在复杂的科学计算领域也得到广泛的应用。Excel 2003 电子表格实际上就是一个数据库，对数据的各种操作同样适用于电子表格。在科学计算上，使用 Excel 2003 可以进行变量求解、假设分析、规划求解等。利用 Excel 2003 可以很容易地组织、计算和分析各种类型的数据，从而找到有价值的信息。Excel 能以表格形式提供以下功能：

- 强大（或万能）的表格计算功能；
- 方便而漂亮的制表和图形制作功能；
- 灵活的数据库管理功能；
- 强大的科学计算功能；
- 多方面的数据分析功能。

目前，我国对于 Excel 的应用，主要用于画表格，或做简单的计算，或图形制作，仅限于很初级的应用，其他方面的功能用得很少。

电子表格软件 Excel 与 Lotus 公司的 Lotus1-2-3 有类似结构：它们以工作簿为文件单位，一个工作簿可以包含若干（Excel 97 最多 256 个，取决于内存的大小）工作表，一个工作表又可以包含很多的单元格。Excel 2003 的单元格由列标题（由按字典排序的英文字母组成，如 A, B, …, X, Y, Z；AA, AB, …, AZ, …, IV，共 256 列）和行号码（阿拉伯数字 1, 2, …, 65 536，共 65 536 行）相交而成。每个单元格就是一个变量，变量名就是其地址名，如 A 列与 23 行相交处的地址名或变量名就是 A23。当然，地址或变量名也可以另外定义。每个变量可以存放各类数据，包括具有强大表格计算功能的公式和函数。

使用 Excel 2003 求解运筹学模型需要用到其中的"工具"→"规划求解"选项，此工具不是 Excel 2003 的标准安装部件，因此需要专门安装才能使用。在系统中安装"规划求解"工具的方法如下。

（1）启动 Excel 2003。打开"工具"菜单，如果没有"规划求解"选项，单击"加载宏"选项，如图 1.6 所示。

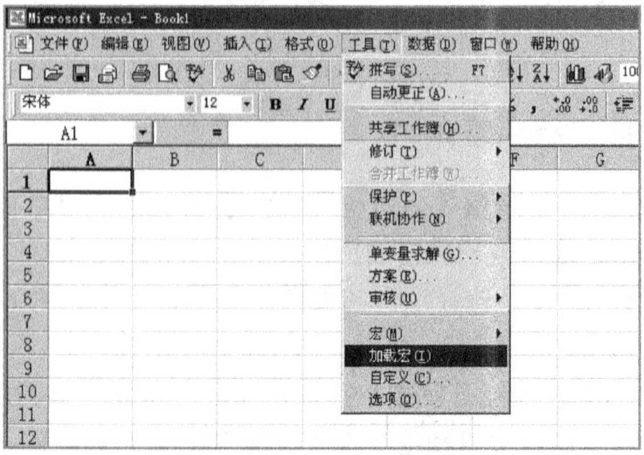

图 1.6 安装"规划求解"选项的加载宏窗口

弹出以下窗口,如图 1.7 所示。

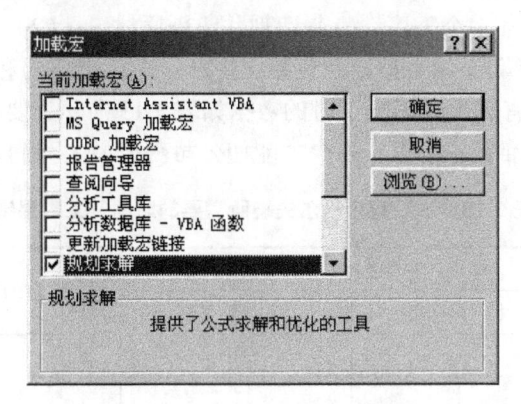

图 1.7 选中"规划求解"加载宏

(2) 安装"规划求解"工具。在"当前加载宏"的复选框中选中"规划求解",单击"确定"按钮后返回 Excel。这时在"工具"菜单中就出现了"规划求解"选项,如图 1.8 所示。关闭"工具"菜单。

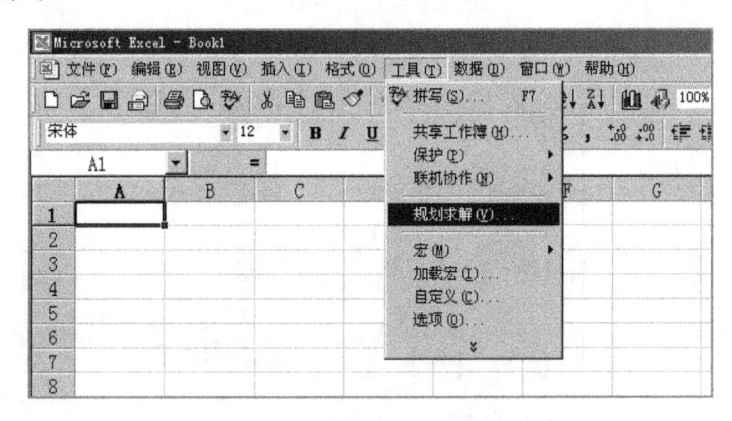

图 1.8 安装后在工具菜单中出现"规划求解"选项

1.8.2 使用 Excel 建立数学公式并输入数据

下面介绍如何使用 Excel 2003 工作表解决 P 公司遇到的问题。我们在工作表的最上面输入 P 公司的有关数据,在工作表的底部写出数学线性规划模型。

使用 Excel 2003 建立数学公式的基本步骤如下:

第一步:在工作表的顶部输入数据;
第二步:确定每个决策变量所对应的单元格的位置;
第三步:选择单元格输入格式,找到目标函数的值;
第四步:选择一个单元格输入公式,计算每个约束条件左边的值;
第五步:选择一个单元格输入公式,计算每个约束条件右边的值。

为了说明其具体应用过程,下面讨论一个简单的实例。

例 1.14 P 公司是一个生产高尔夫器材的小型公司,公司决定生产高、中价位的高尔夫袋。分销商对这种新产品十分感兴趣,并且同意买进公司后 3 个月的全部产品。经过分析,高尔夫袋的生产分为 4 个工序:(1)切割并印染原材料;(2)缝合;(3)成型(插入支撑架、球棒分离装置等);(4)检查和包装。生产一个标准袋的利润是 10 元,生产一个高级袋的利润是 9 元。有关生产消耗工时的数据如表 1.13 所示。要求为 P 公司建立数学模型,以决定高级袋和标准袋各应生产多少才能使公司获得最大利润。

表 1.13　生产每个高尔夫袋所需要的时间及工时限制

部门	生产消耗工时/小时 标准袋	生产消耗工时/小时 高级袋	3 个月生产总工时限制/小时
切割和印染	$\frac{7}{10}$	1	630
缝合	$\frac{1}{2}$	$\frac{5}{6}$	600
成型	1	$\frac{2}{3}$	708
检查和包装	$\frac{1}{10}$	$\frac{1}{4}$	135

解　将 P 公司的问题表述为以下的线性规划模型:
$$\max z = 10x_1 + 9x_2$$
约束条件:
$$\begin{cases} \frac{7}{10}x_1 + 1x_2 \leq 630 & \text{切割和印染} \\ \frac{1}{2}x_1 + \frac{5}{6}x_2 \leq 600 & \text{缝合} \\ 1x_1 + \frac{2}{3}x_2 \leq 708 & \text{成型} \\ \frac{1}{10}x_1 + \frac{1}{4}x_2 \leq 135 & \text{检查和包装} \\ x_1, x_2 \geq 0 \end{cases}$$

下面按照以上所述五个步骤为 P 公司的问题建立公式工作表。工作表分为两个部分:数据部分和模型部分。模型的四个组成部分如图 1.9 所示,为决策变量准备的单元格用边框框起来。图 1.9 展示了所有已输入的公式,而不是由公式得到的值。应用 Excel 工具解决该问题的具体步骤如下。

第一步:在工作表的顶部输入问题的数据。

单元格 B5:C8 显示的是每件产品的工作时间要求;单元格 B9:C9 显示这两种产品的单件利润;单元格 D5:D8 显示的是每个部门的可利用时间。

第二步:确定每个决策变量所对应的单元格的位置。

单元格 B16 是标准袋的产量,单元格 C16 是高级袋的产量。

第三步:选择一个单元格输入用来计算目标函数值的公式。

在单元格 B18 中输入=B9*B16+C9*C16。

第四步:选择单元格输入公式,计算每个约束条件左边的值。

在单元格 B21 中输入=B5*B16+C5*C16;

在单元格 B22 中输入=B6*B16+C6*C16;

在单元格 B23 中输入=B7*B16+C7*C16；

在单元格 B24 中输入=B8*B16+C8*C16。

第五步：选择一个单元格输入公式，计算每个约束条件右边的值。

对于此模型中的 4 个条件，选择相应的单元格输入其条件，即

在单元格 D21 中输入=D5；

在单元格 D22 中输入=D6；

在单元格 D23 中输入=D7；

在单元格 D24 中输入=D8。

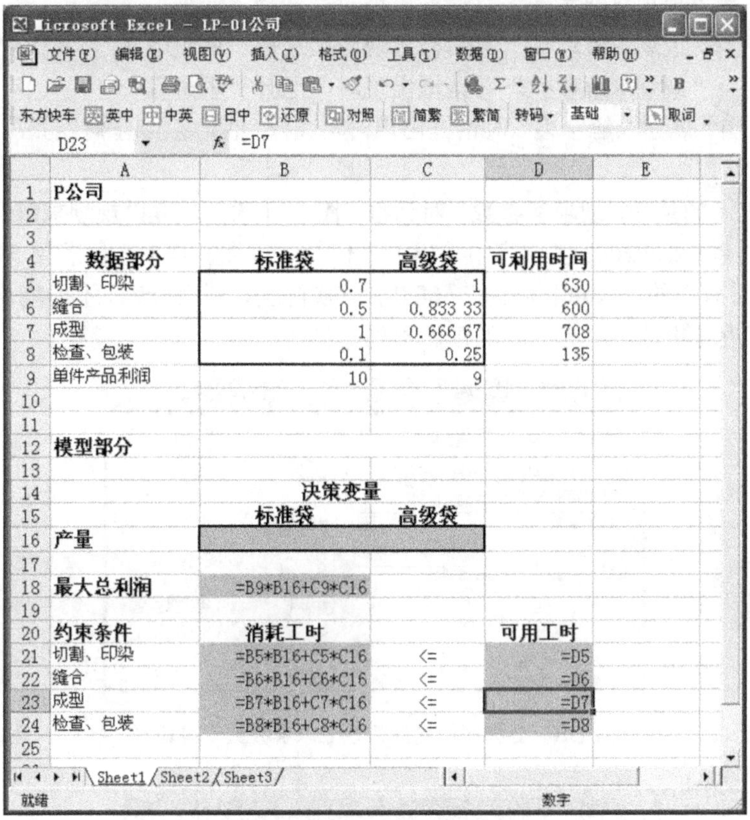

	A	B	C	D	E
1	P公司				
2					
3					
4	数据部分	标准袋	高级袋	可利用时间	
5	切割、印染	0.7	1	630	
6	缝合	0.5	0.833 33	600	
7	成型	1	0.666 67	708	
8	检查、包装	0.1	0.25	135	
9	单件产品利润	10	9		
10					
11					
12	模型部分				
13					
14		决策变量			
15		标准袋	高级袋		
16	产量				
17					
18	最大总利润	=B9*B16+C9*C16			
19					
20	约束条件	消耗工时		可用工时	
21	切割、印染	=B5*B16+C5*C16	<=	=D5	
22	缝合	=B6*B16+C6*C16	<=	=D6	
23	成型	=B7*B16+C7*C16	<=	=D7	
24	检查、包装	=B8*B16+C8*C16	<=	=D8	
25					

图 1.9 P 公司优化问题数据输入和公式建立

为了便于理解，可为工作表添加标签，这将使我们能够很容易地理解每一部分的意思。例如，在第 15 行和第 16 行中分别写上“标准袋、高级袋”和“产量”，我们就很容易理解第 15 行和第 16 行的意思。此外，在单元格 A18 中写入“最大总利润”，用来说明单元格 B18 表示的是最大利润值。在约束条件明确时，增加了约束条件的名称“<=”，用来表示约束条件左右两边的关系。这些标签对解题来说不是必要的，但它们可以帮助使用者理解模型，并对最优解做出说明。

1.8.3 使用 Excel 求解

由 Microsoft 公司开发的 Excel 2003，可以用来解决本课程中所有的线性规划问题。下

面说明如何利用 Excel 2003 来解决 P 公司所遇到的优化问题。

第一步：选择"工具"下拉菜单。

第二步：选择"规划求解"选项。

第三步：当出现"规划求解参数"对话框时（如图 1.10 所示），在"设置目标单元格"栏输入 B18，"等于"后选择"最大值"项，在"可变单元格"栏输入 B16:C16，然后单击"添加"按钮。

第四步：当弹出的"添加约束"对话框出现时，在"单元格引用位置"框中输入 B21:B24，选择<=，在"约束值"框中输入 D21:D24，然后单击"确定"按钮。

第五步：当"规划求解参数"对话框出现时，选择"选项"。

第六步：当"规划求解选项"对话框出现时，选择"假定非负"，单击"确定"按钮。

第七步：当"规划求解参数"对话框出现时，选择"求解"。

第八步：当"规划求解结果"对话框出现时，选择"保存规划求解结果"，单击"确定"按钮。

图 1.10 表示的是"规划求解参数"对话框，图 1.11 表示的是"规划求解选项"对话框，图 1.12 表示的是 Excel 2003 工作表中求出的最优解。最优解是生产标准袋 540 个，高级袋 252 个，此时可获得的最大总利润为 7 668.0 元。实际上，利用 Excel 不但能得到图形输出，还提供了敏感度分析选项，有兴趣的读者不妨一试。

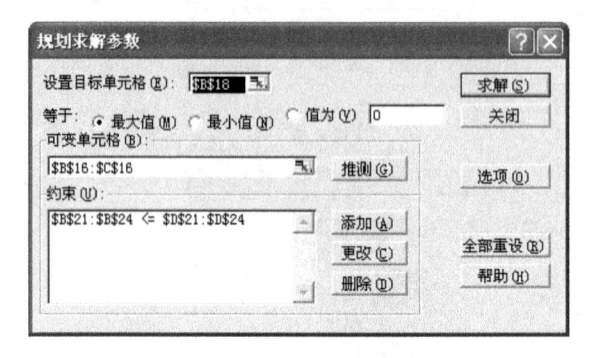

图 1.10 P 公司问题的"规划求解参数"对话框

图 1.11 "规划求解选项"对话框

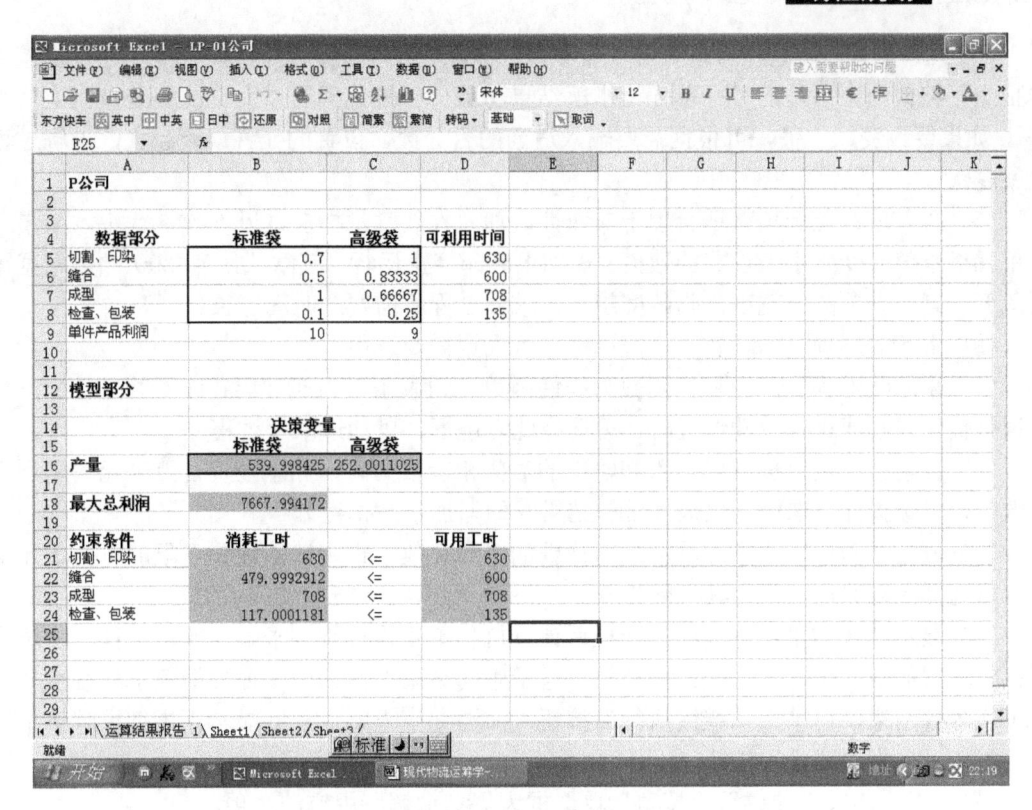

图 1.12　用 Excel 对 P 公司的问题的求解结果

需要说明的是，在第六步对话框"规划求解选项"中选择了"假定非负"，如图 2.11 所示，这样做就不必输入非负性约束了。一般说来，如果要解决的线性规划问题是非负的，都应该选择该条件。此外，在第四步中，我们在"添加约束"对话框中的"单元格引用位置"中输入 B21:B24，这样就将全部约束条件一次性地输入到计算机中去了。当然，也可以一次输入一个约束条件。

"规划求解选项"对话框中有一些参数，通过设置这些参数的取值，可以控制规划求解过程，下面给出具体说明。

（1）最长运算时间：此选项默认值为 100 秒。如果要改变设置，可先删去默认值，然后根据问题规模的大小和复杂程度、可变单元格和约束条件的多少，以及所选其他选项的数目输入适当的运算时间，最长可达 32 767 秒。

（2）迭代次数：此选项默认值为 100 次。如果要改变设置，可先删去默认值，输入更多的迭代次数，最多可达 32 767 次。增加迭代次数有可能使规划求解得到更满意的结果，但运算时间也将相应延长。

以上两项在运算过程中如果尚未找到结果就已经达到设定的运算时间和迭代次数，将会弹出"显示中间结果"对话框。在对话框中选择"继续运行"后，可设置更多的运算时间和迭代次数，继续求解；选择停止，可在未完成求解过程的情况下显示"规划求解结果"。

（3）精度：此选项默认值为 0.000 001。如果要达到更高的求解精度，可在此框中输入所要求的数值，使约束条件的数值能够满足目标值或其上、下限。精度必须用小数表示，小数位数越多，达到的精度越高，但求解的时间也越长。

（4）允许误差：此选项只适合用于有整数约束条件的整数规划问题。所谓"允许误差"，是指满足整数约束条件的目标单元格求解结果与最佳结果之间可以允许的偏差，默认值为5%。如果要改变默认值，可根据需要输入适当的百分数，设置的允许误差越大，求解过程也就越快。

（5）收敛度：此选项只适合用于非线性规划。收敛度是指在最近5次迭代中，如果目标单元格数值的变化小于设置的数值，规划求解即停止运行。其默认值为0.001，可根据需要改变设置。设置的值越小，收敛度越高，求解过程所需要的时间越长。

在以上5个选项下面还有4个复选框，可根据需要选用。

（1）采用线性模型：当目标函数为线性函数，约束条件为线性等式或不等式且要求解决现行优化问题或进行线性逼近时，可选择此复选框，以加速求解过程。

（2）自动按比例缩放：当输入和输出的数值相差很大时，如求投资百万美元的赢利百分数时，可选择此复选框，以放大求解结果（即增加小数位数）。

（3）假定非负：在"添加约束"对话框的"约束值"框中输入设置下限的可变单元格时，可选择此复选框，假定其下限为0。

（4）显示迭代结果：选择此复选框后计算机将单步执行规划求解，即每进行一次迭代后都将求解的数值记入工作表，并弹出"显示中间结果"对话框。如要继续求解过程并显示下次求解结果，可单击"继续执行"按钮；如要结束求解过程并显示"规划求解结果"对话框，可单击"停止"按钮。

另外，"估计"、"导数"、"搜索"单选框为规划求解所用方法选项。

（1）"估计"单选框指定在每个一维搜索中用以得到基本变量初始估计值的逼近方案，下设"正切函数"和"二次方程"两个选项。"正切函数"指定使用正切向量线性外推法；"二次方程"指定使用二次函数外推法，可以提高非线性规划问题的计算精度。

（2）"导数"单选框指定用于估计目标函数和约束条件偏导数的差分方案，下设"向前差分"和"中心差分"两个选项。"向前差分"多用于约束条件数值变化比较缓慢的问题；"中心差分"用于约束条件数值变化迅速，特别是接近限定值的问题。此选项需要较多计算，但有助于规划求解得到有效结果。

（3）"搜索"单选框指定每次迭代算法已确定的搜索方向，下设"牛顿法"和"共轭法"两个选项。"牛顿法"采用准牛顿法进行迭代，占用内存较多，但所需要的迭代次数较少；"共轭法"占用的内存较少，但要达到指定的精度需要迭代的次数较多。当问题规模较大或计算机内存有限，或单步迭代进程缓慢时，应使用"共轭法"。

1.8.4　Excel 求解实例

例 1.15　某公司最优购买决策问题。某公司在生产过程中需要使用浓度为80%的磷酸100 吨，市场上各种浓度的磷酸及对应价格如表 1.14 所示。问应购买各种浓度的磷酸各多少吨，既能满足生产需要，又使得总成本最低？

表 1.14　各种浓度磷酸及对应价格

浓　　度	30%	45%	73%	85%	92%
价格/（元/吨）	400	700	1 400	1 900	2 500

第1章 线性规划

下面介绍求解操作步骤。

第一步：在 Excel 界面上的布局与 P 公司的布局相同，分为数据区域和模型区域。

第二步：选择"工具"→"规划求解"选项，弹出"规划求解参数"对话框，在"设置目标单元格"内填入$B$14，选择"最小值"选项，单击"选项"按钮，在"规划求解选项"对话框中选中"采用线性模型"和"假定非负"，单击"确定"按钮后返回到"规划求解参数"对话框。

第三步：在"规划求解参数"对话框内设置"可变单元格"为"$B$10:$F$10"，单击"添加"按钮，在"约束"框内输入约束条件$B$17:$B$18=$D$17:$D$18。

第四步：单击"规划求解参数"对话框中的"求解"按钮，即可解出如图 1.13 所示的答案。目标函数（最小总成本）最优值为 169 167 元（见图 1.13 中的单元格 B14），决策变量最优解如表 1.15 所示。

表 1.15 决策变量最优解

浓 度	30%	45%	73%	85%	92%
价格/(元/吨)	400	700	1 400	1 900	2 500
最优解 x_i	0	0	41.67	58.34	0

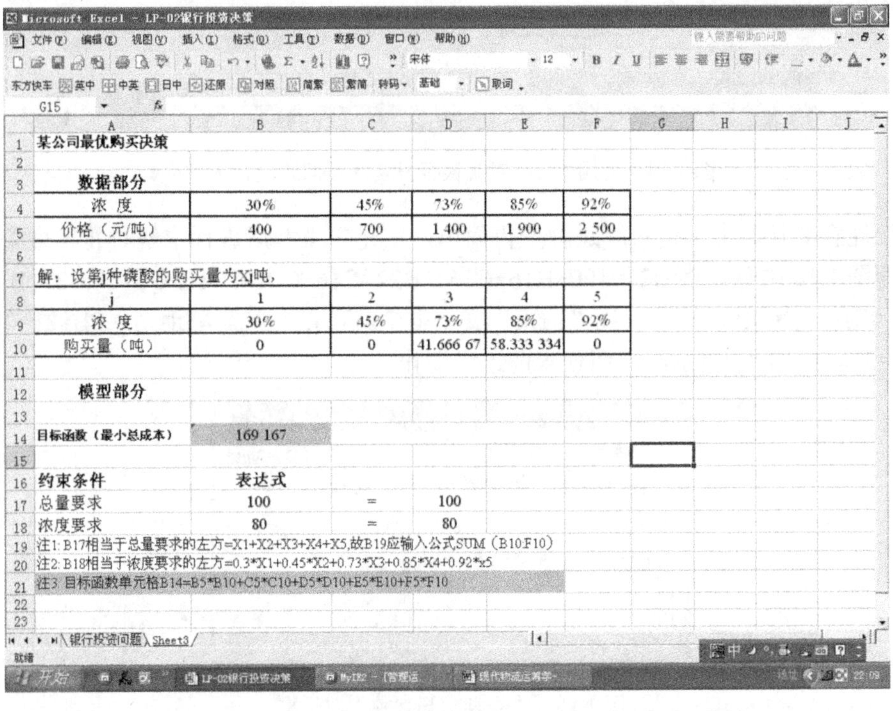

图 1.13 使用 Excel 对某公司最优购买决策问题进行求解

例 1.16 某银行最优投资决策问题。某银行有 100 万元拟做投资用，其中一部分拟用做贷款（L），一部分拟投资证券（S）。贷款可以获取较高利率，证券利率虽然低一些但可以交易，在任何时候银行都可以将证券出售而获取迅速变现的能力。在下述条件下，试确定银行的最优投资决策。① 年利率：贷款（L）为 10%，证券为（S）5%；② 变现能力 $C \geq$

37

($L+S$)×25%；③ 必须满足有信誉的老贷款客户的要求，$L \geq 30$。

如图 1.14 所示，运用 Excel 工具求解结果为：$L=75$ 万元，$S=25$ 万元，最大总获利额为 9 万元。

图 1.14　使用 Excel 对某银行投资决策问题进行求解

需要注意的是，为了使求解过程变得简单，在建立模型后进行求解时将约束条件做了变换，即图 1.14 中单元格 B21=100−B16−C16，B22=C16−0.25*(B16+C16)，B23=B16−30；其中，L=B16，S=C16。这样，在"约束"文本框中就可以非常简单地写入\$B\$21=0,\$B\$22:\$B\$23>=0，如图 1.15 所示，从而使求解过程简化。

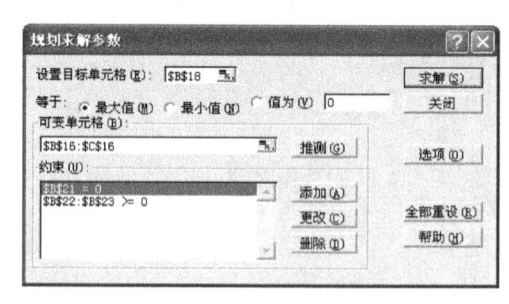

图 1.15　"规划求解参数"对话框

本章小结

本章主要介绍建立简单的线性规划模型的方法，讨论线性规划模型的图解法，重点介绍了单纯形法求线性规划模型的方法，并简单地介绍了有关改进的单纯形法和对偶问题的相关概念，最后又给出了一个比较著名的案例。由于单纯形法的计算过程相当复杂，因此特别要求学生能理解线性规划问题的单纯形解法的基本原理，并能熟练使用计算机软件解决物流管理过程中遇到的实际问题。

思考与练习

练习题

1.1 用图解法和单纯形法分别求下列线性规划问题的解。

(1) $\max z = 10x_1 + 5x_2$

$$\text{s.t.} \begin{cases} 3x_1 + 4x_2 \leq 9 \\ 5x_1 + 2x_2 \leq 8 \\ x_1 \geq 0, x_2 \geq 0 \end{cases}$$

(2) $\max z = 2x_1 + x_2$

$$\text{s.t.} \begin{cases} 5x_2 \leq 15 \\ 6x_1 + 2x_2 \leq 24 \\ x_1 + x_2 \leq 5 \\ x_1 \geq 0, x_2 \geq 0 \end{cases}$$

(3) $\max z = 6x_1 + 4x_2$

$$\text{s.t.} \begin{cases} x_2 \leq 7 \\ 2x_1 + x_2 \leq 10 \\ x_1 + x_2 \leq 8 \\ x_1 \geq 0, x_2 \geq 0 \end{cases}$$

(4) $\max z = -x_1 + 2x_2$

$$\text{s.t.} \begin{cases} x_1 - x_2 \geq -2 \\ x_1 \geq 0, x_2 \geq 0 \end{cases}$$

(5) $\max z = -x_1 + 2x_2$

$$\text{s.t.} \begin{cases} x_1 - x_2 \geq -2 \\ x_1 + 2x_2 \leq 6 \\ x_1 \geq 0, x_2 \geq 0 \end{cases}$$

(6) $\max z = 3x_1 + 6x_2$

$$\text{s.t.} \begin{cases} x_1 - x_2 \geq -2 \\ x_1 + 2x_2 \leq 6 \\ x_1 \geq 0, x_2 \geq 0 \end{cases}$$

1.2 写出下列线性规划问题的标准型。

(1) $\min z = x_1 + 2x_2 - 3x_3$

$$\text{s.t.} \begin{cases} x_1 + 2x_2 - x_3 \leq 5 \\ 2x_1 + 3x_2 - x_3 \geq 6 \\ -x_1 - x_2 + x_3 \geq -2 \\ x_1 \geq 0, x_3 \leq 0 \end{cases}$$

(2) $\min z = 2x_1 - x_2 - 3x_3$

$$\text{s.t.} \begin{cases} x_1 + x_2 + x_3 \leq 7 \\ -x_1 + x_2 - x_3 \leq -2 \\ -3x_1 + x_2 + 2x_3 = 5 \\ x_1 \geq 0, x_2 \geq 0 \end{cases}$$

1.3 单纯形法分别求下列线性规划问题的解。

(1) $\min z = x_1 + 3x_2$

$$\text{s.t.} \begin{cases} x_1 + x_2 + x_3 = 6 \\ -x_1 + 2x_2 + x_4 = 8 \\ x_1 \geq 0, x_2 \geq 0, x_3 \geq 0, x_4 \geq 0 \end{cases}$$

(2) $\min z = 5x_1 + x_2$

$$\text{s.t.} \begin{cases} x_1 + x_2 + x_3 = 4 \\ -x_1 + x_2 + x_4 = 1 \\ x_1 + x_5 = 2 \\ x_1 \geq 0, x_2 \geq 0, x_3 \geq 0, x_4 \geq 0, x_5 \geq 0 \end{cases}$$

(3) $\min z = 3x_1 - x_2 + 2x_3$

s.t. $\begin{cases} x_1 + x_2 + x_3 \leq 4 \\ 2x_1 + 3x_2 + x_3 \leq 6 \\ x_1 \geq 0, x_2 \geq 0, x_3 \geq 0 \end{cases}$

(4) $\min z = 5x_1 + 21x_3$

s.t. $\begin{cases} x_1 - x_2 + 6x_3 \geq 2 \\ x_1 + x_2 + 2x_3 \geq 1 \\ x_1 \geq 0, x_2 \geq 0, x_3 \geq 0 \end{cases}$

1.4 用 Excel 软件求解下列 LP 问题。

(1) $\max z = 5x_1 + 3x_2 + 2x_3 + 4x_4$

s.t. $\begin{cases} 5x_1 + x_2 + x_3 + 8x_4 = 10 \\ 2x_1 + 4x_2 + 3x_3 + 2x_4 = 10 \\ x_1 \geq 0, x_2 \geq 0, x_3 \geq 0, x_4 \geq 0 \end{cases}$

(2) $\max z = 10x_1 + 15x_2 + 12x_3$

s.t. $\begin{cases} 5x_1 + 3x_2 + x_3 \leq 9 \\ -5x_1 + 6x_2 + 15x_3 \leq 15 \\ 2x_1 + x_2 + x_3 \geq 15 \\ x_1 \geq 0, x_2 \geq 0, x_3 \geq 0 \end{cases}$

(3) $\min z = 2x_1 + 3x_2 + x_3$

s.t. $\begin{cases} x_1 + 4x_2 + 2x_3 \geq 8 \\ 3x_1 + 2x_2 \geq 6 \\ x_1 \geq 0, x_2 \geq 0, x_3 \geq 0 \end{cases}$

(4) $\min z = 2x_1 + x_2 - x_3 - x_4$

s.t. $\begin{cases} x_1 - x_2 + 2x_3 - x_4 = 2 \\ 2x_1 + x_2 - 3x_3 + x_4 = 6 \\ x_1 \geq 0, x_2 \geq 0, x_3 \geq 0, x_4 \geq 0 \end{cases}$

(5) $\min z = 3x_1 - 4x_2 + x_3 - 2x_4$

s.t. $\begin{cases} 2x_1 + x_2 + 2x_3 + x_4 = 10 \\ x_3 + 2x_4 \leq 10 \\ x_1 - x_2 + x_4 \geq -5 \\ 20 \geq 2x_1 + 3x_2 + x_3 + x_4 \geq 5 \\ x_1 \geq 0, x_2 \geq 0, x_3 \geq 0, x_4 \geq 0 \end{cases}$

1.5 写出下列 LP 问题的对偶问题。

(1) $\max z = 3x_1 - x_2 - 2x_3$

s.t. $\begin{cases} 3x_1 + 2x_2 - 3x_3 \leq 6 \\ x_1 - 2x_2 + x_3 \leq 4 \\ x_1 \geq 0, x_2 \geq 0, x_3 \geq 0 \end{cases}$

(2) $\max z = 4x_1 + 3x_2 + 6x_3$

s.t. $\begin{cases} 3x_1 + x_2 + x_3 \leq 60 \\ 2x_1 + 2x_2 + 3x_3 \leq 40 \\ x_1 \geq 0, x_2 \geq 0, x_3 \geq 0 \end{cases}$

(3) $\min w = 60x_1 + 10x_2 + 20x_3$

s.t. $\begin{cases} 3x_1 + x_2 + x_3 \geq 2 \\ x_1 - x_2 + x_3 \geq -1 \\ x_1 + 2x_2 - x_3 \geq 1 \\ x_1 \geq 0, x_2 \geq 0, x_3 \geq 0 \end{cases}$

(4) $\min w = 5x_1 - 3x_2 + x_3$

s.t. $\begin{cases} 2x_1 - x_2 + 4x_3 \geq 2 \\ x_1 + x_2 - 2x_3 \geq 1 \\ 3x_1 - x_2 - x_3 \geq 3 \\ x_1 \geq 0, x_2 \geq 0, x_3 \geq 0 \end{cases}$

1.6 甲、乙两个煤矿供给 A、B、C 三个城市用煤。各煤矿产量和各市需求量如表 1.16 所示。

表1.16 练习题1.6数据表（一）

煤矿	日产量/吨	城市	日需求量/吨
甲	200	A	100
		B	150
乙	250	C	200

各煤矿与各城市之间的运输价格如表1.17所示。

表1.17 练习题1.6数据表（二）

城市 煤矿	运价/（元/吨）		
	A	B	C
甲	90	70	100
乙	80	65	80

试建立既满足城市用煤需求，又使运输的总费用最少的线性规划数学模型。

1.7 某公司生产甲、乙、丙三种产品，其原材料消耗定额和机加工台时定额、现有原材料和机械台时总量（即现有资源总量）、以及各种产品最低需要量和产品价格如表1.18所示。在满足各项约束条件时，求可能达到的最大产值。要求使用Excel工具求解，写出求解步骤和具体运算结果。

表1.18 某公司甲、乙、丙三种产品相关数据

项　　目	甲产品	乙产品	丙产品	现有资源总量
原材料消耗定额/kg	1.0	1.5	4.0	2 000
机加工台时定额	2.0	1.2	1.0	1 000
产品最低需要量/件	200	250	100	—
产品价格/元	10	14	12	—

1.8 某厂生产甲、乙两种产品，甲产品需要A、B、C三种原料的量分别为8、5、4，可获利润为9；乙产品需要A、B、C三种原料的量分别为6、5、9，可获利润为12。现在工厂中A、B、C三种原料的量分别为360、250、350，求生产两种产品各多少才能使总利润最大，最大利润是多少。要求使用Excel工具求解，写出求解步骤和具体运算结果。

第 2 章 整 数 规 划

内容提要
- ☑ 整数规划的数学模型
- ☑ 整数规划的分枝定界法
- ☑ 指派问题

整数规划 ILP（Integer Linear Programming），可分成线性部分和整数部分，因此常常把整数规划作为线性规划的特殊部分。在线性规划问题中，有些最优解可能是分数或小数，但对于某些具体问题，常要求解答必须是整数。例如，所求解是机器的台数，工人的人数或装货的车数、场址的选定等，都必须部分或者全部满足整数要求，这样的问题称为整数线性规划问题，简称为整数规划问题，简记 ILP。整数规划的应用范围也是极其广泛的，它不仅在工业和工程设计和科学研究方面有许多应用，而且在计算机设计、系统可靠性、编码和经济分析等方面也有新的应用。

下面先举出一些整数线性规划的例子，然后讨论它的解法。

2.1 整数规划的数学模型

2.1.1 案例

例 2.1 某厂生产 A、B 两种产品，这两种产品的单位利润分别为 25 元和 40 元。生产每种产品都需要三道工序，其各种产品的工时（单位：小时），每一工序每周可供使用的时间如表 2.1 所示，问工厂如何安排生产，使其获利最大？

表 2.1　例 2.1 数据表　　　　　　　　　　　　　　小时

产品 \ 工序	一	二	三
A	0.3	0.2	0.3
B	0.7	0.1	0.5
每周工时	200	100	150

解　设 x_1、x_2 分别是 A 产品和 B 产品的周产量，z 为这两种产品每周总的利润。根据题意，建立模型如下：

$$\max z = 25x_1 + 40x_2$$

$$\begin{cases} 0.3x_1 + 0.7x_2 \leq 200 \\ 0.2x_1 + 0.1x_2 \leq 100 \\ 0.3x_1 + 0.5x_2 \leq 150 \\ x_1 \geq 0, x_2 \geq 0, 并且全为整数 \end{cases}$$

其中，max 是英文 maximize（最大化）的缩写。由于所有变量要求取整数，我们称它为全整数规划问题。

例 2.2 我们要作投资决策，就是对几个潜在的投资方案做出选择，如投资决策可以是在可行的几个厂址中做出选择；或设备构置的选择；或对一组研究和发展项目做出决定。

在这类决策问题中，问题是在"要"或者"不要"之间进行选择，如果我们令决策变量是整数，且只取 0 或 1，分别表示不投资或者投资。假定 c_j 代表第 j 项投资得到的收益，a_{ij} 是用于第 j 项投资的第 i 项资源的数量，b_i 为第 i 种资源的限制，则上述问题可列成下式：

$$\max z = \sum_{j=1}^{n} c_j x_j$$

$$\begin{cases} \sum_{j=1}^{n} a_{ij} z_j \leq b_i & (i=1,2,\cdots,m) \\ x_j = 0 或 1 & (j=1,2,\cdots,n) \end{cases}$$

由于所有的变量都只能取 0 或 1，所以，这样的整数规划问题称为 0-1 规划。

2.1.2 整数规划数学模型的一般形式

一般整数规划模型可以表示如下：

$$\text{opt } z = c_1 x_1 + c_2 x_2 + \cdots + c_n x_n$$

$$\text{s.t.} \sum_{j=1}^{n} a_{ij} x_j \leq (\geq, =) b_i$$

$$x_j \geq 0$$

$$i = 1, 2, \cdots, n \quad j = 1, 2, \cdots, m$$

$x_1, x_2, \cdots, x_n$ 中部分或全部取整数

式中，opt 即 optimize（最优化）的缩写，根据问题要求不同，可以表示为 max（最大化）或 min（最小化）。

整数规划问题可以分为以下三种类型。

（1）纯整数规划（pure integer linear programming）：指全部决策变量都必须取整数值的整数规划，有时也称为全整数规划。如例 2.1、例 2.2 是纯整数规划。

（2）混合整数规划（mixed integer liner programming）：指决策变量中有一部分必须取整数值，另一部分可以不取整数值的整数规划。

（3）0-1 型整数规划（zero-one integer liner programming）：指决策变量只能取值 0 或 1 的整数规划。例 2.2 就是 0-1 整数规划。

整数规划具有以下特点：
（1）原线性规划有最优解，当自变量限制为整数后，其整数规划解出现下述情况：
① 原线性规划最优解全是整数，则整数规划最优解与线性规划最优解一致。
② 整数规划无可行解。

例2.3 原线性规划为

$$\min z = x_1 + x_2$$
$$s.t. 2x_1 + 4x_2 = 5, x_1 \geq 0, x_2 \geq 0$$

其最优实数解为：$x_1 = 0$，$x_2 = \frac{5}{4}$，$\min z = \frac{5}{4}$。

③ 有可行解（当然就存在最优解），但最优解值一定不会优于原线性规划的最优值。

例2.4 原线性规划为

$$\min z = x_1 + x_2$$
$$s.t. 2x_1 + 4x_2 = 6, x_1 \geq 0, x_2 \geq 0$$

其最优实数解为：$x_1 = 0$，$x_2 = \frac{3}{2}$，$\min z = \frac{3}{2}$。

若限制整数得：$x_1 = 1$，$x_2 = 1$，$\min z = 2$。

（2）整数规划最优解不能按照实数最优解简单取整而获得。

初看起来似乎只要把已得的非整数解舍入化整就可以了，实际上化整后的数不见得是可行解和最优解，所以应该有特殊的方法来求解整数规划。

例2.5 已知整数规划问题

$$\max z = x_1 + 5x_2$$
$$\begin{cases} x_1 + 10x_2 \leq 20 \\ x_1 \leq 2 \\ x_1, x_2 \geq 0 \text{且为整数} \end{cases}$$

解 如果先不考虑整数条件，得到如下线性规划问题（称为松弛问题）：

$$\max z = x_1 + 5x_2$$
$$\begin{cases} x_1 + 10x_2 \leq 20 \\ x_1 \leq 2 \\ x_1, x_2 \geq 0 \end{cases}$$

对于这个问题，很容易用图解法得到最优解（见图2.1，在 B 点得到最优解）：$x_1=2$，$x_2=9/5$，且有 $z=11$。

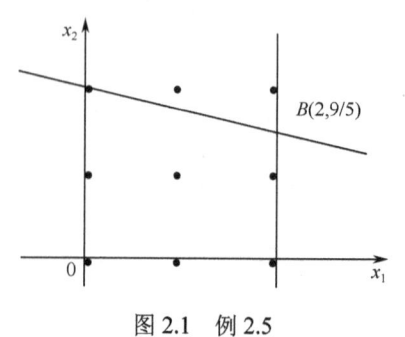

图2.1 例2.5

再考虑整数条件：

如将 x_2 凑成整数 $x_2=2$，则点（2，2）落在可行域外，不是可行解；

若将 x_2 凑成整数 1，但点（2，1）不是最优解。因为当 $x_1=2$，$x_2=1$，得到 $z=7$，而当 $x_1=0$，$x_2=2$，得到 $z=10$，显然点（0，2）比点（2，1）更好。

因此不能简单地将松弛问题的最优解舍入化整（如四舍五入），得出整数规划的最优解。

通过仔细分析，从图 2.1 可知，整数规划问题的可行解集是相应的线性规划问题的可行域内的整数格子点，它是一个有限集。因此，我们可以用另一种方法进行讨论，即将所有的可行解依次代入目标函数，比较所得的目标函数值的大小，从而得到最优解，这个方法称为完全枚举法。如上例有整数可行解和目标函数值：

$x_1=0$，$x_2=0$，目标函数值 $z=0$；
$x_1=0$，$x_2=1$，目标函数值 $z=5$；
$x_1=0$，$x_2=2$，目标函数值 $z=10$；
$x_1=1$，$x_2=0$，目标函数值 $z=1$；
$x_1=2$，$x_2=0$，目标函数值 $z=2$；
$x_1=1$，$x_2=1$，目标函数值 $z=6$；
$x_1=2$，$x_2=1$，目标函数值 $z=7$。

经过比较，可以得到最优解 $x_1=0$，$x_2=2$，目标函数最优值 $z=10$。

完全枚举法是整数规划问题的一种求解方法，但是它的计算工作量是很大的，特别当变量个数和约束条件个数都很多时，用这种方法求解有时甚至是不可能进行的。

2.2 分枝定界法

整数规划，除少数可以用完全枚举法或用线性规划的单纯形法直接求解外，一般整数规划必须寻找新的求解方法。常用的求解整数规划的方法有分枝定界法和割平面法等，对于特别的 0-1 规划问题的求解，可以采用隐枚举法和匈牙利法。这里仅介绍整数规划的分枝定界法，它也可以用于求解混合整数规划问题和 0-1 规划问题。下面从一个例子出发来讨论它的思路和步骤。

2.2.1 案例

例 2.6 求解下述整数规划：

$$\max z = 5x_1 + 8x_2 \quad (1)$$

$$\begin{cases} x_1 + x_2 \leqslant 6 & (2) \\ 5x_1 + 9x_2 \leqslant 45 & (3) \\ x_1, x_2 \geqslant 0 & (4) \\ x_1, x_2 \text{为整数} & (5) \end{cases} \quad (2\text{-}1)$$

解（1）注意到式（2-1）的可行解集为图 2.2 的阴影部分内的整数格子点组成的集合，

暂时不考虑整数限制条件（5）。解相应的线性规划（1）～（4），即式（2-1）的松弛问题 LP：

$$\max z = 5x_1 + 8x_2 \quad (1)$$
$$\begin{cases} x_1 + x_2 \leqslant 6 & (2) \\ 5x_1 + 9x_2 \leqslant 45 & (3) \\ x_1, x_2 \geqslant 0 & (4) \\ x_1 \geqslant 0, x_2 \geqslant 0 & (5) \end{cases} \quad (2\text{-}2)$$

得最优解

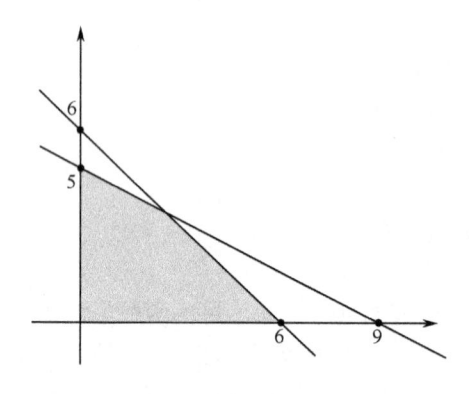

图 2.2　例 2.6

$$x_1 = 2.25,\ x_2 = 3.75,\ z_0 = 41.25$$

由（1）和（5）可知整数规划 ILP 的目标函数最优值 z^* 应该满足：$0 \leqslant z^* \leqslant z_0 = 41.25$，且必为整数，从而可以断言 $0 \leqslant z^* \leqslant 41$。这一过程称为定界，即给出整数规划 ILP_0 问题目标函数最优值 z^* 的下界和上界。

（2）注意到线性规划（2-2）的解 x_1、x_2 具有小数部分，但这两个变量在式（2-1）中都必须是整数，那就是说必须把小数部分"划掉"。我们注意到，对 $x_2 = 3.75$ 而言（对 x_1 也是如此），最终的最优解不会在 3 和 4 之间取值，即必然有

$$x_2 \leqslant 3\ \text{或}\ x_2 \geqslant 4 \quad (2\text{-}3)$$

这种表达式实际上是将 x_2 在 3 和 4 间的小数部分划掉了，把可行域 R_0 分成了 R_1 和 R_2，显然这种分法把原来线性规划的解 A 点（2.25，3.75）排除出去了，但没有排除任何整数可行解。这一过程称为分枝，即用两个矛盾的约束条件式（2-3）分别代入原问题式（2-1）形成两个子问题 ILP_1 和 ILP_2：

$$\max z = 5x_1 + 8x_2 \quad (1)$$
$$ILP_1 \begin{cases} x_1 + x_2 \leqslant 6 & (2) \\ 5x_1 + 9x_2 \leqslant 45 & (3) \\ x_1 \geqslant 0, x_2 \geqslant 0 & (4) \\ x_1, x_2\ \text{为整数} & (5) \\ x_2 \geqslant 4 \end{cases} \quad (2\text{-}4)$$

$$\text{ILP}_2 \begin{cases} \max z = 5x_1 + 8x_2 & （1） \\ x_1 + x_2 \leqslant 6 & （2） \\ 5x_1 + 9x_2 \leqslant 45 & （3） \\ x_1 \geqslant 0, x_2 \geqslant 0 & （4） \\ x_1, x_2 \text{为整数} & （5） \\ x_2 \leqslant 3 \end{cases} \qquad (2\text{-}5)$$

解 ILP_1 的松弛问题 LP_1, 得到
$$x_1=1.8, \ x_2=4, \ z_1=41$$
解 ILP_2 的松弛问题 LP_2, 得到
$$x_1=3, \ x_2=3, \ z_2=39$$

（3）修改上下界：从 LP_1 和 LP_2 的解，我们知道有 $39 \leqslant z^* \leqslant 41$。

（4）再分枝：因为松弛问题 LP_1 的上界 $z^*=41$ 比较大，我们对 ILP_1 再进行分枝。

下面我们就是要划掉 LP_1 的解中 $x_1=1.8$ 的小数部分，增加约束 $x_1 \leqslant 1$ 或 $x_1 \geqslant 2$, 对 ILP_1 进行分枝，即

$$\text{ILP}_3 \begin{cases} \max z = 5x_1 + 8x_2 & （1） \\ x_1 + x_2 \leqslant 6 & （2） \\ 5x_1 + 9x_2 \leqslant 45 & （3） \\ x_1 \geqslant 0, x_2 \geqslant 0 & （4） \\ x_1, x_2 \text{为整数} & （5） \\ x_2 \geqslant 4 \\ x_1 \leqslant 1 \end{cases} \qquad (2\text{-}6)$$

$$\text{ILP}_4 \begin{cases} \max z = 5x_1 + 8x_2 & （1） \\ x_1 + x_2 \leqslant 6 & （2） \\ 5x_1 + 9x_2 \leqslant 45 & （3） \\ x_1 \geqslant 0, x_2 \geqslant 0 & （4） \\ x_1, x_2 \text{为整数} & （5） \\ x_2 \geqslant 4 \\ x_1 \geqslant 2 \end{cases} \qquad (2\text{-}7)$$

求解 ILP_3 的松弛问题 LP_3 得
$$x_1=1, \ x_2=4.44, \ z_3=40.56$$
对于 ILP_4 的松弛问题 LP_4, 不难看出，无可行解。

（5）再修改上下界，此时我们又有 $39 \leqslant z^* \leqslant 40.56$。

（6）再分枝，继续对 ILP_3 进行分枝（由于 x_2 是小数，增限制条件 $x_2 \leqslant 4$ 或 $x_2 \geqslant 5$）又得到

$$\text{ILP}_5 \begin{cases} \max z = 5x_1 + 8x_2 & (1) \\ x_1 + x_2 \leq 6 & (2) \\ 5x_1 + 9x_2 \leq 45 & (3) \\ x_1 \geq 0, x_2 \geq 0 & (4) \\ x_1, x_2 \text{为整数} & (5) \\ x_2 \geq 4 \\ x_1 \leq 1 \\ x_2 \leq 4 \end{cases} \quad (2\text{-}8)$$

及

$$\text{ILP}_6 \begin{cases} \max z = 5x_1 + 8x_2 & (1) \\ x_1 + x_2 \leq 6 & (2) \\ 5x_1 + 9x_2 \leq 45 & (3) \\ x_1 \geq 0, x_2 \geq 0 & (4) \\ x_1, x_2 \text{为整数} & (5) \\ x_2 \geq 4 \\ x_1 \leq 1 \\ x_2 \geq 5 \end{cases} \quad (2\text{-}9)$$

求解 ILP_5 的松弛问题 LP_5 得到

$$x_1=1, \quad x_2=4, \quad z_5=37$$

求解 ILP_6 的松弛问题 LP_6 得到

$$x_1=0, \quad x_2=5, \quad z_6=40$$

至此，所有的子问题都已探明，求解结束。我们得到了 ILP_0（即原问题）的最优解：

$$x_1^*=0, \quad x_2^*=5, \quad z^*=40$$

为了清楚起见，可用树型图来表示分枝定界法的计算思路和步骤，如图 2.3 所示。

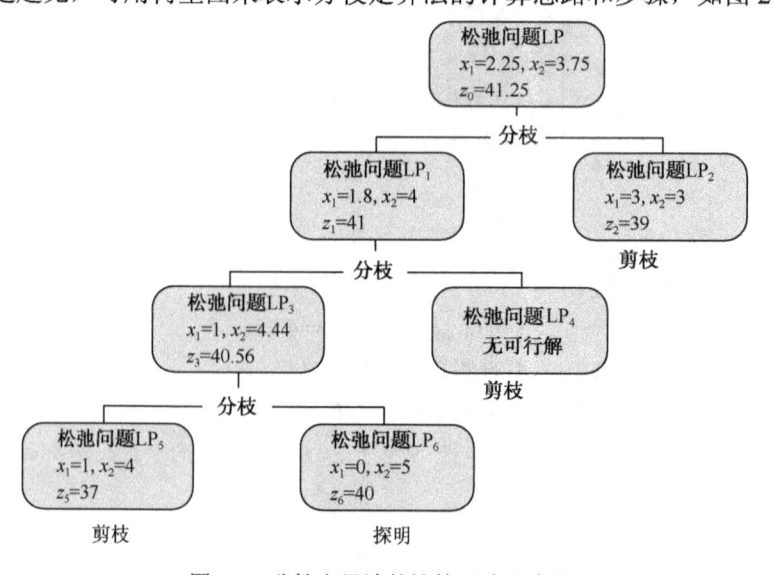

图 2.3 分枝定界法的计算思路和步骤

2.2.2 分枝定界法的一般步骤

分枝定界法的一般步骤如下:

第一步,先不考虑原问题的整数限制,求解相应的松弛问题,若求得最优解,检查它是否符合整数约束条件;如符合整数约束条件,即转下一步。

第二步,定界。在各分枝问题中,找出目标函数值最大者作为整数规划最优值 z^* 的上界,记为 $\bar{z}$,从已符合整数条件的分枝中,找出目标函数值最大者作为下界,记为 $\underline{z}$,即 $\underline{z} \leqslant z^* \leqslant \bar{z}$。

第三步,分枝。根据对变量重要性的了解,在最优解中选择一个不符合整数条件 x_j 的,令 $x_j = b_j'$,(b_j' 不为整数),则用下列两个约束条件:

$$x_j \leqslant [b_j']$$
$$x_j \geqslant [b_j']+1$$

其中,$[b_j']$ 表示不超过 b_j' 的最大整数,分别加入问题形成两个子问题。

第四步,应用对目标函数估界的方法,或对某一分枝重要性的了解,确定出首先要解的某一分枝的后继问题,并解此问题。若所获得的最优解符合整数条件,则就是原问题的解,若不符合整数条件,再回到第二步,并参照第四步终止后继问题。

在上述过程中,要不断应用分枝、定界、估界来进行判断。当我们求解某子问题的松弛问题时,只要出现下列情况之一,该问题就已探明:

(1)松弛问题没有可行解,则原问题也没有可行解;

(2)松弛问题的最优解恰好全取整数,则该最优解也是其对应的子问题的最优解;

(3)松弛问题的最大值小于现有的下界 $\underline{z}$,则无论其最优解是否取整数值,都将对应的子问题剪枝,已探明的子问题就不再用分枝了;如果所有的子问题都已探明,则原整数规划的最优解就一定可以求出,或可以判定它无解。

最后应指出,对于整数规划问题,目前还没有一种普通适用的有效的解法。对于变量比较少的问题,可以用枚举法,而分枝定界法比枚举法要优越些,因为它仅在一部分可行的整数解中寻求最优解,所以这种解法及它的思想方法值得推荐。但是,对于大型的整数规划问题,可行的整数组合多达上亿个,即使其中一部分也是很可观的数目,用分枝定界法来求解仍是很费力的。此外,求解整数规划问题的常用方法还有"割平面法",对这种方法,本教材不作介绍,有兴趣的读者可以参考一些其他资料自学。

2.3 指派问题

2.3.1 指派问题及其数学模型

指派问题(Assignment Problem)是运筹学中一个具有理论意义又很有实用价值的问题。其一般提法是:设有 n 个人,需要分派他们去做 n 件工作。由于每人的专长不同,各人做何种工作的效率可能不同，因而创造的价值也不同，所以应研究如何安排才能使创造的总价值最大。

例 2.7 现有 4 辆装载不同货物的待卸车，派班员要分派给 4 个装卸班组，每个班组卸一辆。由于各个班组的技术专长不同，各个班组卸不同车辆所需时间（h）如表 2.2 所示。问派班员应如何分配卸车任务，才能使卸车所花的总时间最少？

表 2.2 例 2.7 数据表

装 卸 组	待卸车（P_1）	待卸车（P_2）	待卸车（P_3）	待卸车（P_4）
Ⅰ	4	3	4	1
Ⅱ	2	3	6	5
Ⅲ	4	3	5	4
Ⅳ	3	2	6	5

类似的例子很多：如有 n 项加工任务，如何分派到 n 台机床上加工使总费用最低；有 n 条航线，怎样指定 n 艘船去航行等。对应于每个指派问题，所给出的类似于表 2.2 那样的表格称为系数矩阵，其元素 c_{ij}（$c_{ij} \geq 0$; $i=1, 2, \cdots, n$; $j=1, 2, \cdots, n$）根据实际问题的不同，可表示时间、费用、距离等。

解 为求解此类问题，引入 0-1 变量 x_{ij}，并令

$$x_{ij} = \begin{cases} 1 & \text{当指派第 } i \text{ 人去完成第 } j \text{ 项任务时} \\ 0 & \text{当不指派第 } i \text{ 人去完成第 } j \text{ 项任务时} \end{cases}$$

这样，指派问题的数学模型就可表示为

$$\min z = \sum_{i=1}^{n}\sum_{j=1}^{n} c_{ij} x_{ij} \tag{2-10}$$

$$\begin{cases} \sum_{j=1}^{n} X_{ij} = 1 & i=1,2,\cdots n \tag{2-11} \\ \sum_{i=1}^{n} X_{ij} = 1 & j=1,2,\cdots n \tag{2-12} \\ X_{ij} = 0 \text{ or } 1 & \tag{2-13} \end{cases}$$

其中，第一组约束条件，见式（2-11），表示一个人只能完成一项任务；第二组约束条件，见式（2-12），表示一项任务只能由一个人去完成。

从数学模型中不难看出，指派问题实际上是运输问题当产量与销量相等且产地与销地个数相等时的特殊情况。由于它的变量 x_{ij} 只能取 0 或 1，所以在 $2n-1$ 个基变量中只能有 n 个取 1，其余 $n-1$ 个取 0，从而基本可行解是退化的，使得往往迭代多次而目标函数值并不下降，故利用表上作业法计算效果不好。利用指派问题的特殊结构有更为有效的算法，它是 1955 年由库恩（W.W. Kuhn）根据匈牙利数学家康尼格（D. Konig）的关于矩阵中独立零元素的定理而提出的，通常称为匈牙利法。

2.3.2 匈牙利法

我们知道，指派问题都要给出系数矩阵，例 2.7 的系数矩阵为

$$(c_{ij}) = \begin{pmatrix} 4 & 3 & 4 & 1 \\ 2 & 3 & 6 & 5 \\ 4 & 3 & 5 & 4 \\ 3 & 2 & 6 & 5 \end{pmatrix}$$

求出指派问题一个可行解并不难，问题是如何求出最优解。

指派问题的最优解具有这样的性质：若从系数矩阵(c_{ij})的一行（列）各元素中分别减去该行（列）的最小元素，得到新矩阵(b_{ij})，那么以(b_{ij})为系数矩阵求得的最优解与用原系数矩阵求得的最优解相同。

下面利用这一性质并结合例 2.7，讨论指派问题的一般解法。

第一步：对系数矩阵进行变换，使各行各列中都出现 0 元素。

（1）从系数矩阵的每行元素中减去该行的最小元素。

（2）再从所得系数矩阵的每列元素中减去该列的最小元素。

若某行（列）已有 0 元素，就不必再减了。例 2.7 的计算为

$$(c_{ij}) = \begin{pmatrix} 4 & 3 & 4 & 1 \\ 2 & 3 & 6 & 5 \\ 4 & 3 & 5 & 4 \\ 3 & 2 & 6 & 5 \end{pmatrix} \begin{matrix} -1 \\ -2 \\ -3 \\ -2 \end{matrix} = \begin{pmatrix} 3 & 2 & 3 & 0 \\ 0 & 1 & 4 & 3 \\ 1 & 0 & 2 & 1 \\ 1 & 0 & 4 & 3 \end{pmatrix} \rightarrow \begin{pmatrix} 3 & 2 & 1 & 0 \\ 0 & 1 & 2 & 3 \\ 1 & 0 & 0 & 1 \\ 1 & 0 & 2 & 3 \end{pmatrix} = (b_{ij})$$

总共减去的数为 1+2+3+2+2=10。

第二步：试求最优解。

经过第一步的变换后，矩阵的每行每列都有了 0 元素。我们的目的是找出 n 个位于不同行和不同列的 0 元素，并令这样的 0 元素对应的 $x_{ij}=1$，令其他的 $x_{ij}=0$。这样得出的解对变换后的系数矩阵(b_{ij})来说，其目标函数值为零，故为(b_{ij})问题的最优解，根据上述性质，它也是原问题的最优解。

在(b_{ij})中找位于不同行和不同列的 0 元素可按下述方法进行。

（1）从行开始，遇到每行只有一个 0 元素就用括号括上，记做（0），然后划去所在列的其他 0 元素，用 ⌀ 表示，遇到有两个及其以上的 0 元素的行先放下。

（2）进行列检验，给只有一个 0 元素的列中的 0 元素用括号括上，记做（0），然后划去所在行的其他 0 元素，用 ⌀ 表示。

（3）反复进行第（1）步和第（2）步。

（4）若仍存在没有括上的 0 元素，而且同行（列）的 0 元素至少有两个，这时可以从有 0 元素最少的行（列）开始，比较这行（列）各 0 元素所在列（行）中 0 元素的数目；选择给 0 元素少的那列（行）的 0 元素加括号，然后划掉同行同列的其他元素。如此反复进行，直到所有的 0 元素都已括上和划掉为止。

（5）若（0）元素的数目等于系数矩阵的阶数 n，那么该指派问题的最优解已经得到；否则，转入第（3）步。

在例 2.7 中，第一行只有一个 0 元素，就在该 0 处做出标号（0），表示第 4 辆车已分

配给第 1 组工人卸车，因此，第四列其他元素如有 0 就不能再分派。同理，第二行有一个 0 元素，做出标号（0）；第三行有两个 0 元素，先放下；第四行有一个 0 元素，做出标号（0）的同时划去同列的 0 元素，做出标号 0̸。于是得到

$$\begin{pmatrix} 3 & 2 & 1 & (0) \\ (0) & 1 & 2 & 3 \\ 1 & 0̸ & 0 & 1 \\ 1 & (0) & 2 & 3 \end{pmatrix}$$

然后进行列检验，第一、第二、第四列已没有未做标号的 0，第三列有一个 0，标上括号，表示第 3 辆车分派给第 3 组工人卸车。于是得到

$$\begin{pmatrix} 3 & 2 & 1 & (0) \\ (0) & 1 & 2 & 3 \\ 1 & 0̸ & (0) & 1 \\ 1 & (0) & 2 & 3 \end{pmatrix}$$

此时（0）元素的数目等于系数矩阵的阶数 4，故该指派问题的最优解已得到，最优解的矩阵形式为

$$(x_{ij}) = \begin{pmatrix} 0 & 0 & 0 & 1 \\ 1 & 0 & 0 & 0 \\ 0 & 0 & 1 & 0 \\ 0 & 1 & 0 & 0 \end{pmatrix}$$

其目标函数值为

$$z = c_{14} + c_{21} + c_{33} + c_{42} = 1 + 2 + 5 + 2 = 10。$$

注意：此值与前面在求 (b_{ij}) 的过程中所减去的数值相等。

例 2.8 求下面所示系数矩阵 (c_{ij}) 的指派问题的最优解。

$$\begin{pmatrix} 10 & 9 & 7 & 8 \\ 5 & 8 & 7 & 7 \\ 5 & 4 & 6 & 5 \\ 2 & 3 & 4 & 5 \end{pmatrix}$$

解 第一步，对原系数矩阵进行变换，即

$$\begin{pmatrix} 10 & 9 & 7 & 8 \\ 5 & 8 & 7 & 7 \\ 5 & 4 & 6 & 5 \\ 2 & 3 & 4 & 5 \end{pmatrix} \begin{matrix} -7 \\ -5 \\ -4 \\ -2 \end{matrix} \rightarrow \begin{pmatrix} 3 & 2 & 0 & 1 \\ 0 & 3 & 2 & 2 \\ 1 & 0 & 2 & 1 \\ 0 & 1 & 2 & 3 \end{pmatrix} \rightarrow \begin{pmatrix} 3 & 2 & 0 & 0 \\ 0 & 3 & 2 & 1 \\ 1 & 0 & 2 & 0 \\ 0 & 1 & 2 & 2 \end{pmatrix}$$

第二步，试求最优解，按上述步骤运算，得到矩阵，如式（2-14）所示。

$$\begin{pmatrix} 3 & 2 & (0) & 0̸ \\ (0) & 3 & 2 & 1 \\ 1 & (0) & 2 & 0̸ \\ 0̸ & 1 & 2 & 2 \end{pmatrix} \tag{2-14}$$

这里（0）的个数为 3，而 $n=4$，所以还未求出最优解，应转入第三步。

第三步，作最少的直线但要求覆盖所有 0 元素，能覆盖所有 0 元素的最少直线数等于

在 0 处做出标号（0）的最多个数。方法如下：

（1）对没有（0）的行打√号。

（2）对打√号的行上的所有有 0 元素的列打√号。

（3）再对打√号的列上有（0）的行打√号。

（4）重复（2）、（3）项，直到得不出新的打√号的行和列为止。

（5）对没有打√号的行画横线，所有打√号的列画纵线，这就是能覆盖所有 0 元素的最少的直线集合。

在例 2.8 中，对矩阵式（2-14）按以下次序进行：

先对第四行打√号，接着对第一列打√号，再对第二行打√号。对第一行、第三行、第一列画直线，得矩阵式（2-15）

$$\begin{pmatrix} \cdots\vdots 3 & \cdots 2 & \cdots (0) & \cdots 0 \cdots \\ \vdots (0) & 3 & 2 & 1 \\ \cdots\vdots 1 & (0)\cdots & 2 & \cdots 0 \cdots \\ \vdots 0 & 1 & 2 & 2 \end{pmatrix} \begin{matrix} \\ \checkmark \\ \\ \checkmark \end{matrix} \quad (2\text{-}15)$$
$\checkmark$

第四步，对系数矩阵进行变换，以增加 0 元素。为此，在没有被直线覆盖的部分中找出最小元素，然后对没有画直线的行，各元素都减去这个最小元素；而对画直线的列，各元素都加上这个最小元素，以保持原来 0 元素的个数不变。这样得到新的系数矩阵（它的最优解与原问题相同）。对新的系数矩阵进行第二步，若能求出 n 个不同行、不同列的 0 元素，则已得最优解；否则回到第三步重复进行。

在矩阵（2-15）中，没有被直线覆盖部分的最小元素为 1，于是第二行、第四行都减去 1；第一列加上 1，得到如式（2-16）所示新的矩阵。

$$\begin{pmatrix} 4 & 2 & 0 & 0 \\ 0 & 2 & 1 & 0 \\ 2 & 0 & 2 & 0 \\ 0 & 0 & 1 & 1 \end{pmatrix} \quad (2\text{-}16)$$

进行第二步，先在第三列的 0 元素处标（0），并划去同行的 0 元素。此时，余下的每行、每列中都有两个 0 元素，可在第二行两个 0 元素中任选一个标上（0）。例如，在第二行第一列处标（0）。再往下进行，得矩阵式（2-17）。

$$\begin{pmatrix} 4 & 2 & (0) & 0 \\ (0) & 2 & 1 & 0 \\ 2 & 0 & 2 & (0) \\ 0 & (0) & 1 & 1 \end{pmatrix} \quad (2\text{-}17)$$

在矩阵式（2-17）中，具有 n 个位于不同行和不同列的 0 元素，这样就得到了最优解，其矩阵为

$$(x_{ij}) = \begin{pmatrix} 0 & 0 & 1 & 0 \\ 1 & 0 & 0 & 0 \\ 0 & 0 & 0 & 1 \\ 0 & 1 & 0 & 0 \end{pmatrix}$$

目标函数值为

$$z=7+5+5+3=20$$

当指派问题的系数矩阵经过变换后,出现每行、每列都有两个或两个以上 0 元素时,可任选一行(列)中某一个 0 元素标上(0),再划去同行(列)的其他 0 元素。这种情况下原问题有重解,例 2.8 就属于这种情况。

2.3.3 对匈牙利法的两点说明

(1)指派问题中人数和工作任务数不相等时应如何处理?

在例 2.7 中,待卸车的数量(m)与装卸班组的数目(n)是相同的,符合这一条件的指派问题称为标准指派问题。如果 n 与 m 不相同,则称为非标准指派问题。遇到非标准指派问题时,应先把它转化成标准指派问题,然后再求解。例如,例 2.7 中如果装卸班组的数量多于待卸车的数量,即 $n>m$,这时可以虚构 $n-m$ 个待卸车。使装卸班组与待卸车数目相同,并令虚构的待卸车的卸车时间都为 0,这样目标函数保持不变。

(2)如果要求目标函数值的最大值,应如何处理?

匈牙利法只限于求解最小化问题。对于求目标函数值最大的问题,不能采用改变目标函数系数符号的方法,因为匈牙利法要求系数矩阵中每个元素都是非负的。对于求最大值问题

$$\max z = \sum_{i=1}^{n}\sum_{j=1}^{n} c_{ij}x_{ij}$$

可作一个新矩阵 $\boldsymbol{B}=(b_{ij})$,使得$(b_{ij})=M-c_{ij}$;其中 M 是一个足够大的常数(如取 c_{ij} 中最大的元素即可),以保证 $b_{ij}\geq 0$,使之符合匈牙利法的条件。这时解问题 $\min z' = \sum_{i=1}^{n}\sum_{j=1}^{n} c_{ij}x_{ij}$ 所得的最小值解就是原问题的最大值解。

2.4 指派问题的 Excel 处理

2.4.1 指派问题的模型特点

指派问题实际上是一个特殊的运输问题,可用表上作业法求解。由于问题的要求,结果中只能有 n 个基变量为 1,其余 $2n-1-n=n-1$ 个基变量为 0(非基变量当然为 0)。基变量为 0 的问题称为退化问题,所以,这是一个高度退化的 TP(运输问题),表上作业法的迭代次数会很多。

但是,由于其特殊的结构,指派问题有其特殊性质:若费用矩阵 C 的某行(列)的每个元素都减去该行(列)的最小元素,得到一个新的费用矩阵 $\boldsymbol{B}=(b_{ij})_{n\times n}$,则以 $\boldsymbol{B}$ 为费用矩阵的指派问题与原问题等价(证明从略)。正是因为这一点,才发展出专门一种针对指派问题的特殊解法——匈牙利法。该解法是匈牙利数学家柯尼克(Konig)提出来的,所以又称柯尼克法。

2.4.2 指派问题的 Excel 处理

例 2.9 某市计划年内修建四座厂房，分别记为 B_1、B_2、B_3、B_4，该市有四大建筑队 A_1、A_2、A_3、A_4 都可能承担这些任务。由于各队条件（技术水平、管理水平等）不一样，各项任务工作量不一样，每个队修建每座厂房的费用也不一样，如表 2.3 所示。为尽快完成任务，必须把每个队都动用起来，使每个队承担且只承担一项任务。下面讨论应该分派哪个队做哪项工作，才能使总费用最低。

表 2.3 修建厂房的指派问题费用一览表

费用（万元） 队 名	厂 名 B_1	B_2	B_3	B_4
A_1	3	4	5	2
A_2	6	5	7	6
A_3	9	6	4	5
A_4	5	3	6	6

（1）建立公式，如图 2.4 所示，具体内容如下。

目标单元格：E12——单元格 E12 将给出最优目标函数值；

可变单元格：$E$15:$H$18——规定决策变量所在单元格。

约束条件的输入：

$E$15:$H$18 bin 二进制——决策变量取值只能为 0 或 1；

$J$15:$J$18=1——保证每个工程队都有建设工厂的任务；

$E$20:$H$20=1——保证每个工厂都有工程队建设。

（2）Excel 解决方法。按以上规定输入数据及公式后，选择"工具"→"规划求解"命令，分别输入"目标单元格"、"可变单元格"、"约束"、"选项"（选中"采用线性模型"和"假定非负"），单击"求解"按钮；选择"保存规划求解结果"，单击"确定"按钮，得到求解结果。即最小费用为 15，任务安排结果为 A_1—B_4、A_2—B_1、A_3—B_3、A_4—B_2。在图 2.4 所示的工作表中加上了标签，使得工作表具有很强的可读性。

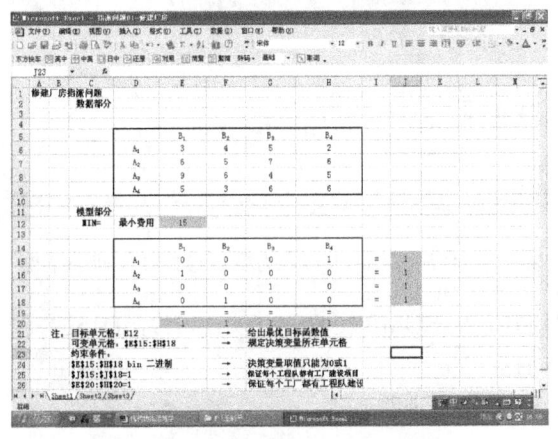

图 2.4 使用 Excel 求解指派问题

（3）应用案例：某公司人力资源最优计划。

某公司人事部拟选拔4人分别担任生产、技术、行政、后勤四个部门的领导，经过反复筛选，最后确定从表2.4所示6名人选中产生。根据群众和不同部门、不同层次的干部对这6人在四个方面的能力与绩效考评的结果，利用综合评判法得出如表2.4所示的评分结果（分值越大越好），问据此结果应如何进行选择？

表2.4 某公司人力资源最优计划问题评分表

业务 \ 评分 \ 人员	甲	乙	丙	丁	戊	己
生产管理能力	0.70	0.15	0.70	0.40	0.48	0.15
技术管理能力	0.25	0.64	0.30	0.64	0.10	0.40
行政管理能力	0.53	0.20	0.80	0.10	0.40	0.48
后勤管理能力	0.80	0.10	0.50	0.40	0.30	0.70

运用Excel 2003求解的结果如图2.5所示。

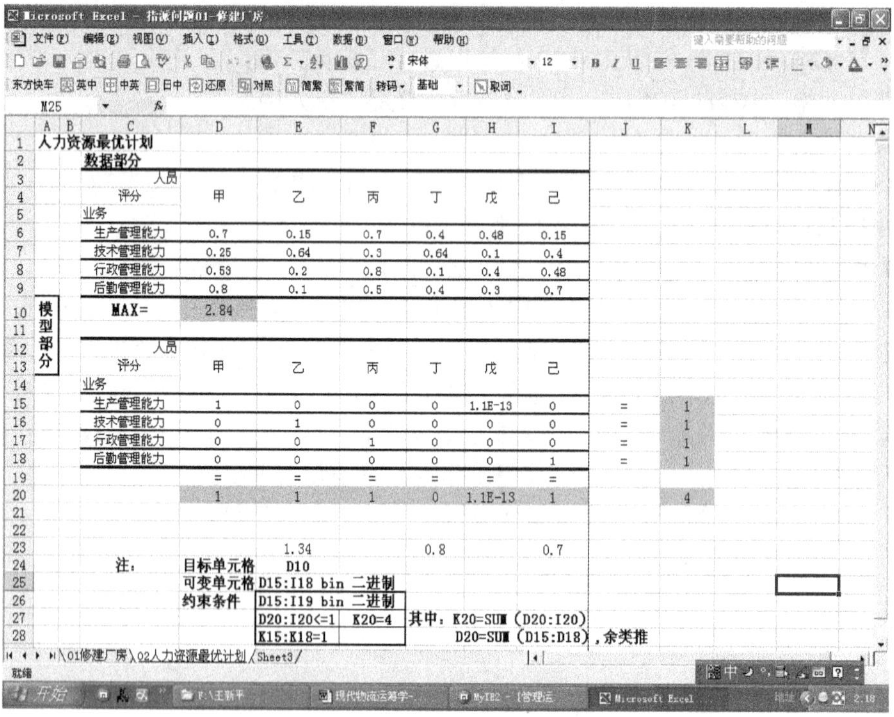

行	C	D	E	F	G	H	I	J	K
1	人力资源最优计划								
2	数据部分								
3	人员								
4	评分	甲	乙	丙	丁	戊	己		
5	业务								
6	生产管理能力	0.7	0.15	0.7	0.4	0.48	0.15		
7	技术管理能力	0.25	0.64	0.3	0.64	0.1	0.4		
8	行政管理能力	0.53	0.2	0.8	0.1	0.4	0.48		
9	后勤管理能力	0.8	0.1	0.5	0.4	0.3	0.7		
10	模型部分 MAX=	2.84							
12	人员								
13	评分	甲	乙	丙	丁	戊	己		
14	业务								
15	生产管理能力	1	0	0	0	1.1E-13	0	=	1
16	技术管理能力	0	1	0	0	0	0	=	1
17	行政管理能力	0	0	1	0	0	0	=	1
18	后勤管理能力	0	0	0	0	0	1	=	1
19		=	=	=	=	=	=		
20		1	1	1	0	1.1E-13	1		4
23			1.34		0.8		0.7		
24	注：	目标单元格 D10							
25		可变单元格 D15:I18 bin 二进制							
26		约束条件 D15:I19 bin 二进制							
27		D20:I20<=1 K20=4		其中：K20=SUM（D20:I20）					
28		K15:K18=1		D20=SUM（D15:D18），余类推					

图2.5 使用Excel求解人力资源最优计划问题结果

其中，目标单元格D10为=SUMPRODUCT（D6:H9，D15:D18）；

可变单元格为D15:I18；

约束条件为D15:I19 bin 二进制；

D20:I20<=1 K20=4；

K15:K18=1。

需要注意的是，单元格 K20=SUM（D20:I20），D20=SUM（D15:D18），并复制到单元格 E20:I20。具体方法是用鼠标左键拖动单元格 D20 右下角至 E20:I20 松开即可。

最优指派结果如表 2.5 所示：甲任生产主管，乙任技术主管，丙任行政主管，己任后勤主管，丁和戊不担任职务。

表2.5　某公司人力资源最优计划问题最优指派结果

业务＼评分＼人员	甲	乙	丙	丁	戊	己
生产管理	1	—	—	—	—	—
技术管理	—	1	—	—	—	—
行政管理	—	—	1	—	—	—
后勤管理	—	—	—	—	—	1

本章小结

通过几个实例，阐述了整数规划数学模型的概念和特点，介绍了整数规划的分枝定界法，最后讨论指派问题及其求解方法。

思考与练习

思考题

2.1　概述整数规划的特点和求解的基本思路和基本步骤。

2.2　试述指派问题数学模型的特征。

2.3　试述匈牙利法的原理及基本步骤。

2.4　如何把一个最大化指派问题转化为最小化指派问题？

2.5　如何利用匈牙利法来处理人数与事数不相等的指派问题？

练习题

2.1　用分枝定界法求解整数规划问题。

（1）$\max z = 3x_1 + 2x_2$

$$\text{s.t.} \begin{cases} 2x_1 + 3x_2 \leq 14 \\ 2x_1 + x_2 \leq 9 \\ x_1 \geq 0, x_2 \geq 0 \\ x_1, x_2 \text{ 为整数} \end{cases}$$

（2）$\max z = x_1 + x_2$

$$\text{s.t.} \begin{cases} 14x_1 + 9x_2 \leq 51 \\ -6x_1 + 3x_2 \leq 1 \\ x_1 \geq 0, x_2 \geq 0 \\ x_1, x_2 \text{ 为整数} \end{cases}$$

(3) max $z = -7x_1 - 3x_2 - 4x_3$

s.t. $\begin{cases} x_1 + 2x_2 + 3x_3 \leq 8 \\ 3x_1 + x_2 + x_3 \leq 5 \\ x_1 \geq 0, x_2 \geq 0, x_3 \geq 0 \\ x_1, x_2, x_3 \text{ 为整数} \end{cases}$

(4) max $z = 32x_1 + 72x_2$

s.t. $\begin{cases} 9x_1 + 7x_2 \leq 56 \\ 14x_1 + 40x_2 \leq 140 \\ x_1 \geq 0, x_2 \geq 0 \\ x_1, x_2 \text{ 为整数} \end{cases}$

2.2 有4项工作需要甲、乙、丙、丁4个人去完成，每项工作只允许一个人去完成，每个人只完成其中一项工作的时间表如表 2.6 所示。问如何指派每个人完成哪一项工作，才能使总的消耗时间最少？

表 2.6 每人完成各项工作所需时间表　　　　　　　　　　　　　　　　　　　小时

人＼工作	B₁	B₂	B₃	B₄
甲	15	18	21	24
乙	19	23	22	18
丙	26	17	16	19
丁	19	21	23	17

2.3 设指派 5 个工作人员去完成 5 件工作，各人完成工作所产生的价值如表 2.7 所示。若每人只完成一件工作，且每件工作只由一个人完成，问如何安排才能使总价值最大？

表 2.7 各人完成工作所产生的价值　　　　　　　　　　　　　　　　　　　元/小时

人＼工作	B₁	B₂	B₃	B₄	B₅
A₁	3	12	3	11	9
A₂	5	7	15	10	3
A₃	7	3	2	5	5
A₄	4	8	5	7	7
A₅	8	4	7	4	9

2.4 已知 5 名运动员各种姿势的游泳成绩（均为 50m）如表 2.8 所示。试问如何从中选拔一个参加 200m 混合泳的接力队，才能使比赛成绩最好？

表 2.8 运动员各种姿势的游泳成绩　　　　　　　　　　　　　　　　　　　　s

	赵	钱	张	王	周
仰泳	37.7	32.9	33.8	37	35.4
蛙泳	43.4	33.1	42.2	34.7	41.8
蝶泳	33.3	28.5	38.9	30.4	33.6
自由泳	29.2	26.4	29.6	28.5	31.1

2.5 要将 4 项不同的工作分配给 4 个人去做，每个人都有能力完成 4 项工作中的任何

一项，但是效率高低不同（所花时间不同）。若每个人完成各项工作所需要的时间（小时）如表 2.9 所示，试提出 4 个人完成 4 项工作时总的花费时间达到最少的方案。要求用 Excel 工具求解，写出计算步骤和优化结果。

表 2.9 每个人完成各项工作所需的时间　　　　　　　　　　　小时

人员＼工作	1	2	3	4
甲	15	18	21	24
乙	19	23	22	18
丙	26	17	16	19
丁	19	21	23	17

第3章 运输问题

内容提要

- ☑ 运输问题模型的特点
- ☑ 产销平衡运输问题的表上作业法
- ☑ 产销不平衡运输问题的转化
- ☑ 表上作业法在物流管理中的典型应用

3.1 运输问题模型

在第1章的内容中,讨论了有关物资调运的问题,即运输问题。有时候为了书写简便,运输问题也被写做TP(Transportation Problem)。

对某种物资,设有 m 个产地 $A_1, A_2, \cdots, A_m$,称它们为发点,其对应产量为 $a_1, a_2, \cdots, a_m$,称它们为产量;另有 n 个销地 $B_1, B_2, \cdots, B_n$,称它们为收点,其对应销量为 $b_1, b_2, \cdots, b_n$,称它们为销量。又知,从产地(发点)A_i 运至销地(收点)B_j,该种物资每单位的运价为 c_{ij}($c_{ij} \geq 0$)。

试问:应如何安排调运方案,在满足一定要求的前提下,使总运费最低?

根据上述参量的意义列出产量、销量和运价,如表3.1所示。

表3.1 产销运价表

销地 产地	B_1	B_2	...	B_n	产量
A_1	c_{11}	c_{12}	...	c_{1n}	a_1
A_2	c_{21}	c_{22}	...	c_{2n}	a_2
...	...	...	...	...	...
A_m	c_{m1}	c_{m2}	...	c_{mn}	a_m
销量	b_1	b_2	...	b_n	$\sum a_i$ / $\sum b_j$

表3.1中:a_i 的单位为吨、千克、件等;b_j 的单位为吨、千克、件等;c_{ij} 的单位为元/吨、元/千克、元/件等;即 a_i, b_j, c_{ij} 的单位类别应该一致($i=1, 2, \cdots, m; j=1, 2, \cdots, n$)。

表的右下角 $\sum a_i$ 表示各产地产量的总和,即总产量或总发量;$\sum b_j$ 表示各销地销量的总和,即总销量或总收量。这时有两种可能:

(1) $\sum a_i = \sum b_j$ (总产量=总销量),即产销平衡问题。

(2) $\sum a_i \neq \sum b_j$ (总产量≠总销量),即产销不平衡问题。这又可分为两种情况:产大于销,即 $\sum a_i > \sum b_j$;销大于产,即 $\sum a_i < \sum b_j$。

下面先讨论产销平衡问题,再讨论产销不平衡问题。

令 x_{ij} 表示某物资从发点 A_i 到收点 B_j 的调拨量(运输量),可以列出产销平衡表,如表 3.2 所示。

表 3.2　产销平衡表

销地 产地	B_1	B_2	…	B_n	产量
A_1	x_{11}	x_{12}	…	x_{1n}	a_1
A_2	x_{21}	x_{22}	…	x_{2n}	a_2
…	…	…	…	…	…
A_m	x_{m1}	x_{m2}	…	x_{mn}	a_m
销量	b_1	b_2	…	b_n	$\sum a_i$ / $\sum b_j$

将表 3.1 与表 3.2 合在一起,得到一个新表,这一新表被称为运输表(或称为产销矩阵表),如表 3.3 所示。

表 3.3　运输表(产销矩阵表)

销地 产地	B_1	B_2	…	B_n	产量
A_1	x_{11}　c_{11}	x_{12}　c_{12}	…	x_{1n}　c_{1n}	a_1
A_2	x_{21}　c_{21}	x_{22}　c_{22}	…	x_{2n}　c_{2n}	a_2
…	…	…	…	…	…
A_m	x_{m1}　c_{m1}	x_{m2}　c_{m2}	…	x_{mn}　c_{mn}	a_m
销量	b_1	b_2	…	b_n	$\sum a_i$ / $\sum b_j$

根据产销矩阵表,求上述问题的解等于求下面数学模型的解。

$x_{ij}(i=1, 2, \cdots, m; j=1, 2, \cdots, n)$

$$\begin{cases} \sum_{j=1}^{n} x_{ij} = a_i (i=1,2,\cdots,m) \\ \sum_{i=1}^{m} x_{ij} = b_j (j=1,2,\cdots n) \\ x_{ij} \geqslant 0 (i=1,2,\cdots m; j=1,2,\cdots n) \end{cases} \quad (3\text{-}1)$$

$$\min z = \sum_{i=1}^{m} \sum_{j=1}^{n} c_{ij} x_{ij} \quad (3\text{-}2)$$

从上述这一特殊的线性规划（LP）问题，可以得到下列三条结论。

（1）该问题的基变量有 $m+n-1$ 个。

（2）该问题一定有最优解。

（3）如果 a_i 和 b_j 全是整数，则该问题一定有整数最优解。

由于对这类问题的研究最早是从运输问题开始的，故这类问题统称为运输问题。

3.2 运输问题的表上作业法

3.2.1 产销平衡运输问题的表上作业法

从上面关于运输问题的数学模型中可以看到，它包含 $m\times n$ 个变量和 $m+n$ 个约束条件。如果用单纯形法求解，应先在每个约束方程中引进一个人工变量。这样一来，即使是 $m=3$，$n=4$ 这样简单的运输问题，变量数就有 12 个，显然计算起来非常繁杂；而利用表上作业法来求解运输问题则比较简便。

利用表上作业法求解运输问题时，与单纯形法类似，首先要求出一个初始方案（即线性规划问题的初始基本可行解）。一般来讲这个方案不一定是最优的，因此需要给出一个判别准则，并对初始方案进行调整、改进。每进行一次调整，我们就得到一个新的方案（基本可行解），而这个新方案一般比前一个方案要合理些，也就是对应的目标函数 z 值比前一个方案要小些。经过若干次调整，我们就得到一个使目标函数达到最小值的方案——最优方案（最优解），而这些过程都可在产销矩阵表（运输表）上进行，故称为表上作业法。

下面以煤的调运问题为例介绍表上作业法的计算过程。

例 3.1 设有三个产煤基地 A_1、A_2、A_3，四个销煤基地 B_1、B_2、B_3、B_4，产地的产量、销地的销量及从各产地至各销地煤炭的单位运价列于表 3.4 中，试求出使总运费最低的煤炭调拨方案。

第3章 运输问题

表 3.4 产销运价表　　　　　　　　　　　　　　　　　　　　万吨，万元

销地＼产地	B₁	B₂	B₃	B₄	产量
A₁	3	11	3	10	7
A₂	1	9	2	8	4
A₃	7	4	10	5	9
销量	3	6	5	6	20 / 20

（1）列出运输问题的产销矩阵表。根据表 3.4，可列出产销矩阵表（也称为运输表），如表 3.5 所示。

表 3.5 产销矩阵表　　　　　　　　　　　　　　　　　　　　万吨，万元

销地＼产地	B₁	B₂	B₃	B₄	产量
A₁	3　x_{11}	11　x_{12}	3　x_{13}	10　x_{14}	7
A₂	1　x_{21}	9　x_{22}	2　x_{23}	8　x_{24}	4
A₃	7　x_{31}	4　x_{32}	10　x_{33}	5　x_{34}	9
销量	3	6	5	6	20 / 20

其中：x_{ij} 为产地 A_i 到销地 B_j 的运量（$i=1,2,3$；$j=1,2,3,4$），而将 A_i 到 B_j 的单位运价 c_{ij} 用小型字写在每格的右上角，以便直观地制定和修改调运方案。从表 3.5 的数据可知，例 3.1 是个满足产销平衡条件的产销平衡问题。

（2）初始方案确定的方法——最小元素法。目前已经总结出许多确定初始方案的方法，其中行之有效而且最常用的是最小元素法。这个方法的基本思想是就近供应，即运价数小的尽可能优先分配的一种确定调运方案的方法。

现在，我们就在表 3.5 中找一个运价最小的数（即最小元素），不难看出 $c_{21}=1$ 为最小，故先给 x_{21} 分配并尽可能满足，即将 A_2 生产的煤优先供应 B_1。由于 A_2 每天产煤 4 万吨，而 B_1 每天只需要 3 万吨，因此可取 $x_{21}=\min(3,4)=3$，在表上 x_{21} 处 [即为表中（A_2，B_1）格子内] 填上 3，并画上圈（见表 3.6）。由于 B_1 的需求已满足，不需要继续调运，故 x_{11}、x_{31} 必须为零，因此可在 x_{11}、x_{31} 处 [即为表中的（A_1，B_1）和（A_3，B_1）格子内] 分别打上"×"（见表 3.6）。这时 A_2 还剩下 4-3=1（万吨）。

接着在没有填数和打"×"的地方，再以 c_{ij} 的最小值处填 x_{ij} 的值，这时可发现 $c_{23}=2$ 为最小元素。让 A_2 尽量供给 B_3，但 A_2 只剩下 1 万吨可供应，则可令 $x_{23}=\min(5,1)=1$，在表中 x_{23} 处填上 1 并画上圈，这时 A_2 生产的煤已经分配完了，所以 x_{22} 和 x_{24} 必须为零，在 x_{22} 和 x_{24} 处分别打"×"，这时 B_3 还需要 5-1=4（万吨）。

再在没有填数和打"×"的地方找出 c_{ij} 的最小值 $c_{13}=3$。令 $x_{13}=\min(4,7)=4$，在表中 x_{13} 处填上 4 并画上圈，在 x_{33} 处打上"×"，这时 A_1 还剩下 7-4=3（万吨）。用同样的方法继续可求得：$x_{32}=6, x_{34}=3, x_{14}=3$，然后在这些地方相应地填上数并画上圈，在没有分配运量的格

中都打上"×",这样在产销矩阵表上就得到了一个初始调运方案,如表 3.6 所示。

这样,我们便得到这样问题的一个初始基本可行解,即

$$x_{11}=0, x_{12}=0, x_{13}=4, x_{14}=3$$
$$x_{21}=3, x_{22}=0, x_{23}=1, x_{24}=0$$
$$x_{31}=0, x_{32}=6, x_{33}=0, x_{34}=3$$

它所对应的目标函数 z 值为

$z = 3\times0+11\times0+3\times4+10\times3+1\times3+9\times0+2\times1+8\times0+7\times0+4\times6+10\times0+5\times3=86$(万元)

表 3.6　初始调运方案(调运方案Ⅰ)　　　　　　　　　　万吨,万元

销地＼产地	B₁	B₂	B₃	B₄	产量
A₁	× 　3	× 　11	④ 　3	③ 　10	7　3
A₂	③ 　1	× 　9	① 　2	× 　8	4　1
A₃	× 　7	⑥ 　4	× 　10	③ 　5	9　3
销量	3	6	5	4	3　20／20

　　由此可见,用最小元素法确定一个初始方案是比较容易的。为了便于今后检验和调整,一个用最小元素法确定的调运方案要作为表上作业法的初始方案,必须保证画圈的数字的个数恰为 $m+n-1$(其中 m 为产地的个数,n 为销地的个数)。关于这一点,本教材不进行证明。上例方案中画圈的个数恰为 3+4-1=6(个)。

　　因此,在应用最小元素法确定初始方案时,必须注意以下两点。

　　① 当选定最小元素(不妨假定为 c_{st})后,如果发现该元素所在行的产地的产量 a_s 恰好等于它所在列的销地的销量 b_t(即 $a_s=b_t$),这时,可在产销矩阵表上 x_{st} 处填上一个数 a_s,并画上圈。为了保证调运方案中画圈的数字为 $m+n-1$ 个,只能在 s 行的其他格子里都打上"×"(或在 t 列的其他格子里都打上"×"),不可以同时把 s 行和 t 列的其他格子里都打上"×"。

　　② 当最后只剩下一行(或一列)还存在没有填数和打"×"的格子时,规定只允许填数,不允许打"×",其目的也是为了保证画圈数字的个数恰为 $m+n-1$ 个。在特殊情况下可填"0"并画上圈,这个"0"应与其他画圈的数字同样看待。(不限于最后一行或最后一列)

　　例如,在表 3.7 中,第一步的最小元素为 $c_{31}=1$,在 x_{31} 处填上数字 min(13, 19)=13,并在 x_{11}、x_{21} 处打上"×"。第二步的最小元素为 $c_{32}=2$,可在 x_{32} 处填上数字 min(6,6)=6,并在 x_{12}、x_{22} 处打上"×"(或在 x_{33}、x_{34} 处打上"×"),由上面的注意点(1)可知,不能同时在 x_{12}、x_{22}、x_{33}、x_{34} 处都打上"×"。

第3章 运输问题

表3.7 初始调运方案（过程一） 万吨，万元

销地　　　　　产地	B₁	B₂	B₃	B₄	产量
A₁	× 　　3	× 　　20	4	5	7
A₂	× 　　7	× 　　7	3	8	4
A₃	⑬ 　　1	⑥ 　　2	15	⑲ 　　6	6
销量	13	6	5	6	30／30

继续运用前面所述的方法，再经过两步计算，可得到表3.8。

表3.8 初始调运方案（过程二） 万吨，万元

销地　　　　　产地	B₁	B₂	B₃	B₄	产量
A₁	× 　　3	× 　　20	① 　　4	⑥ 　　5	7
A₂	× 　　7	× 　　7	④ 　　3	× 　　8	4
A₃	⑬ 　　1	⑥ 　　2	× 　　15	⓪ 　　6	⑲　6
销量	13	6	5	6	30／30

当只剩下在第4列中还存在尚没填数和打"×"的格子时，按规定只允许填数。因为第五步的最小元素为 $c_{14}=5$，故在 x_{14} 处填入数字6，并画上圈；最后，在 x_{34} 处填上0，并画上圈。这样，在表3.8中，画圈的数字的个数为6=3+4-1，所以这个调运方案可作为表上作业法的初始方案。

（3）调运方案的检验——闭回路法。用最小元素法得到运输问题的一个初始方案后，要进一步判断这个方案是否为最优方案。下面介绍一种比较简易的检验方法——闭回路法。

所谓闭回路，就是从调运方案的某一个打"×"处（x_{ij}）作为一个起点出发，在表格里向纵的或横的方向一直走，碰到有圈数字的格才可以拐弯，这样拐了几个弯以后，再回到起点处，就画出一条封闭的折线（由水平和垂直的直线所组成），它所有的转角处（通常称为闭回路的顶点或转角点）除该打"×"处以外，其余的都必须是画圈的数字，这样的一条封闭折线成为过 x_{ij} 处的闭回路（简称回路）。例如，表3.9中的直线表示的闭折线分别是过 x_{11} 处和过 x_{24} 处的闭回路。

注意： 表3.10中过 x_{24} 的回路中的 x_{22} 及表3.11中过 x_{34} 的回路中的 x_{32} 都不是转角点或顶点。闭回路也可能经过某个画圈数字处而不拐弯。

65

表3.9　调运方案检验（过程一）　　　　　　　　　　万吨，万元

销地　产地	B₁	B₂	B₃	B₄	产量
A₁	3　×	11　×	3　④	10　③	7
A₂	1　③	9　×	2　①	8　×	4
A₃	7　×	4　⑥	10　×	5　③	9
销量	3	6	5	6	20／20

表3.10　调运方案检验（过程二）　　　　　　　　　　万吨，万元

销地　产地	B₁	B₂	B₃	B₄	产量
A₁	④	④	×	×	
A₂	③	×	①	×	
A₃	×	⑥	×	③	
销量					

表3.11　调运方案检验（过程三）　　　　　　　　　　万吨，万元

销地　产地	B₁	B₂	B₃	B₄	B₅
A₁	3　③	11	3	10	③
A₂	1	9　③	2　①	8　③	
A₃	7　③	4　×	10　×	5	
A₄		③			③

可以证明，过 x_{ij} 处的闭回路一定存在，而且是唯一的（证明略）。

下面我们简单说明利用闭回路法来检验调运方案的原理。表 3.9 中 x_{11} 的打"×"处表示 A₁ 生产的煤不调运给 B₁。我们假定把调运方案改变一下，让 A₁ 生产的煤调运 1（万吨）给 B₁；这时观察过 x_{11} 处的回路，为了保持新的平衡，就要依次在 x_{13} 处减少 1（万吨），x_{23} 处增加 2（万吨），x_{21} 处减少 1（万吨），即总运费增加 3−3+2−1=1（万元）。这说明，将 A₁ 生产的煤调运 1（万吨）给 B₁，总运费比原方案增加 1 万元，是不合算的。我们把过 x_{11} 处回路所改变的运费数 1（万元）称为 x_{11} 处的检验数，记为 $\lambda_{11}=1$。如果所有的打"×"处检验数都大于或等于 0，表明对调运方案进行任何改变都将导致总的运费增加，没有比已给定方案更好的方案了，即给定的方案就是最优方案。否则，若某一打"×"处的检验数为负，则表明对调运方案做出调整后，运费就会减少，即给定方案不是最优方案。因此，利用闭回路求得检验数的正或负可以判别调运方案是否最优。

利用闭回路法检验某调运方案是否最优,可按下列步骤进行。

① 求检验数。从某 x_{ij} 的打"×"处出发,沿着它的闭回路前进(顺时针方向或逆时针方向均可)。将这个打"×"处对应的单位运价加上正号,而后面首先遇到的一个顶点作为第一个顶点的对应的单位运价加上负号,再将第二个遇到的顶点处对应的单位运价加上正号,正负交错,依次类推。最后,将这些带有正号和负号的运费相加,得到的总和称为 x_{ij} 处的检验数 λ_{ij}。例如,对于表 3.9 中 x_{24} 处的检验数 λ_{24},可沿其闭回路(按顺时针方向)计算如下:

$$\lambda_{24}=c_{24}-c_{23}+c_{13}-c_{14}=8-2+3-10=-1$$

因为过 x_{ij} 的回路是唯一的,所以它的检验数 λ_{ij} 也是唯一的。

② 根据检验数进行判别。判别准则是:若所有的检验数都是非负的,即 $\lambda_{ij} \geq 0$,则所检查的调运方案为最优方案;否则,若存在负的检验数,则所检查的调运方案不是最优的。

下面给出对表 3.9 所示的调运方案 I 进行检验的全过程。

解 ① 求检验数。

$$\lambda_{11}=c_{11}-c_{13}+c_{23}-c_{21}=3-3+2-1=1$$
$$\lambda_{12}=c_{12}-c_{14}+c_{34}-c_{32}=11-10+5-4=2$$
$$\lambda_{22}=c_{22}-c_{23}+c_{13}-c_{14}+c_{34}-c_{32}=9-2+3-10+5-4=1$$
$$\lambda_{24}=c_{24}-c_{23}+c_{13}-c_{14}=8-2+3-10=-1$$
$$\lambda_{31}=c_{31}-c_{21}+c_{23}-c_{13}+c_{14}-c_{34}=7-1+2-3+10-5=10$$
$$\lambda_{33}=c_{33}-c_{13}+c_{14}-c_{34}=10-3+10-5=12$$

将所有打"×"处的检验数填入表中,得到检验数表,如表 3.12 所示。

表 3.12 检验数表

产地＼销地	B_1	B_2	B_3	B_4
A_1	1	2	—	—
A_2	—	1	—	–1
A_3	10	—	12	—

② 根据检验数进行判别。因为 $\lambda_{24}=-1<0$,所以调运方案 I 不是最优的。

(4) 调运方案的调整——闭回路法。如果所得到的调运方案不是最优的,就必须调整。由于表 3.6 所示的调运方案 I 中的 $\lambda_{24}=-1<0$,所以根据前面介绍的闭回路原理,应设法使 x_{24} 不为零,就能使总运费减少,所以应对 x_{24} 进行最大可能的调整。观察过 x_{24} 的闭回路如表 3.9 所示,为了把 A_2 生产的煤调运给 B_4,就要相应减少 A_2 调运给 B_3 的煤运量和 A_1 调运给 B_4 的煤运量,只有这样才能得到新的平衡。这两个格内较小的运量是 1(万吨),即 min(1,3)=1,因此 A_2 最多只能将 1(万吨)煤调运给 B_4,经这样调整后可得到一个新的调运方案 II,如表 3.13 所示。

方案 II 的总运费 $z=85$ 万元,显然 85<86(万元)。

对方案 II 进行检验,经计算所有打"×"处的检验数都是非负数(请同学们自己练习),所以它是最优方案。可见,用闭回路法来调整调运方案是行之有效的。

表 3.13　调运方案 Ⅱ　　　　　　　　　　　　万吨，万元

销地 产地	B₁	B₂	B₃	B₄	产量
A₁	3 ×	11 ×	3 ⑤	10 ②	7
A₂	1 ③	9 ×	2 ×	8 ①	4
A₃	7 ×	4 ⑥	10 ×	5 ③	9
销量	3	6	5	6	20　20

通常，调运方案的调整可分为以下三步进行。

① 在检验数表中确定一个绝对值最大的负检验数 λ_{st}，做出过 x_{st} 处的闭回路。

② 从 x_{st} 所在的格子出发，并沿着它的闭回路前进，在各奇数次顶点（画圈的数字）中选出最小的一个数（运量）记为 d。

③ 将 d 填在 x_{st} 处，并画上圈，同时将闭回路上其他奇数次顶点的运量都减去 d，将偶数次顶点的运量都加上 d，这样就得到一个新的调运方案。

一般说来，经过一次调整后，对新方案进行检验时可能还会出现负的检验数，那就需要再进行调整，直至所有检验数 $\lambda_{st} \geq 0$ 为止。

还需指出，有时在闭回路的调整过程中，奇数次顶点的画圈数字中有两个或两个以上相等的最小运量，这样在调整时，为了产销矩阵表上画圈数字的个数仍然保持 $m+n-1$ 个，以便用表上作业法继续进行计算，规定在奇数次顶点最小运量处只打一个"×"，其余的地方都填上"0"，并画上圈，而画圈的 0 仍当做有圈的数字看待。

3.2.2　产销平衡运输问题表上作业法步骤

前期准备：对于具体的运输问题，由于其具有的特殊性，人们并不采用单纯形方法，而是根据问题的假设做出对应的产销矩阵表（将每个小格内的运价写在小格的右上角）。

第一步，求初始调运方案，采用最小元素法，保证有调运量的格子个数（基变量个数）等于 $m+n-1$。

采用最小元素法求初始调运方案的步骤如下。

（1）从没有打"×"的运价格子中，找出最小运价（若同时有多个相同最小运价则任选一个），在它的左下角填入最大可能调运量（能够供应的数量和尚需数量的最小值）。

（2）若无"×"的格子只剩一行或一列，转步骤（1）；否则，去调运量已满足的行或列中其运价处没有填数和没有打"×"的格中的左下角填"×"（只能在一行或一列中填"×"），转步骤（1）。

第二步，求检验数。

若所有 $\lambda_{ij} \geq 0$，则最优解已求得，计算终止。填有调运量的格子为最优调运方案（未填调运量的格子，调运量为 0），计算各调运量与对应格子运价之积，再求它们的和就是最低总运费。若至少有某个 $\lambda_{ij} < 0$，转第三步。

第三步，调整。

（1）从最小负检验数的对应格子出发画直线，碰到有调运量的格子转角，做出唯一的

一条闭回路（理论上可证明这一结果）。

（2）在这条闭回路上，令画"×"处格子为偶数转角点，依次（无论是沿顺时针方向还是沿逆时针方向）排出各转角点的奇偶性，再求调整量=min（各奇数转角点调运量）。

（3）按"偶点处加调整量，奇点处减调整量"的方法，重新安排回路上转角点处的调运量，在奇数转角点处调运量变为 0 的一个（仅能一个）格子的右上角打"×"，回到第二步。

注意：① 如遇到发量已发完，且收量已满足的格子还需要填入调运量时，就填入数字 0；② 在最优解中若非基变量（画"×"处）的检验数为 0，仍可从该格子处出发做出唯一的闭回路，再按第三步进行调整可得另一最优解，此时目标函数最小值不改变。

例 3.2 某工地有 3 个高地 A_1、A_2、A_3 和 4 个洼地 B_1、B_2、B_3、B_4，希望用高地的土有计划地填平洼地。设各个高地的出土量和各个洼地的填土量如表 3.14 所示，各个高地与各个洼地之间的距离如表 3.15 所示，试用表上作业法制定最合理的调运方案。

解 （1）将运量表与距离表合并为产销矩阵表，如表 3.16 所示。

（2）用最小元素法求出初始调运方案Ⅰ，如表 3.17 所示。

（3）利用闭回路法求得检验数表Ⅰ，如表 3.18 所示。

因为检验数表中的检验数有负数，必须进行调整。

表 3.14 运 量 表　　　　　　　　　　　　　　10 土方

高地＼洼地	B_1	B_2	B_3	B_4	出 土
A_1	—	—	—	—	70
A_2	—	—	—	—	20
A_3	—	—	—	—	10
填 土	50	25	10	15	100／100

表 3.15 距 离 表　　　　　　　　　　　　　　100 米

高地＼洼地	B_1	B_2	B_3	B_4
A_1	10	5	2	3
A_2	4	3	1	2
A_3	5	6	3	4

表 3.16 产销矩阵表　　　　　　　　　　　10 土方，100 米

高地＼洼地	B_1	B_2	B_3	B_4	出 土
A_1	10	5	2	3	70
A_2	4	3	1	2	20

续表

洼地＼高地	B_1	B_2	B_3	B_4	出土
A_3	5	6	3	4	10
填土	50	25	10	15	100 / 100

表 3.17 调运方案 Ⅰ 10 土方，100 米

洼地＼高地	B_1	B_2	B_3	B_4	出土
A_1	10 ㊵	5 ㉕	2 ×	3 ⑤	70
A_2	4 ×	3 ×	1 ⑩	2 ⑩	20
A_3	5 ⑩	6 ×	3 ×	4 ×	10
填土	50	25	10	15	100 / 100

表 3.18 检验数表 Ⅰ

洼地＼高地	B_1	B_2	B_3	B_4
A_1	—	—	0	—
A_2	−5	−1	—	—
A_3	—	6	6	6

（4）在检验数表 Ⅰ 中，$|\lambda_{21}|$ 较大，所以过调运方案 Ⅰ（见表 3.17）的 x_{21} 处做出它的闭回路，进行调整得到调运方案 Ⅱ，如表 3.19 所示。

（5）求调运方案 Ⅱ 的检验数表，如表 3.20 所示。因为调运方案 Ⅱ 检验数表中的检验数有负数，必须进行调整。

（6）因为 $\lambda_{13}=-5<0$，所以过调运方案 Ⅱ（见表 3.19）的 x_{13} 处做出它的闭回路，进行调整得到调运方案 Ⅲ，如表 3.21 所示。

（7）再求出方案 Ⅲ 的检验数表 Ⅲ，如表 3.22 所示。由于检验数全部为正数，所以调运方案 Ⅲ 为最优方案。

（8）目标函数值为

min z=20×10+25×5+10×2+15×3+20×4+10×5=520（土方·公里）

表 3.19　调运方案Ⅱ　　　　　　　　　　　　　　10 土方，100 米

洼地\高地	B₁	B₂	B₃	B₄	出土
A₁	10 ㉚	5 ㉕	2 ×	3 ⑮	70
A₂	4 ⑩	3 ×	1 ⑩	2 ×	20
A₃	5 ⑩	6 ×	3 ×	4 ×	10
填土	50	25	10	15	100 / 100

表 3.20　检验数表Ⅱ

洼地\高地	B₁	B₂	B₃	B₄
A₁	—	—	−5	—
A₂	—	4	—	5
A₃	—	6	1	6

表 3.21　调运方案Ⅲ　　　　　　　　　　　　　　10 土方，100 米

洼地\高地	B₁	B₂	B₃	B₄	出土
A₁	10 ⑳	5 ㉕	2 ⑩	3 ⑮	70
A₂	4 ⑳	3 ×	1 ×	2 ×	20
A₃	5 ⑩	6 ×	3 ×	4 ×	10
填土	50	25	10	15	100 / 100

表 3.22　检验数表Ⅲ

洼地\高地	B₁	B₂	B₃	B₄
A₁	—	—	—	—
A₂	—	4	5	5
A₃	—	6	6	6

3.2.3 利用位势法求检验数

上面看到，要判别一个方案是否最优，需要过每一个打"×"处做出它的闭回路，再根据回路求出所有的检验数。当一个运输问题的产地和销地个数很多时，用这个方法计算检验数的工作十分繁重。下面介绍一种简便的求检验数的方法——位势法。我们仍利用例 3.1 关于煤的调运问题作为例子来介绍这种方法。

表 3.23（同表 3.6）给出了例 3.1 利用最小元素法确定的初始调运方案。当我们利用位势法求检验数时，第一步是在表 3.23 中添加新的一列 u_i 列（i 的个数等于产地的个数）和新的一行 v_j 行（j 的个数等于销地的个数），如表 3.24 所示。

表 3.23 初始调运方案　　　　　　　　　　万吨，万元

销地 产地	B_1	B_2	B_3	B_4	产量
A_1	×　　3	×　　11	④　　3	③　　10	7　　3
A_2	③　　1	×　　9	①　　2	×　　8	4　　1
A_3	×　　7	⑥　　4	×　　10	③　　5	9　　3
销量	3	6	5	6	20／20

表 3.24 初始调运方案（第一步）　　　　　　　万吨，万元

销地 产地	B_1	B_2	B_3	B_4	产量	u_i
A_1	×　　3	×　　11	④　　3	③　　10	7	u_1
A_2	③　　1	×　　9	①　　2	×　　8	4	u_2
A_3	×　　7	⑥　　4	×　　10	③　　5	9	u_3
销量	3	6	5	6	20	
v_j	v_1	v_2	v_3	v_4		

表 3.24 中的 u_i 和 v_j 分别称为第 i 行和第 j 列的位势（$i=1, 2, \cdots, m; j=1, 2, \cdots, n$），并规定它们与表中画圈数字所在的格对应的单位运价有如下关系：

$$\begin{cases} u_1 + v_3 = 3 = c_{13} \\ u_1 + v_4 = 10 = c_{14} \\ u_2 + v_1 = 1 = c_{21} \\ u_2 + v_3 = 2 = c_{23} \\ u_3 + v_2 = 4 = c_{32} \\ u_3 + v_4 = 5 = c_{34} \end{cases} \tag{3-3}$$

第二步是确定 u_i 和 v_j 的数值。由于 u_i 与 v_j 的数值相互之间是有关联的,所以只要任意给定其中的一个,则可根据关系式(3-3)很容易地将其他所有位势的数值求出。例如,在表 3.24 中,先令 $v_1=1$,则有

$$u_2+v_1=1 \rightarrow u_2=0$$
$$u_2+v_3=2 \rightarrow v_3=2$$
$$u_1+v_3=3 \rightarrow u_1=1$$
$$u_1+v_4=10 \rightarrow v_4=9$$
$$u_9+v_4=5 \rightarrow u_3=-4$$
$$u_3+v_2=4 \rightarrow v_2=8$$

把这些数分别填入表 3.24 的 u_i 列和 v_j 行,得到表 3.25。

表 3.25 初始调运方案(第二步)　　　　　　　　　　万吨,万元

销地 产地	B₁	B₂	B₃	B₄	产量	u_i
A₁	× 　3	× 　11	④ 　3	③ 　10	7	1
A₂	③ 　1	× 　9	① 　2	× 　8	4	0
A₃	× 　7	⑥ 　4	× 　10	③ 　5	9	-4
销量	3	6	5	6	20	—
v_j	1	8	2	9	—	—

第三步是求出位势,可以根据下面的原理求"×"处格子的检验数(即非基变量的检验数)。

令 λ_{ij} 表示 x_{ij} 处的检验数,则 λ_{31} 可由闭回路法计算得到:

$$\lambda_{31}=c_{31}-c_{34}+c_{14}-c_{13}+c_{23}-c_{21}=c_{31}-(u_3+v_4)+(u_1+v_4)-(u_1+v_3)+(u_2+v_3)-(u_2+v_1)=c_{31}-(u_3+v_1)$$

其中,c_{31} 是 x_{31} 处对应的单位运价,(u_3+v_1) 恰好就是该打"×"处所在行和列的位势之和。同样,可以得出任一打"×"处(x_{ij} 处)的检验数,即

$$\lambda_{ij} = c_{ij}-(u_i+v_j) \tag{3-4}$$

根据式(3-4),很容易求出表 3.25 中所有打"×"处的检验数,即

$$\lambda_{11}=3-1-1=1$$
$$\lambda_{12}=11-1-8=2$$
$$\lambda_{22}=9-0-8=1$$
$$\lambda_{24}=8-0-9=-1$$
$$\lambda_{31}=7-(-4)-1=10$$
$$\lambda_{33}=10-(-4)-2=12$$

显然,所求得的 6 个检验数与利用闭回路法求得的检验数(见表 3.12)完全一致。如果检验数中出现了负数,对方案进行调整的方法与闭回路法相同。

最后再指出一点,在计算位势时是否会出现中断或某一行或某一列得出两个不同的位势值的情况呢?答案是否定的,对于给定的初始方案,只要首先给出一个位势,则其他行与列的位势存在且唯一。

73

例 3.3 对于表 3.19 所示的调运方案 II，利用位势法求检验数。

解 （1）在表 3.19 中添加新的 u_i 列和 v_j 行得表 3.26。

（2）令 $u_1=5$，对于各个有圈数字所在格的单位运价，按照关系式 $c_{ij}=(u_i+v_j)$，依次求出各位势值填入表 3.26。

表 3.26 调运方案 II   10 土方，100 米

高地\洼地	B_1	B_2	B_3	B_4	出 土	u_i
A_1	㉚ 10	㉕ 5	× 2	⑮ 3	70	5
A_2	⑩ 4	× 3	⑩ 1	× 2	20	−1
A_3	⑩ 5	× 6	× 3	× 4	10	0
填 土	50	25	10	15	—	—
v_j	5	0	2	−2	—	—

（3）利用打"×"处的单位运价，根据式（3-4），即可间接求得相应的检验数表 II，如表 3.27 所示。

表 3.27 检验数表 II

高地\洼地	B_1	B_2	B_3	B_4
A_1	—	—	−5	—
A_2	—	4	—	5
A_3	—	6	1	6

3.2.4 确定初始方案的其他方法

对于运输问题的初始方案的确定，除了利用最小元素法，还可以利用其他的方法。例如，西北角法和沃格尔法（Vogel 法，也称为元素差额法）等，下面介绍这两种方法。

1．西北角法

西北角法与最小元素法不同，它不是优先考虑具有最小单位运价的供销业务，而是优先满足产销矩阵表中西北角（即左上角）上空格的供销需求，即优先满足供应。

下面讨论表 3.28 所表示的例子。

表 3.28 西北角法例子数据   万吨，万元

产地\销地	B_1	B_2	B_3	B_4	产 量
A_1	⑧ 4	⑧ 12	× 4	× 11	16 8
A_2	× 2	⑥ 10	④ 3	× 9	10 4

续表

产地＼销地	B₁	B₂	B₃	B₄	产量
A₃	× 8	× 5	⑧ 11	⑭ 6	22 14
销量	8	14 6	12	14 8	48 48

由表 3.28 可知，该表左上角的空格是（A₁，B₁），在使用西北角法时先在（A₁，B₁）格中填入数字 x_{ij}=min(a_1，b_1)=min(16，8)=8。因为 B₁ 的销量已经满足，所以 B₁ 所在列的格内 x_{21}、x_{31} 处打"×"，A₁ 的可供量变为 16-8=8。在产销矩阵表尚未填数和打"×"的部分中，左上角格子变为（A₁，B₂）。由于 min(a_1-8，6)=min(8，14)=8，故在（A₁，B₂）格子中填入 8。因为 A₁ 的可供量已经用完，所以 A₁ 所在行的格内 x_{13}、x_{14} 处打"×"，B₂ 的需求量由 b_2=14 变为 14-8=6。这时（A₂，B₂）是产销矩阵表剩下部分的左上角格子。因 min(a_2，b-8)=6，在（A₂，B₂）中填入数字 6，并在 B₂ 所在列的格内 x_{32} 处打"×"，A₂ 的可供量变为 10-6=4。如此继续下去，在（A₂，B₃）格中填入 4，在（A₃，B₃）格中填入 8，最后在（A₃，B₄）格中填入 14，同时在 A₃ 行和 B₄ 列中的其他格中填"×"。寻求初始调运方案的过程示于表 3.28 中。

至此得到初始方案的解为

$$x_{11}=8，x_{12}=8，x_{22}=6，x_{23}=4，x_{33}=8，x_{34}=14$$

其他变量的值均等于 0。

这个解所对应的目标函数值为

$$z=8×4+8×12+6×10+4×3+8×11+14×6=372$$

2．沃格尔法

沃格尔法（Vogel 法）也称为元素差额法。

初看起来，最小元素法十分合理，但是，有时按某一最小单位运价优先安排物品调运时，却可能导致不得不采用运费很高的其他供销点，从而使整个运输费用增加。对于每一个供应地（或销售地），均可从它到各销售地（或各供应地）的单位运价中找出最小单位运价和次小单位运价，并称这两个单位运价之差为该供应地（或销售地）的罚数（也称为差额）。如果罚数的值不大，当不能按最小单位运价安排运输时造成的运费损失不大；反之，如果罚数的值很大，不按最小单位运价组织运输就会造成很大损失，故应尽量按最小单位运价安排运输。沃格尔法就是基于这种考虑提出来的。

下面结合表 3.28 所表示的例子对这种方法进行介绍。

首先计算产销矩阵表中每一行和每一列的次小单位运价和最小单位运价之间的差值，并分别称为行罚数和列罚数。将算出的行罚数填入位于表右侧行罚数栏的左边第一列的相应格子中，列罚数填入位于表下边列罚数栏的第一行的相应格子中，如表 3.29 所示。

表 3.29 沃格尔法例子数据

产地＼销地	B₁	B₂	B₃	B₄	产量	行罚数 1	2	3	4	5
A₁	× 4	× 12	⑫ 4	④ 11	16	0	0	0	⑦	—
A₂	⑧ 2	× 10	× 3	② 9	10	1	1	1	6	0
A₃	× 8	⑭ 5	× 11	⑧ 6	22	1	2	—	—	—
销量	8	14	12	14	—	—	—	—	—	—
列罚数 1	2	⑤	1	3						
2	2	—	1	③						
3	②	—	1	2						
4	—	—	1	—						
5	—	—	—	②						

例如，A_1 行中的次小单位运价和最小单位运价均为 4，故其行罚数等于 0；A_2 行中的次小单位运价和最小单位运价分别为 3 和 2，故其行罚数等于 3−2=1；B_1 列中的次小单位运价和最小单位运价分别为 4 和 2，故其列罚数等于 2。如此进行，计算出 A_1、A_2 和 A_3 行的行罚数分别为 0、1 和 1，B_1、B_2、B_3 和 B_4 列的列罚数分别为 2、5、1 和 3。在这些罚数中，最大者为 5（在表 3.29 中用小圆圈示出），它位于 B_2 列。由于 B_2 列中的最小单位运价是位于（A_3，B_2）格中的 5，故在（A_3，B_2）格中填入尽可能大的运量 14，此时 B_2 的需要量得到满足，在 B_2 列的其他格中填"×"。

在尚未填数和填"×"的各行和各列中，按上述方法重新计算各行罚数和列罚数，并分别填入行罚数栏的第 2 列和列罚数栏的第 2 行。例如，在 A_3 行中剩下的次小单位运价和最小单位运价分别为 8 和 6，故其罚数等于 2。由表 3.29 中填入这一轮计算出的各罚数可知，最大者等于 3 位于 B_4 列。由于 B_4 列中的最小单位运价为 6，故在其相应的格中填入这时可能的最大调运量 8，在 A_3 行的其他格中填"×"。

用上述方法继续做下去，依次算出每次迭代的行罚数和列罚数，根据其最大罚数值的位置在表中的适当格中填入一个尽可能大的运输量，并在对应的一行或一列的其他格中填"×"。在本例中，依次在表中填入运输量 $x_{32}=14$，$x_{34}=8$，$x_{21}=8$，$x_{13}=12$，$x_{24}=2$，并相应地依次在 B_2 列、A_3 行、B_1 列、B_3 列、A_2 行中填"×"。最后未画"×"的格仅为（A_1，B_4），在这个格中填入数字 4，并同时在 A_1 行和 B_4 列中填"×"。

用这种方法得到的初始方案的解为

$$x_{13}=12, \ x_{14}=4, \ x_{21}=8, \ x_{24}=2, \ x_{32}=14, \ x_{34}=8$$

其他变量的值等于零。

这个解的目标函数值为

$$z=12×4+4×11+8×2+2×9+14×5+8×6=244$$

比较上述最小元素法、西北角法和沃格尔法这三种方法给出的初始方案的解，以沃格尔法给出的解的目标函数值最小，最小元素法次之，西北角法给出的解的目标函数值最大。一般说来，沃格尔法得出的初始解的质量较好，常用来作为运输问题最优解的近似解。

3.3 产销不平衡的运输问题

对于产销不平衡的运输问题，可将其分为总供给量（总产量）大于总需求量（总销量）（即 $\sum a_i > \sum b_j$）和总需求量（总销量）大于总供给量（总产量）（即 $\sum a_i < \sum b_j$）两种情形。对于这两种情形，通过按具体情况虚设收点或虚设发点（其收量或发量是其总量的差数），并按实际意义确定各新增格子上的单位运价，均可将它们转化为产销平衡的运输问题。

下面举例说明上述方法。

例 3.4 求下面运输问题的最优调拨方案，其产销运价表如表 3.30 所示。

表 3.30 例 3.4 产销运价表

销地 产地	B_1	B_2	B_3	B_4	产量
A_1	2	11	3	4	7
A_2	10	3	5	9	5
A_3	7	8	1	2	7
销量	2	3	4	6	15 / 19

解 通过对右下角总供给和总需求的计算，发现 $\sum a_i > \sum b_j$，产量有剩余，故应虚设一收点，称为库存。任何发点到库存的单位运价设为 0，收点"库存"的收量为：总发量−总收量=19−15=4，这样就将其转化为了一个平衡的运输问题，如表 3.31 所示。

表 3.31 例 3.4 产销运价表（平衡方案）

销地 产地	B_1	B_2	B_3	B_4	B_0	产量
A_1	② 2	× 11	× 3	③ 4	② 0	7
A_2	× 10	③ 3	× 5	× 9	② 0	5
A_3	× 7	× 8	④ 1	③ 2	× 0	7
销量	2	3	4	6	4	19 / 19

但是，在用最小元素法寻找初始调运方案时，每次不要考虑（新增）库存这一列的单位运价，否则，由于一开始就去满足库存而不是实际的需要，会导致初始方案离最优方案距离更远，从而增加以后调整的工作量。

按最小元素法做出的初始调运方案（请读者重新做一遍并与此题结果核对）如表 3.1 所示。经检验，它就是最优调拨方案。

当然，由于 $\lambda_{13}=0$，还可有另外的最优调拨方案，但总运费不会再下降。

例 3.5 设有 3 个化肥厂 A_1、A_2 和 A_3 供应 4 个地区 B_1、B_2、B_3 和 B_4 的化肥，且等量的化肥在这些地区使用效果相同，各化肥厂年产量、各地年需求量及化肥的单位运价如表 3.32 所示，其中（A_3，B_4）处的 M 表示运价非常高。试求使总运费最低的调拨方案。

表 3.32　例 3.5 产销运价表　　　　　　　　　　　　　　　　　　　　　　　　　万元

销地 产地	B_1	B_2	B_3	B_4	产量/万吨
A_1	16	13	22	17	50
A_2	14	13	19	15	60
A_3	19	20	23	M	50
最低需求/万吨	30	70	0	10	110 / 160
最高需求/万吨	50	70	30	不限	M / 160

解　从满足各地最低需求角度来看，这是一个总产量大于总销量的运输问题，但从市场或支农角度来看，应尽量满足各地对化肥的最高需求，所以这又是一个总销量大于总产量的运输问题。

由于 B_4 地最高需求不限，但总产量只有 160 万吨，故 B_4 地的最高需求量是可以计算的，它等于从总产量中扣除其他各地最低需求量后的剩余，即 160−(30+70+0)=60。于是，所有各地最高需求量总和为 50+70+30+60=210（万吨）。它超出总产量 210−160=50（万吨），应虚拟一个产地 A_4，其产（发）量为 50。

由于各地最低需求量必须满足，故不能用虚拟发点 A_4 的发量去满足，为此，必须把最高需求比最低需求量多的收点分成 2 个。例如，销地 $B_1=B_1'+B_1''$，其中 B_1' 表示最低需求，B_1'' 表示超过最低需求的部分。由于 A_4 不能供给 B_1'，相交处运价填 M；又因 A_4 可以供给 B_1''，但 A_4 是虚拟发点，即使对应格子填有正的调运量也不至于产生运费，因此交点处单位运价填 0；其余类似处理，可得平衡的产销矩阵表，如表 3.33 所示。

表 3.33　例 3.5 产销矩阵表（一）　　　　　　　　　　　　　　　　　　　　　　万元

销地 产地	B_1'	B_1''	B_2	B_3	B_4'	B_4''	产量/万吨
A_1	16	16	13	22	17	17	50
A_2	14	14	13	19	15	15	60
A_3	19	19	20	23	M	M	50
A_4	M	0	M	0	M	0	50
需求量/万吨	30	20	70	30	10	50	160 / 160

在用最小元素法确定初始运输方案时，首先不考虑虚拟发点 A_4 所在行的运价，而应先在运价最小的格子（A_1，B_2）处填入 50，行中其他格子打"×"；接着填格子（A_2，B_2），只能填 20，列中其他格子打"×"。这两个格子的调运量填好后，看到 B'_4 的需求 10 单位必须由 A_2 处剩余产量满足，所以应先填（A_2，B'_4）处的 10。尽管其单位运价还不是最低的，但不这样做将会造成初始调拨方案与最优调拨方案相距更远。余下格子填数的方法从略。本例中的调运量不是用"○"表示，而是用"()"表示的，求出的初始调拨方案如表 3.34 所示。

表 3.34　例 3.5 产销矩阵表（二）　　　　　　　　　　　　　　　　万元

销地　产地	B'_1	B''_1	B_2	B_3	B'_4	B''_4	产量/万吨
A_1	16	16	(50) 13	22	17	17	50
A_2	(10) 14	(20) 14	(20) 13	19	(10) 15	15	60
A_3	(20) 19	19	20	(30) 23	M	M	50
A_4	M	0	M	(0) 0	M	(50) 0	50
需求量/万吨	30	20	70	30	10	50	160 / 160

然后计算行位势 u_i 和列位势 v_j，再计算检验数。

因为 $\lambda_{16}=17-(0+18)=-1<0$，$\lambda_{26}=-3<0$，故从（$A_2$，$B''_4$）出发做闭回路，其转角点（$A_2$，$B''_4$）为偶、转角点（$A_4$，$B''_4$）为奇，转角点（$A_4$，$B_3$）为偶，转角点（$A_3$，$B_3$）为奇，转角点（$A_3$，$B'_1$）为偶，转角点（$A_2$，$B'_1$）为奇，转角点（$A_2$，$B''_4$）为偶。

调整量=min(50,30,10)=10，调整结果如表 3.35 所示。

表 3.35　例 3.5 产销矩阵表（三）　　　　　　　　　　　　　　　　万元

销地　产地	B'_1	B''_1	B_2	B_3	B'_4	B''_4	产量/万吨
A_1	16	16	(50) 13	22	17	17	50
A_2	14	(20) 14	(20) 13	19	(10) 15	(10) 15	60
A_3	(30) 19	19	20	(20) 23	M	M	50
A_4	M	0	M	(10) 0	M	(40) 0	50
需求量/万吨	30	20	70	30	10	50	160 / 160

又因为 $\lambda_{32}=19-(8+14)=-3<0$，它是最小负检验数，故从（$A_3$，$B_2$）出发做闭回路，得调整量=min(20，40，20)=20，在回路上调整后得表 3.36。

对于表 3.36 所示的调运方案，经检验未发现负检验数，故它是最优调运方案。由于 $\lambda_{21}=14-(0+13)=0$，所以，还可能做出另一最优方案，但因从（A_2，B'_1）出发的闭回路上，奇数转角点的最小调运量为 0，故不能产生实质性的另一最优方案。

表 3.36　例 3.5 产销矩阵表（四）　　　　　　　　　　　　　　万元

产地＼销地	B_1'	B_1''	B_2	B_3	B_4'	B_4''	产量/万吨
A_1	16	16	(50) 13	22	17	17	50
A_2	14	(0) 14	(20) 13	19	(10) 15	(30) 15	60
A_3	(30) 19	(20) 19	20	23	M	M	50
A_4	M	0	M	(30) 0	M	(20) 0	50
需求量/万吨	30	20	70	30	10	50	160／160

所以，最低总运费为 2 460（万元），最优调运方案请读者补出。

3.4　运输问题应用案例

例 3.6　（最大元素法应用案例）某公司进口一批商品，共有 900 万件。计划在 A_1 港卸货 100 万件，A_2 港卸货 400 万件，A_3 港卸货 400 万件，然后再运往 B_1、B_2、B_3 三个城市进行销售。已知三个城市的需要量分别为 300 万件、200 万件、400 万件，从港口运往各城市每万件的销售利润由表 3.37 给出，问应如何因地制宜安排调运计划，才使总销售利润最多。

表 3.37　例 3.6 销售利润表　　　　　　　　　　　　　　元/万件

港口＼城市	B_1	B_2	B_3
A_1	700	500	480
A_2	850	700	600
A_3	400	300	500

解　该问题是求总销售利润最多的解，所以用最大元素法来进行研究。

首先介绍最大元素法。最大元素法与最小元素法的区别主要表现为：确定初始方案时将最小元素中的"小"字改为"大"字；利用检验数判别方案时，若所有 $\lambda_{ij} \leqslant 0$，则最优解已获得；若某个检验数 $\lambda_{ij} > 0$，则还要进行调整。$\lambda_{ij} > 0$ 的经济意义为调整 1 个单位利润时收入的增加值。

下面利用最大元素法进行求解，首先制作一个产销矩阵表，如表 3.38 所示。

表 3.38　例 3.6 产销矩阵表（一）　　　　　　　　　　　　　　　　　元/万件

城市 港口	B_1	B_2	B_3	卸货量/万件
A_1	×　　　700	(100)　　500	(0)　　480	100
A_2	(300)　　850	(100)　　700	×　　　600	400
A_3	×　　　400	×　　　300	(400)　　500	400
需要量/万件	300	200	400	—

首先应填的"调运量"的格子为（A_2, B_1），因为它的销售收入 850 最大。因 min(300, 400)=300，故填入 300。此处未用"○"表示而用"( )"表示，其经济意义为：由于从港口 A_2 运到城市 B_1 后销售收入最高，故应尽可能多地优先安排调运。但这只是一种局部观点，即还未在全局范围进行考察和协调。

接着在 B_1 城市其他收入处左下角空格打"×"，因为 B_1 城市的需要已满足；其后的步骤不一一重述，初始方案如表 3.38 所示。

下面求检验数，方法同前。

因为 $\lambda_{11}=c_{11}-(u_1+v_1)=700-(0+650)=50>0$，而其他格子中没有正检验数，所以从格子转角点（$A_1$, B_1）出发作闭回路，其转角点（A_1, B_1）为偶，转角点（A_2, B_1）为奇，转角点（A_2, B_2）为偶，转角点（A_1, B_2）为奇。奇数转角点的销售收入总和为 850+500=1 350，而偶数转角点的销售收入总和为 700+700=1 400。

因此当每个奇数转角点上的计划数减少 1 万件时，总销售收入将减少 1 350 元；每个偶数转角点上的计划数增加 1 万件时，总销售收入将增加 1 400 元。若这样对初始方案进行调整，总收入将增加 50 元，这正是 $\lambda_{11}=50$ 的经济意义。

这样，上述回路上的调整量为 min(300, 100)=100，调整结果如表 3.39 所示。

表 3.39　例 3.6 产销矩阵表（二）　　　　　　　　　　　　　　　　　元/万件

城市 港口	B_1	B_2	B_3	卸货量/万件
A_1	(100)　　700	×　　　500	(0)　　480	100
A_2	(200)　　850	(200)　　700	×　　　600	400
A_3	×　　　400	×　　　300	(400)　　500	400
需要量/万件	300	200	400	—

通过计算，发现在表 3.39 中每个有"×"的格子里，它们的检验数都是负的，所以这是一个最优方案，即

100
$A_1 \rightarrow B_1$（表示由港口 A_1 运到城市 B_1 销售 100 万件，下同）
200　　　　　　　　　　　　200　　　　　　　　　　　　400
$A_2 \rightarrow B_1$　　　　　　　　　　$A_2 \rightarrow B_2$　　　　　　　　　　$A_3 \rightarrow B_3$

这种安排可获得的最大的总收入为

$$z=(700×100)+(850×200)+(700×200)+(500×400)=58\,000（元）$$

由于在变量个数相等的情况下，表上作业的计算远比单纯形法简单得多，所以在解决生产管理的实际问题时，人们常常尽可能地把某些线性规划问题（表面上看来并不是运输问题）进行适当处理后转化为运输问题的数学模型，然后用表上作业法进行求解。下面我们举一个这方面的例子。

例 3.7（生产计划问题案例）某造船厂按订货合同必须在当年每季度末分别提供 15、30、20、25 条同一类型的驳船。已知该厂每个季度的生产能力及生产每条驳船的成本如表 3.40 所示，而生产出来的驳船当季度若不交货，每条驳船积压一个季度需支出存储、维护等费用 0.4 万元。试问在完成合同的情况下，(1) 该厂的生产计划应如何安排，才能使全年的生产费用最少？(2) 最少费用为多少？

表 3.40　例 3.7 数据表

季度	一	二	三	四
生产能力/条	30	30	25	18
成本/万元	20	20.6	20.4	21

解（将其转化为运输问题后进行求解）把当年中的 4 个季度当成 4 个收点，收量就是每季度的需求量；每季度的生产当成一个发点，共有 4 个发点，发量分别为生产能力。

4 个季度的生产总能力为 30+30+25+18=103

4 个季度需求量总和为 15+30+20+25=90

这是一个供给量大于总需求量的运输问题，应虚设"库存"或"不生产"这个收点 C，其收量为 103-90=13（条），其对应的运费（这里应是单条驳船的生产成本）均为 0（它表示有能力生产，但实际上不需要生产驳船）。

另外，对于每个季度，生产供给需求的"单件运费"实际上也是单件的生产成本费。由于每季度的产量不能供应前面季度的需求（如第四季度的产量就不能满足第一至第三季度的需求）；所以，这里的产销矩阵表（也应叫做产销—成本表）中左下角所有格子成本数字应为 M（见表 3.41），这里的 M 是一个很大很大的数，而右上角元素按实际意义计算。例如，(A_1，B_1) 处的成本，是第一季度生产单条驳船的生产成本值 20；(A_1，B_2) 处的成本是第一季度生产的驳船供给第二季度的需求时的成本，这时除了生产成本，还应添上单件存储、维护费用 0.4，故为 20+0.4=20.40；(A_1，B_3) 处的成本是第一季度生产的驳船供给第三季度的需求时的成本，这时除了生产成本，还应添上两个季度的单件存储、维护费用 0.4×2=0.8，故为 20+0.8=20.80。右上角其他格子处的"运价"同此计算，其结果如表 3.41 所示。

表 3.41　例 3.7 产销矩阵表（一）

产地＼销地	B_1	B_2	B_3	B_4	B_5	产量
A_1	20	20.4	20.8	21.2	0	30
A_2	M	20.6	21	21.4	0	30

续表

产地＼销地	B_1	B_2	B_3	B_4	B_5	产量
A_3	M	M	20.4	20.8	0	25
A_4	M	M	M	21	0	18
需求量	15	30	20	25	13	—

可以看出，表 3.41 中的数据的计算结果具有很明显的规律性，而最小元素的位置也具有规律，确定检验数时利用规律可少算不少数据。

利用表上作业法可以求得这个问题的最优方案，如表 3.42 所示。请读者自己写出此问题的求解过程。

表 3.42　例 3.7 产销矩阵表（二）

产地＼销地	B_1	B_2	B_3	B_4	C	产量
A_1	(15) 20	(15) 20.4	× 20.8	× 21.2	× 0	30
A_2	× M	(15) 20.6	× 21	(2) 21.4	(13) 0	30
A_3	× M	× M	(20) 20.4	(5) 20.8	× 0	25
A_4	× M	× M	× M	(18) 21	× 0	18
需求量	15	30	20	25	13	

由上述最优方案可得该厂全年最小的生产费用为

min z=20×15+20.4×15+20.6×15+21.4×2+20.4×20+20.8×5+21×18=1 847.8（万元）

最后应指出，这个问题的最优方案不是唯一的。

例 3.8　某公司承担 4 条航线的运输任务，已知：① 各条航线的起点城市和终点城市及每天的航班数如表 3.43 所示；② 各城市间的航行时间，如表 3.44 所示；③ 所有航线都使用同一种船只，每次装船和卸船时间均为 1 天。问该公司至少应配备多少条船才能满足所有航线运输的需要？

表 3.43　起点城市和终点城市及航班数

航线	起点城市	终点城市	每天的航班数
1	E	D	3
2	B	C	2
3	A	F	1
4	D	B	1

表 3.44　各城市间的航行时间　　　　　　　　　　　　　　　　　　　　　　小时

从＼至	A	B	C	D	E	F
A	0	1	2	14	7	7
B	1	0	3	13	8	8
C	2	3	0	15	5	5
D	14	13	15	0	17	20
E	7	8	5	17	0	3
F	7	8	5	20	3	0

解　所需船只可分为两部分。

（1）航线航行、装船、卸船所占用的船只。对各航线逐一分析，所需船只数列入表 3.45 中，累计共需 91 条船。

表 3.45　例 3.8 数据分析表（一）

航线	装船天数	卸船天数	航行天数	小计	航班数	所需船数
1	1	1	17	19	3	57
2	1	1	3	5	2	10
3	1	1	7	9	1	9
4	1	1	13	15	1	15

（2）各港口之间调度所需要的船只数。这由每天到达某一港口的船只数与其所需发出的船只数不相等而产生。各港口城市每天到达的船只数、需求船只数及其差额列于表 3.46 中。

表 3.46　例 3.8 数据分析表（二）

城市	A	B	C	D	E	F
每天到达的船只数	0	1	2	3	0	1
每天需求的船只数	1	2	0	1	3	0
差额	−1	−1	2	2	−3	1

将船由多余船只的港口调往需用船只的港口为空船行驶，应采用合理的调度方案使"调运量"最小。为此，建立如表 3.47 所示的运输问题，其单位运价取为相应一对港口城市之间的航行时间（天数）。

表 3.47　数据分析表（三）

从＼至	A	B	E	多余船数
C	2	3	5	2
D	14	13	17	2
F	7	8	3	1
缺少船数	1	1	3	

用表上作业法求解这一运输问题,可得如下两个最优解:

$$x_{CE}=2, x_{DA}=1, x_{DB}=1, x_{FE}=1$$

$$x_{CA}=1, x_{CE}=1, x_{DB}=1, x_{DE}=1, x_{FE}=1$$

按这两个方案调运多余船只,其目标函数值等于40,说明各港口之间调度所需的船只数至少为40。

综合以上两个方面的要求,在不考虑维修、储备等情况下,该公司至少需要配备131条船,才能满足4条航线正常运输的需要。

3.5 运输问题的 Excel 处理

3.5.1 运输问题模型的特点

如果用$\sum a_i$表示各产地发量的总和,即总产量或总发量;$\sum b_j$表示各销地收量的总和,即总销量或总收量。假设有 m 个产地和 n 个销地,则有下列两种可能:

(1)$\sum a_i = \sum b_j$(总产量=总销量,即产销平衡)。

(2)$\sum a_i \neq \sum b_j$(产销不平衡,它又可分为产大于销即$\sum a_i > \sum b_j$和销大于产即$\sum a_i < \sum b_j$两种情况)。

通常,对于运输问题模型可有以下三条结论:

(1)运输问题的基变量有 $m+n-1$ 个。

(2)运输问题一定有最优解。

(3)如果 a_i 和 b_j 全是整数,则运输问题一定有整数最优解。

3.5.2 运输问题的 Excel 处理

首先在工作表的顶端部分输入运输费用、原始供给和目的地需求等相关数据,然后在工作表的底端部分设计线性规划模型。所有的线性规划问题都含有四种要素:决策变量、目标函数、左侧值约束条件和右侧值约束条件。对于运输问题而言,决策变量是从起点运到目的地的总数量;目标函数是所有运输费用的总和;左侧值约束条件是从每个起点运输的产品数量和到达目的地的产品数量;右侧值约束条件是原始供给量和目的地需求量。下面讨论例 3.2 的 Excel 2003 具体处理过程。该问题基本数据如表 3.14、表 3.15 和表 3.16 所示,为了方便起见,将表 3.16 的数据复制到表 3.48 中。

表 3.48　例 3.2 产销矩阵表　　　　　　10 土方/100 米

距离　洼地 高地	B₁	B₂	B₃	B₄	出　土
A₁	10	5	2	3	70
A₂	4	3	1	2	20
A₃	5	6	3	4	10
填　土	50	25	10	15	产销平衡=100

（1）建立公式。如图 3.1 所示，单元格 A1：F8 中为所有的数据及叙述性标志，单元格 B5：E7 中为所有的运输距离，单元格 F5：F7 中为所有的原始供给（出土量），单元格 B8：E8 中为所有的目的地需求（填土量）。

Excel 2003 规划求解工具需要的模型要素为决策变量、目标函数、左侧值约束条件和右侧值约束条件。这些单元格位于工作表的底端，为明显起见，予以涂黑。

决策变量：单元格 B17：E19 是为 12 个决策变量保留的。最优值为 $x_{11}=20$，$x_{21}=20$，$x_{31}=10$，$x_{12}=25$，$x_{13}=10$，$x_{14}=15$，其余所有为零的决策变量说明在相应的路线上没有运输任何东西。

目标函数：在放置目标函数值的单元格 C13 内输入公式

=B5*B17+B6*B18+B7*B19+C5*C17+C6*C18+C7*C19+D5*D17+D6*D18+D7*D19+E5*E17+E6*E18+E7*E19

即"=SUMPRODUCT(B5：E7,B17：E19)"，其值表示解决方法的费用。最小运输量为 520 土方/千米。

左侧值：单元格 F17：F19 中为左侧值（产量）约束条件，单元格 B20：E20 中为左侧值（需求量）约束条件；单元格 F17=SUM(B17：E17)（复制到 F18：F19）；单元格 B20=SUM(B17：B19)（复制到 C20：E20）。

右侧值：单元格 H17：H19 中为右侧值（产量，即出土量）约束条件，单元格 B22：E22 中为右侧值（需求量，即填土量）约束条件；单元格 H17=F5（复制到 H18：H19）；单元格 B22=B8（复制到 C22：E22）。

（2）Excel 2003 解决方法。在"工具"下拉菜单中选择"规划求解"，在"规划求解参数"中输入正确的数值，选择"线性模型"和"假定非负"。有关具体参数的输入信息如图 3.2 所示，其中：B20：E20 表示 B20、C20、D20 和 E20 四个单元格，其余类推；符号$B$20 表示绝对引用单元格数据。

图 3.1 使用 Excel 2003 对例 3.2 的问题进行求解

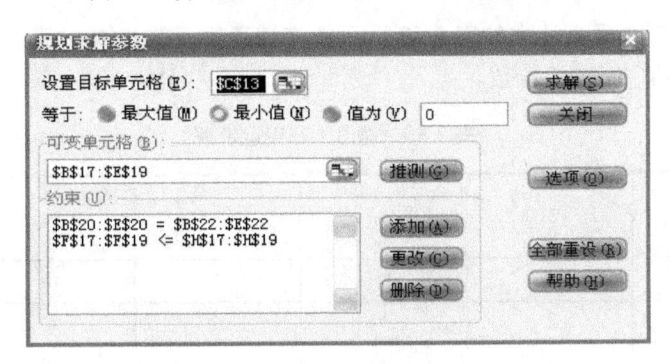

图 3.2 例 3.2 问题的"规划求解参数"对话框

本章小结

本章介绍了运输问题的基本数学模型，对于运输问题的求解可以使用表上作业法；叙述了用最小元素法确定运输问题的初始基本可行解的基本思路和基本步骤；叙述了表上作业法基本步骤及用位势法求检验数的原理和步骤。

思考与练习

思考题

3.1 概述用最小元素法确定运输问题的初始基本可行解的基本思路和基本步骤。

3.2 为什么用元素差额法给出的运输问题的初始基本可行解，较之用最小元素法给出的解更接近最优解？

3.3 概述用位势法求检验数的原理和步骤。

3.4 如何把一个产销不平衡的运输问题转化为产销平衡的运输问题？

3.5 如何把一个最大化指派问题转化为最小化指派问题？

3.6 判断下列说法是否正确。

（1）运输问题是一种特殊的线性规范问题，因而求解结果也可能出现下列四种情况之一：有唯一最优解，有无穷多最优解，有无界解，无可行解。

（2）在运输问题上，只要给出一组含（$m+n-1$）个非零的$\{x_{ij}\}$，且满足约束条件就可以作为一个初始基本可行解。

（3）表上作业法实质上就是求解运输问题的单纯形法。

（4）按最小元素法（或元素差额法）给出的初始基本可行解，从每一个空格子出发，可以找出而且仅能找出唯一的闭回路。

（5）当所有产地的产量和销地的销量均为整数值时，运输问题的最优解也为整数值。

练习题

3.1 （1）用最小元素法求如表 3.49 所示的产销运价表的初始方案。

（2）列出初始方案的检验数。

表 3.49 题 3.1 产销运价表

销地 产地	B₁	B₂	B₃	B₄	产量
A₁	3	11	3	10	7
A₂	4	9	10	8	8
A₃	8	4	2	9	3
销量	6	6	3	3	

3.2 将如表 3.50 所示的调运方案调整为最优方案。

表 3.50 题 3.2 调运方案

粮店 米厂	B₁	B₂	B₃	B₄	B₅	调出量
A₁	4	2.5	4	2.5	1.5	36
A₂	4.5	4.5	2	3.5	5.5	40
A₃	5.5	4.5	4	5.0	3.0	23
A₄	4.0	3.0	4	3.0	3.5	65
销量	58.0	33.0	18	34.0	21.0	—

3.3 按照表 3.51 所示的产销运价表求解：

（1）它的初始方案，并求出初始方案对应的目标函数 z 值。

(2) 它的最优方案，并求出最优方案对应的目标函数 z 值。

表 3.51 题 3.3 产销运价表

销地 产地	B₁	B₂	B₃	产量
A₁	10	4	2	40
A₂	9	3	6	70
A₃	2	1	2	20
销量	80	30	20	—

3.4 利用表上作业法求解表 3.52 所示的运输问题的最优方案。

表 3.52 题 3.4 产销运价表

销地 产地	B₁	B₂	B₃	B₄	产量
A₁	10	5	6	7	25
A₂	8	2	7	6	25
A₃	9	3	4	8	50
销量	15	20	30	35	—

3.5 几个城市需要对某种商品互通有无。各市调出量或调入量及各城市间的路程如表 3.53 所示，试制订最优方案。

表 3.53 题 3.5 收发矩阵表　　　　　　　　　　　10 万吨/10 千米

收站 发站	上海	常州	镇江	南京	调出量
昆山	15	12	19	25	9
苏州	9	3	16	22	26
无锡	13	4	11	18	28
调入量	20	15	16	6	—

3.6 从三个产地 A₁、A₂、A₃ 把某种日用品供给四个销地 B₁、B₂、B₃、B₄，试根据表 3.54 所示的产销矩阵表求出最合理的调运方案。

表 3.54 题 3.6 产销矩阵表

销地 产地	B₁	B₂	B₃	B₄	产量
A₁	8	5	6	7	25
A₂	10	2	7	6	2
A₃	9	3	4	9	80
销量	45	20	30	35	130

3.7 设有 A_1、A_2、A_3 三个产地生产某种物资，其产量分别为 70 吨、50 吨、70 吨；B_1、B_2、B_3、B_4 四个销地需要该种物资，销量分别为 20 吨、30 吨、40 吨、60 吨；又知各销地之间的单位运价如表 3.55 所示，试决定一个总运费最少的调运方案，并求出最少的总运费是多少。

表 3.55 题 3.7 运价表 元/吨

产地＼销地	B_1	B_2	B_3	B_4
A_1	2	11	3	4
A_2	10	3	5	9
A_3	7	8	1	2

3.8 设有 A_1、A_2、A_3 三个煤矿供应 B_1、B_2、B_3 三个城市用煤，各煤矿每月的产量、各城市每月的需要量及煤矿将煤运至各城市的单位运价如表 3.56 所示；又知由于运输能力的限制，从 A_1 矿供应 B_3 市的煤每月不得超过 25 万吨，试求出总运费最省的调运方案，并求出最省的总运费为多少。

表 3.56 题 3.8 产销运价表 万吨/万元

产地＼销地	B_1	B_2	B_3	产　量
A_1	10	4	2	50
A_2	9	3	6	70
A_3	2	1	3	45
销　量	80	30	40	—

3.9 某港机厂根据合同要从当年起连续三年年末提供 10 台、15 台、20 台规格型号相同的大型吊车。已知该厂这三年内生产大型吊车的能力及生产每台吊车的成本如表 3.57 所示；已知加班生产时间内，每台吊车成本比正常生产时高出 7 万元；又知造出来的每台吊车如当年不交货，每积压一年所造成的积压损失为 4 万元。求该厂应如何安排每年吊车的生产量，才能在完成合同的情况下，使总的生产费用最少？并求出少的生产费用。

表 3.57 题 3.9 生产能力与成本

年　度	正常生产时间内可完成的吊车台数	加班生产时间内可完成的吊车台数	正常生产时每台吊车成本/万元
1	13	2	50
2	14	3	60
3	15	3	60

3.10 某农场获得了特大丰收，4 块土地的粮食产量分别是 2 000 担、3 000 担、4 000 担和 6 000 担，现在准备把这批粮食储藏在 3 个仓库里。已知这 3 个仓库的最大容量分别是 7 000 担、5 000 担和 7 000 担，每块土地与每个仓库之间的距离如表 3.58 所示，试求出最合理的调运方案。

表3.58 题3.10 仓库间距离表　　　　　　　　　　　　　　　　　　　千米

土地＼仓库	B_1	B_2	B_3
A_1	2	10	7
A_2	11	3	8
A_3	3	2	1
A_4	4	9	2

3.11　一公司有某种物资要从A、B、C三个产地运到甲、乙、丙、丁四个销地,三个产地的供应量分别为1 000吨、800吨、500吨,四个销地的需求量分别为500吨、700吨、800吨、300吨,各产地与公司之间每吨产品的运费如表3.59所示。要求用Excel"规划求解"工具计算如何组织运输才能使运费最省,并写出计算步骤和优化结果。

表3.59 题3.11 各产地和销地之间的运费　　　　　　　　　　　　　元/吨

产地＼销地	甲	乙	丙	丁
A	15	20	3	30
B	7	8	14	20
C	12	3	20	25

3.12　假定某物资要从A、B两个产地运往甲、乙、丙三个销地,两个产地的供应量分别为15吨和25吨,合计为40吨;三个销地的需求量分别为10吨、20吨、9吨,合计为39吨;总供应量大于总需求量。如果各产地与各销地的单位运价如表3.60所示,试运用Excel工具求出如何运输才能使总运费最小,并写出计算步骤和优化结果。

表3.60 题3.12 各产地和销地之间的运费　　　　　　　　　　　　　元/吨

产地＼销地	甲	乙	丙	丁(虚拟销地)
A	40	20	10	0
B	10	30	50	0

第4章 库存管理

内容提要

- ☑ 库存是指各种资源的储备，存储论回答："保持多少存货才是合理的"
- ☑ 存储论中的需求、补充、费用和存储策略等基本概念
- ☑ 确定性存储模型和随机性存储模型

库存管理也称为存储管理。库存是指各种资源的储备。国家有库存，企业有库存，家庭、个人也有库存，这里主要研究企业的库存问题。近年来的统计数据表明，库存费用已占库存物品价值的20%～40%，因此物流中的库存控制是十分重要的。

在以前（物资短缺时期），人们潜意识中总认为物资储存得越多越好，以防备类似三年自然灾害这类事情的发生，这种认识随着市场经济的发展和科技的进步，已经发生了很大的变化。"多多益善"的观点被"合理库存"甚至"零库存（JIT）"的思想所替代。然而，"库存"在相当多的场合还是一个客观事实，"零库存"还不能看成是现代社会的基本现象。

制造厂商为了避免发生停工待料现象，就要储存一定数量的原料；商店为了避免因缺货而失去销售机会也会储存一定数量的商品。事实上，所有的公司（包括JIT方式下的公司）都要保持一定的库存。

保持一定的库存是正常的。但是应注意库存需要付出代价，高库存一般是没有必要的。储存过多除导致资金积压外，还要支付一笔存储保管费用，同时存货有可能成为陈旧物，所以持有存货是有风险的。

一方面需要存货，另一方面持有存货既有成本又有风险，于是就产生了一个问题："到底应该保持多少存货才算合理。"专门研究这类有关存储问题的科学，构成了运筹学的一个分支，叫做存储论（inventor theory）。在存储论中，上述问题以下列两个问题的形式出现：一是什么时间进行订货？二是每次订货量为多少？

4.1 存储模型的基本概念

通常，在讨论一个存储问题时将涉及以下四个基本概念：需求、补充、费用和存储策略。

4.1.1 需求

需求也称为存储的输出。需求是指单位时间（以年、月、日或其他量为单位）内对某种物质的需求量，通常用 R 来表示。

对存储来讲，随着需求的发生（即从存储中取出一定数量的库存），使存储量减少，这就是存储的输出。

需求可分为连续性需求和间断性需求。在连续性需求中，随着时间的变化，需求连续地发生，因而存储量也连续减少；在间断性需求中，需求发生的时间极短，可以看做瞬时发生，因而存储量的变化为跳跃式地减少。

当连续性需求发生时，输出是连续的，如图 4.1 所示；当间断性需求发生时，输出是间断的，如图 4.2 所示。

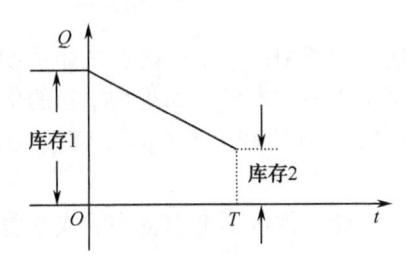

图 4.1　连续性需求　　　　　　　图 4.2　间断性需求

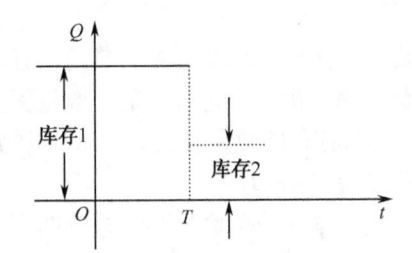

根据需求的数量特征，可将需求分为确定性需求和随机性需求。在确定性需求中，需求发生的时间和数量是确定的，如面粉厂每天按合同卖给食品厂 120 包面粉。在随机性需求中，需求是随机的，如车站售报亭每日卖出的报纸可能是 1 000 份，也可能是 800 份，但是经过大量的统计之后，可能会发现每日卖出的报纸数量的统计规律，故称为具有某种随机分布的需求。

对于随机性需求，要了解需求发生的时间和数量的统计规律。

4.1.2　补充

补充也称为存储的输入。存储量由于需求的发生而不断减少，所以必须加以补充，否则最终将无法满足需求。补充也就是存储的输入。补充的办法可以是向其他工厂购买，也可以是从批发商处进货，还可以是自行生产。库存控制事实上就是对输入的控制。

从开始订货（或发出内部生产指令）到存储的实现（入库并处于随时可供输出以满足需求的状态）需要经历一段时间。这段时间可以分为拖后时间（或提前时间）和入库时间（或生产时间）两个部分。

1．拖后时间（或提前时间）

从开始订货到开始补充（开始生产或货物到达）货物的这段时间称为拖后时间。但是，从为了按时补充存储，需要提前订货的角度看，这段时间也可称为提前时间。

在同一存储问题中，拖后时间和提前时间是一致的，只是观察的角度不同而已。拖后时间可能很长，也可能很短；可能是随机性的，也可能是确定性的。

2．入库时间（或生产时间）

从开始补充到补充完毕的时间称为入库时间（或生产时间）。这部分时间和拖后时间一样可能很长，也可能很短；可能是随机性的，也可能是确定性的。

对存储问题进行研究的目的是找出一个存储策略，以确定多长时间补充一次及每次补充多少数量的货最为合理。

4.1.3 费用

评价一个存储策略的优劣，常常以费用标准进行衡量，即依据该策略所耗用费用的多少来优选存储策略。下面介绍费用项目的构成和属性。

1. 订货费

订货费是指一次订货所需的费用。订货费包括两项费用：一是订购费，如手续费、通信联络费、差旅费等，它与订货的数量无关；二是货物的成本费，如货物本身的价格、运输费等，它与订货的数量有关。例如，货物单价为 K 元，订购费用为 C_3 元，订货数量为 Q，则订货费用为 C_3+KQ。

由于货物本身的单价与存储系统的费用无关，因此通常可不考虑货物的成本费，即订货费就指订购费。

2. 生产费

生产费是指自行生产一次，以补充存储所需的费用。生产费包括装配费和生产产品的费用。装配费与生产产品的数量无关，而生产产品的费用与产品的数量有关。与订货费类似，生产费一般不考虑生产产品的费用，即生产费专指装配费。

3. 存储费

存储费是指保存物资所需的费用。存储费包括使用仓库费、占有流动资金所损失的利息、保险费、存储物资的税金、管理费和保管过程中的损坏所造成的损耗费等。

4. 缺货费

缺货费是指所存储的物资供不应求所引起的损失费。缺货费包括由于缺货所引起的影响生产、生活、利润、信誉等损失费。缺货费既与缺货数量有关，也与缺货时间有关。为讨论方便，假设缺货损失费与缺货的数量成正比，而与时间无关。

4.1.4 存储策略

一个存储策略，是指决定什么情况下对存储进行补充，以及补充数量的多少。下面讨论 4 个比较常见的存储策略。

(1) t-循环策略：不论实际的存储状态如何，总是每隔一个固定的时间 t，补充一个固定的存储量 Q。

(2) (t, S) 策略：每隔一个固定的时间 t 补充一次，补充数量以补足一个固定的最大存储量 S 为准。因此，每次补充的数量是不固定的，要视实际存储量而定。当存储（余额）为 I 时，补充数量为 $Q = S-I$。

(3) (s, S) 策略：当存储（余额）为 I 时，若 $I > s$，则不对存储进行补充；若 $I \leq s$，则对存储进行补充，补充数量 $Q = S-I$，补充后存储量达到最大存储量 S。s 称为订货点（或称为保险存储量、安全存储量、警戒点等)。在很多情况下,实际存储量需要通过盘点才能确定。

(4)(t,s,S)策略:若每隔一个固定的时间 t 盘点一次,得知当时存储为 I,然后根据 I 是否超过订货点 s,决定是否订货和订多少,这样的策略称为(t,s,S)策略。

在一个存储系统中,存储量因需求的发生而减少,随补充的发生而增加。在直角坐标系中,以时间 t 为横轴,实际存储量 Q 为纵轴,则描述存储系统实际存储量动态变化规律的图像称为存储状态图。对于同一个存储问题,不同存储策略的存储状态图是不同的。存储状态图是进行存储论研究的重要工具。

4.2 确定型存储模型

在存储系统中,如果需求(即销售)的速度 R 等都是确定的,就称这类存储模型为确定性存储模型。下面介绍确定型存储模型的几种常见类型。

4.2.1 模型 I:不允许缺货的订货-销售存储模型

这类存储模型的特点是:需求是连续均匀的,需求(即销售)的速度为 R,不允许发生缺货,否则缺货费用为无穷大;一旦存储量下降至零,则通过订货立即得到补充(补充时间极短),即货物瞬时到达,或订货提前期为零,如图 4.3 所示。

销售开始时库存量为 OA,随着均匀销售而降到零,即到达点 B,通过订货库存量立即补充为 BE(BE=OA),再继续销售并一直重复下去。现在的问题是:每次通过订货立即得到的补充数量,即订货批量 BE 是多少,相邻两次订货的间隔时间(简称订货周期)又是多少,才能使总费用最小。

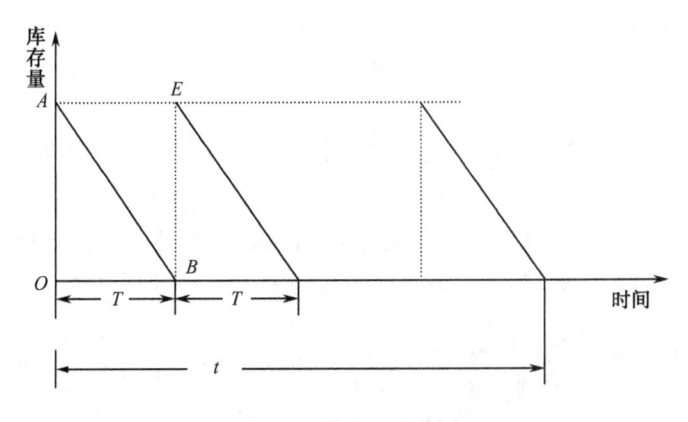

图 4.3 模型 I 示意图

这里考虑一个计划期 t(年、季、月)内的情况。

由于该问题是不允许缺货的订货-销售存储问题，故费用函数中无缺货损失费和装配费，即

$f(Q)=$ 订购费 + 储存费

= 每次订购费×t 内订购次数+单个存储周期的存储费×t 内存储周期的次数

下面设法求出 $f(Q)$ 的表达式。

假设货物的销售速度为 R（常数），订货批量为 $Q(OA=BE)$，订货周期（储存周期）为 $T(OB)$；又设一次订购费为 C_3，t 内货物单位存储费为 C_1。

因为在时间 t 内，订购货物的总量应等于销售货物的总量 Rt，所以在 t 时间内的订购次数为

$$n=\frac{Rt}{Q} \tag{4-1}$$

在一个订货周期 T 内，补充订货量应等于该时间内货物的销售量，即

$$Q=RT \quad \text{或} \quad T=\frac{Q}{R} \tag{4-2}$$

由图 4.3 可以看出，在一个存储周期 T 内的存储量恰好为 $\triangle OAB$ 的面积，即 $\frac{1}{2}QT$，于是有

$$f(Q)=C_3 \cdot n + C_1 \frac{1}{2}QT \cdot n = \frac{C_3 Rt}{Q} + C_1 \frac{1}{2}Q \cdot \frac{Q}{R} \cdot \frac{Rt}{Q} = \frac{C_3 Rt}{Q} + C_1 \frac{1}{2}Q \cdot t \tag{4-3}$$

为使费用最小，对式（4-3）中的 Q 求导得

$$f'(Q)=-\frac{C_3 Rt}{Q^2}+C_1 \frac{1}{2} \cdot t, \quad f''(Q)=\frac{2C_3 Rt}{Q^3}$$

令 $f'(Q)=0$，解得 $Q=\sqrt{\dfrac{2C_3 R}{C_1}}$ (4-4)

且 $f''(\sqrt{\dfrac{2C_3 R}{C_1}})>0$

因此，当 $Q^*=\sqrt{\dfrac{2C_3 R}{C_1}}$ 时，$f(Q)$ 取极小值，即 $Q^*=\sqrt{\dfrac{2C_3 R}{C_1}}$ 为最优订货批量。式（4-4）称为经济订货批量公式，简称 EOQ 公式，它是美国经济学家 Harris 于 1915 年提出的。

将式（4-4）代入式（4-2）、式（4-1）和式（4-3）中后分别得到

最佳订货周期：$T^*=\dfrac{Q^*}{R}=\sqrt{\dfrac{2C_3}{C_1 R}}$ (4-5)

一个计划期 t 内的最佳订货次数：$n^*=\left[\dfrac{RT}{Q^*}\right]=\left[t \cdot \sqrt{\dfrac{C_1 R}{2C_3}}\right]$ (4-6)

[x]表示不超过 x 的最大整数。

计划期 t 内的最小费用：$f(Q^*)=\dfrac{C_3Rt}{Q^*}+C_1\dfrac{1}{2}Q^*\cdot t=t\sqrt{2C_1C_3R}$ （4-7）

综上所述，该存储模型的最优存储策略是：在计划期 t 内，每相隔 $T^*=\dfrac{Q^*}{R}=\sqrt{\dfrac{2C_3}{C_1R}}$ 订货一次，

共订货 $n^*=\left[\dfrac{RT}{Q^*}\right]=\left[t\cdot\sqrt{\dfrac{C_1R}{2C_3}}\right]$ 次，每次订货量 $Q^*=\sqrt{\dfrac{2C_3R}{C_1}}$，这时 t 内的最小费用为 $t\sqrt{2C_1C_3R}$。

几点说明：

(1) 在 C_1 和 C_3 一定的条件下，由式（4-4）知，Q^* 与 R 不成正比，而与 R 的平方根成正比；当 $C_3=0$ 时，由式（4-6）知，$n^*=\infty$，表明订购费为零时，订购次数越多越好。

(2) 上述模型是否会出现订货批量 Q 不是常数呢？回答是否定的，在需求速度 R 为常数的情况下，可证只有 $Q_1=Q_2$，计划期 t 内的费用才会最小。

(3) 最小费用中没有考虑货物成本，但不影响上述公式的应用。如果需要考虑成本，只要在最小费用中加上一项 KRt（K 为单位成本）即可。

(4) 该模型建立在理想的条件下，与实际情况有差距，但从这里可以学到分析存储问题的方法，以便研究更复杂的问题。

例 4.1 某物资销售速度为 2 吨/天，订购费用为 10 元/次，存储费为 0.2 元/(吨·天)。若以一年（按 306 天计算）为一个计划期，求该存储系统的最佳订货批量、最佳订货周期、最佳订货次数及计划期内的最小费用。

解 由于 R=2（吨/天），C_3=10（元/次），C_1=0.2 元/(吨·天)，t=306（天）

则 $Q^*=\sqrt{\dfrac{2C_3R}{C_1}}\approx 14.1$（吨/次）

$T^*=\dfrac{Q^*}{R}=\sqrt{\dfrac{2C_3}{C_1R}}\approx 7.07$（天）

$n^*=\left[\dfrac{RT}{Q^*}\right]=\left[t\cdot\sqrt{\dfrac{C_1R}{2C_3}}\right]\approx[43.27]=43$（次）

$f(Q^*)=\dfrac{C_3Rt}{Q^*}+C_1\dfrac{1}{2}Q^*\cdot t=t\sqrt{2C_1C_3R}=306\sqrt{2\times0.2\times10\times2}\approx 865.5$（元/年）

4.2.2 模型 II：不允许缺货的生产-销售模型

模型 II 与模型 I 相似，仅是补充方式不同。模型 I 是订货（补充时间极短），模型 II 是自行生产（补充时间较长），即随着每批货物的生产，陆续供应需求，同时将多余的货物入库存储，如图 4.4 所示。

仍考虑计划期为 t 的情况。设生产速度为 P（常数），销售速度为 R（常数），每次生产批量为 Q，生产周期为 T，最大库存量为 S。

因为开始时，一方面以速度 P 生产货物，另一方以速度 R 销售货物，且 $P-R>0$，因此，以库存速度 $P-R$ 进行库存。

假设经过时间 T_p，库存已满，即最大库存量为

$$S=(P-R)T_p$$

此时停止生产，而只以速度 R 进行销售，直至库存为零完成一周期，则不生产时间为

$$T_k=T-T_p$$

即生产周期 T 分为纯生产时间 T_p 和不生产时间 T_k。

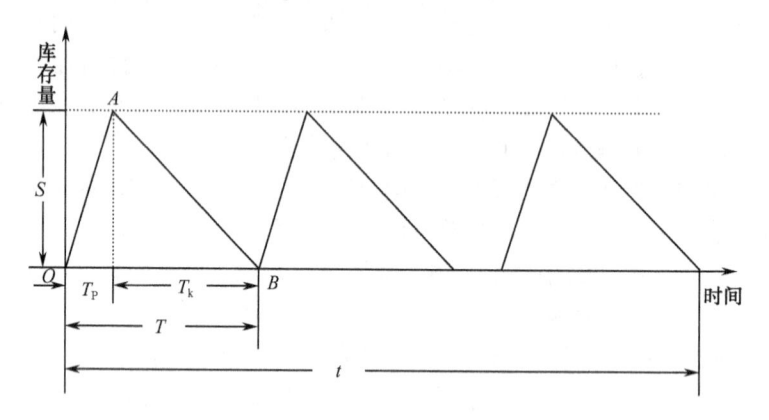

图 4.4 模型 II 示意图

由于生产批量 Q 就是时间 T_p 内的生产量 PT_p，同时也是一个存储周期 T 内货物的销售量 RT，

故

$$Q=PT_p=RT$$

$$T_p=\frac{Q}{P},\quad T=\frac{Q}{R} \tag{4-8}$$

在计划期 t 内的生产次数 n 为

$$n=\frac{Rt}{Q} \tag{4-9}$$

而在 T 内的存储量为 $\frac{1}{2}ST$，即 $\triangle OAB$ 的面积。仍设 t 内单位货物的存储费为 C_1，而生产的装配费为 C_3，则计划期 t 内的总费用为

$f(Q)=$ 装配费 + 存储费

　　　= 每次生产的装配费 ×t 内生产次数 + 单个存储周期的存储费 ×t 内存储周期的次数

　　　$=C_3 \cdot n + C_1 \dfrac{1}{2} S\ T \cdot n$

　　　$=C_3 \cdot n + C_1 \dfrac{1}{2}(P-R)T_p \cdot T \cdot n$

$$= C_3 \cdot \frac{Rt}{Q} + C_1 \cdot \frac{1}{2}(P-R) \cdot \frac{Q}{P} \cdot \frac{Q}{R} \cdot \frac{Rt}{Q}$$

$$= C_3 \cdot \frac{Rt}{Q} + \frac{C_1 Q}{2P} t(P-R) \tag{4-10}$$

为了求出使 $f(Q)$ 取极小的 Q^*，只要将上式对 Q 求导，且令 $f'(Q)=0$，便可得到最佳生产批量为

$$Q^* = \sqrt{\frac{2C_3 PR}{C_1(P-R)}} \tag{4-11}$$

最大库存量为 $S^* = (P-R)\dfrac{Q^*}{P} = \sqrt{\dfrac{2C_3 R(P-R)}{C_1 P}}$ \hfill (4-12)

最佳生产周期为 $T^* = \dfrac{Q^*}{R} = \sqrt{\dfrac{2C_3 P}{C_1 R(P-R)}}$ \hfill (4-13)

最佳生产次数为 $n^* = \left[\dfrac{RT}{Q^*}\right] = \left[t \cdot \sqrt{\dfrac{C_1 R(P-R)}{2C_3 P}}\right]$ \hfill (4-14)

以及计划期 t 内的最小费用为

$$f(Q^*) = \frac{C_3 Rt}{Q^*} + \frac{1}{2} C_1 \frac{P-R}{P} Q^* \cdot t$$

$$= t\sqrt{\frac{2C_1 C_3 R(P-R)}{P}} \tag{4-15}$$

如果生产货物的速度 P 很大，即 $P \gg R$，则 $\dfrac{P-R}{P} \to 1$

故 $\quad Q^* = \sqrt{\dfrac{2C_3 PR}{C_1(P-R)}} \to Q^* = \sqrt{\dfrac{2C_3 R}{C_1}}$

即模型 I 是模型 II 的特例。

例 4.2 某装配车间每月需要零件甲 400 件，该零件由厂内生产，生产速度为每月 800 件；每批生产准备费为 100 元，每月每件零件的存储费为 0.5 元，试求最小费用与经济批量。

解 该问题符合模型 II 的假定条件，因此可直接应用上述公式。

已知：$C_1=0.5$ 元/（件·月），$C_3=100$ 元，$R=400$ 件/月，$P=800$ 件/月

于是有

$$Q^* = \sqrt{\frac{2C_3 PR}{C_1(P-R)}} = \sqrt{\frac{2 \times 100 \times 400 \times 800}{0.5 \times (800-400)}} \approx 566 \text{（件）}$$

$$T^* = \frac{Q^*}{R} = \frac{566}{400} \approx 1.4 \text{（月）}$$

$$T_P^* = \frac{Q^*}{P} = \frac{566}{800} \approx 0.7 \text{（月）}$$

$$f(Q^*) = t\sqrt{\frac{2C_1 C_3 R(P-R)}{P}} = 141.4 \text{（元/月）}$$

$$S^* = (P-R)\frac{Q^*}{P} = (P-R)T_P^* = (800-400)\times 0.7 = 280 \text{（件）}$$

即每次的经济批量为 566 件，这 566 件只需 0.7 月可生产完成；相隔 0.7 月后进行第二批量的生产；周期为 1.4 月；最大存储水平为 280 件；最小费用为 141.4 元/月。

4.2.3　模型Ⅲ：允许缺货的订货-销售存储模型

前面讨论了两种不允许缺货的存储模型，实际上还会遇到允许缺货的存储模型，这是因为从最小费用的角度看，有时发生缺货不一定是不利的。例如，为了不发生缺货，就需要扩大库存量，增加库存设备与存储费，当这些费用大于因缺货所造成的损失费用时，缺货就显得反而有利了。

模型Ⅲ与模型Ⅰ大致相同，只是在两次订货的间隔内有一段时间允许暂时缺货，等下次来货时再集中补充所短缺的部分。

假设：销售货物的速度为 R；订货批量为 Q；最大库存量为 S；$S' = Q-S$ 为缺货量；$t=nT$ 为计划期，其中 T 为存储周期，n 为周期次数，这时 T 分为两段 T_1 和 T_2，在 T_1 段上不缺货，以速度 R 均匀地销售货物，直至库存为零，但不是马上补充，而要停止一段时间 T_2，即 T_2 为缺货时间，然后在下个周期开始时通过订货进行补充。先补充短缺部分 S'，再补充库存 S，这样完成计划期内的一个周期，然后重复下去，如图 4.5 所示。

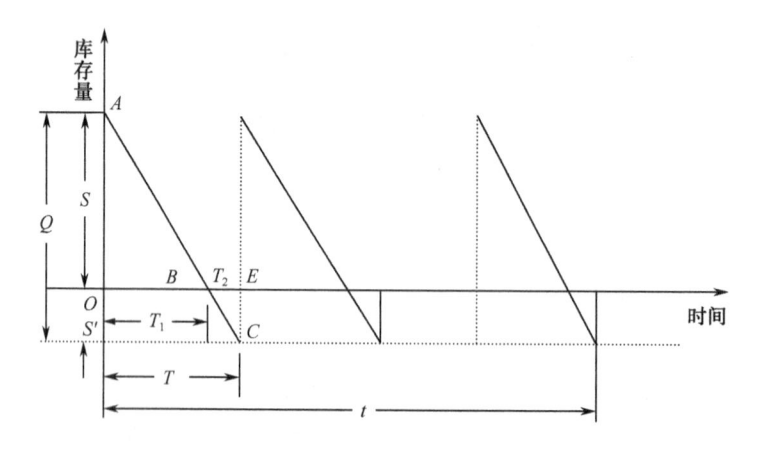

图 4.5　模型Ⅲ示意图

由以上假设可知，在 t 内的周期次数为

$$n = \frac{Rt}{Q} \tag{4-16}$$

又一个周期 T 内的订货量 Q 应等于 T 内的销售量 RT，即

$$Q=RT \; ; \quad T=\frac{Q}{R} \tag{4-17}$$

T_1 段上的销售量为 RT_1，恰好把库存量 S 销完，即

$$S=RT_1 \; ; \quad T_1=\frac{S}{R} \tag{4-18}$$

$$T_2=T-T_1=\frac{Q-S}{R}=\frac{S'}{R} \tag{4-19}$$

T_1 段上的存储量为 $\frac{1}{2}ST_1$（$\triangle OBA$ 的面积）；T_2 段上的缺货量为 $\frac{1}{2}S'T_2$（$\triangle BCE$ 的面积）。

假设在 t 内单位货物的存储费为 C_1，单位货物的缺货损失费为 C_2，一次订购费为 C_3，那么计划期 t 内总费用为

$$\begin{aligned} f(Q,S) &= 订购费+存储费+缺货损失费 \\ &= 单次订购费\times订购次数+单个周期的存储费\times \\ & \quad 周期次数+单个周期的缺货损失费\times周期次数 \\ &= C_3 \cdot n + C_1 \frac{1}{2} S \; T_1 \cdot n + C_2 \frac{1}{2} S' T_2 \cdot n \\ &= C_3 \cdot \frac{Rt}{Q} + \frac{C_1 S^2 t}{2Q} + \frac{C_2(Q-S)^2 t}{2Q} \end{aligned} \tag{4-20}$$

式中，f 为 Q 和 S 的函数，令 $\begin{cases} \frac{\partial f}{\partial Q}=0 \\ \frac{\partial f}{\partial S}=0 \end{cases}$

解上述方程组，便可求出最佳订货批量 Q^* 及最大库存量 S^*，即

$$Q^*=\sqrt{\frac{2C_3 R(C_1+C_2)}{C_1 \cdot C_2}} \tag{4-21}$$

$$S^*=\sqrt{\frac{2C_3 R}{C_1}\left(\frac{C_2}{C_1+C_2}\right)} \tag{4-22}$$

将 Q^* 和 S^* 代入式（4-17）和式（4-20），得最佳订货周期和计划期 t 内的最小费用为

$$T^*=\frac{Q^*}{R}=\sqrt{\frac{2C_3}{C_1 R}\left(\frac{C_1+C_2}{C_2}\right)}$$

$$f^*=\sqrt{2C_1 C_3 R\left(\frac{C_2}{C_1+C_2}\right)}$$

最大缺货量为

$$S'^* = Q^* - S^* = \sqrt{\frac{2C_3R}{C_2}\left(\frac{C_1}{C_1+C_2}\right)}$$

对于不允许缺货的情况，其缺货费 C_2 为 $+\infty$，于是有

$$Q^* = \sqrt{\frac{2C_3R(C_1+C_2)}{C_1 \cdot C_2}} \rightarrow Q^* = \sqrt{\frac{2C_3R}{C_1}}$$

$$T^* = \frac{Q^*}{R} = \sqrt{\frac{2C_3}{C_1R}\left(\frac{C_1+C_2}{C_2}\right)} \rightarrow T^* = \sqrt{\frac{2C_3}{C_1R}}$$

上述式子表明模型Ⅰ也是模型Ⅲ的特例。

例 4.3 某单位每月需要某种部件 2 000 个，每个成本 150 元，每年每个部件的存储费为成本的 16%，每次订购费 100 元。

（1）在不允许缺货的情况下，求该部件的经济订货批量和最小费用。

（2）在允许缺货的情况下，每月每个部件的缺货损失费为 5 元，求最佳订货批量、最大库存量、最大缺货量和最小费用。

解 已知 $t=1$ 月，$R=2\,000$ 个/月

$C_1=150$ 元×16%=24 元/（个·年）=2 元/（个·月），$C_3=100$ 元，$C_2=5$ 元

（1）由式（4-4）得 $Q^* = \sqrt{\frac{2C_3R}{C_1}} = \sqrt{\frac{2\times100\times2\,000}{2}} = 447$（个）

由式（4-7）得 $f(Q^*) = t\sqrt{2C_1C_3R} = 1\times\sqrt{2\times2\times100\times2\,000} \approx 894.43$（元/月）

（2）由式（4-21）、式（4-22）、式（4-24）和式（4-25）得

$$Q^* = \sqrt{\frac{2C_3R(C_1+C_2)}{C_1 \cdot C_2}} = 529 \text{（个）}$$

$$S^* = \sqrt{\frac{2C_3R}{C_1}\left(\frac{C_2}{C_1+C_2}\right)} \approx 378 \text{（个）}$$

$$S'^* = Q^* - S^* = 529 - 378 = 151 \text{（个）}$$

$$f(Q^*, S^*) = \sqrt{2C_1C_3R\left(\frac{C_2}{C_1+C_2}\right)} = 755.93 \text{（元/月）}$$

4.2.4 模型Ⅳ：有批量折扣的经济批量模型

在上述各种模型中，其最后的计算结果都未包括货物本身的成本。在实际生活中有很多场合，为了鼓励大批量订货，供方常对需方实行价格优惠，订货量越大，每件货物的单

价就可能越低，即所谓的批发折扣，这样订货量就会受到影响。

假设模型Ⅳ的基本条件与模型Ⅰ相同。

设货物单价为 $K(Q)$，$K(Q)$ 按几个数量等级变化，即

$$K(Q)=\begin{cases} K_1, & 0 \leqslant Q \leqslant Q_1 \\ K_2, & Q_1 \leqslant Q \leqslant Q_2 \\ \cdots \\ K_n, & Q_n \leqslant Q \end{cases}$$

式中，K_i 代表价格折扣的分界点，而且一般有 $K_1>K_2>\cdots>K_n$。

从该问题的费用函数看，在没有考虑单位时间货物本身的成本这一项时，费用函数为

$$f(Q)=C_3\frac{Rt}{Q}+\frac{C_1}{2}Qt$$

加上成本费后，费用函数变为

$$f(Q)=C_3\frac{Rt}{Q}+\frac{C_1}{2}Qt+RtK(Q)$$

在没有考虑批发折扣时，最佳批量 $Q^*=\sqrt{\dfrac{2C_3R}{C_1}}$，假设 Q^* 落在 (Q_i, Q_{i+1}) 中，此时存储系统的最小单位时间费用为 $\sqrt{2C_1C_3R}+RK$。通常情况下，不希望订货量小于 Q^*，因为小于 Q^* 只能使费用增加。随着订货量的提高，当订货量超过分界点时可享受批发折扣，有可能使货物成本方面的节省超过存储方面的增加，因而 Q_{i+1} 是最佳订货量的一个可能值；同样，Q_{i+2}, Q_{i+3},$\cdots$,Q_n 都可能是最佳订货量的一个可能值。由以上分析可知，具有批发折扣的经济批量模型的计算步骤如下。

（1）根据费用函数 $C(Q)=C_3\dfrac{Rt}{Q}+\dfrac{C_1Qt}{2}$，求出最佳批量 $Q^*=\sqrt{\dfrac{2C_3R}{C_1}}$，并确定 Q^* 落在哪个区间。假定区间为（Q_i,Q_{i+1}），此时总费用为 $t\sqrt{2C_1C_3R}+RtK_{i+1}$。

（2）取 Q 分别等于 Q_{i+1}, Q_{i+2},$\cdots$,Q_n，代入费用函数进行比较，然后选取总费用最小者所对应的 Q 值作为最佳批量。

例 4.4 某印刷厂，每周需要 32 筒卷纸，包括手续费、运输费和搬运费在内的订货费为 25 元/次，存储费用为 1 元/（周·筒）。纸张供应商对价格实行的优惠为

$$价格\ K(Q)=\begin{cases} 12, & 1 \leqslant Q \leqslant 9 \\ 10, & 10 \leqslant Q \leqslant 49 \\ 9.5, & 50 \leqslant Q \leqslant 99 \\ 9, & 100 \leqslant Q \end{cases}$$

求最优订货量 Q（假定即时供应且不允许缺货）。

解 已知 $R=32$ 筒/周，$C_1=1$ 元/（筒·周），$C_3=25$ 元，$t=1$ 周，在不考虑批发折扣条件下，利用 EOQ 公式计算，得

$$Q^* = \sqrt{\frac{2C_3R}{C_1}} = \sqrt{\frac{2 \times 25 \times 32}{1}} = 40 \text{（筒）}$$

因 Q 落在 10～49 之间，每筒价格为 10 元，故每周的总费用为

$$C(Q^*) = t\sqrt{2C_1C_3R} + R \times 10 \times t = \sqrt{2 \times 1 \times 25 \times 32} + 32 \times 10 = 360 \text{（元）}$$

显然，在没有任何刺激的条件下，人们愿意将批量订为 40 筒。不过订货批量一到 50 筒这个分界点，就可享受折扣优惠。例如，订货盘为 50 筒时，每周的费用为

$$C(50) = \frac{C_3Rt}{50} + \frac{50C_1}{2}t + 9.5Rt = 345 \text{（元）}$$

费用较 40 筒有所下降，说明 50 筒更为有利。此时没有必要考虑是否订 51，52，…，99 筒，原因是它们与 50 筒单价相同，只会比 50 筒增加存储费而不会降低成本。不过也许订 100 筒更有利，因为可享受更大折扣优惠，但存储费将增加，即总费用为 $C(100)=346$ 元/周。

通过比较，最后确定最佳订货批量为 50 筒，最小费用为 345 元/周。

4.3 随机性存储模型

在确定性存储模型中，需求速度是确定不变的。然而，不论是在日常生活中还是在生产实际中，需求速度随机变化的现象是很多的，这类存储问题称为随机性存储问题。下面介绍一种常见的单阶段随机需求模型。

单阶段随机需求模型：是指把一个存储周期作为时间的最小单位，而且只在周期开始时刻进行一次决策，确定订货量或生产量，即进货量的决定是一次性的，即使库存货物销售完，也不补进货；周期结束后，剩余货物才可以处理。

由于在一个计划期内的需求是随机的，所以不管所确定的进货量是多少，总存在着三种可能情况：一是供过于求，这时销售不出的货物要计算存储费；二是供不应求，这时所缺货物要计算缺货损失费；三是供求平衡。

对于确定性存储模型，以存储系统的费用或综合经济效益为目标函数来衡量存储策略的优劣；对于随机性存储模型，则以存储系统的收益期望值或损失期望值作为目标函数来衡量存储策略的优劣。

4.3.1 需求为离散型随机变量的存储模型

该模型的一个典型例子是报童卖报问题。由于每天买报人数的随机性和离散性，因而

第4章 库存管理

报童每天售出的报纸数量也具有随机性和离散性，而且还存在着订购量与销售量不平衡的矛盾，故需要借助"存储"手段来进行调节，所以，报童问题就是一个需求为离散型随机变量的存储问题。另外时装问题和鲜果品问题等均属于这类问题。

例 4.5 （报童问题）一个报童每天从邮局订购一种报纸，沿街叫卖。已知每份报纸的进价为 C 元，售价为 S 元（$S>C$）；如果当天卖不掉，第二天削价，每份 V 元可全部处理掉。假设一天卖掉报纸的数量 x 的概率分布如表 4.1 所示，问每天订购的数量为多少时，报童的平均收益最大或平均损失最小？

表 4.1 例 4.5 数据

X	x_1	x_2	$\cdots$	x_n
P	p_1	P_2	$\cdots$	p_n

解：假设每天报纸的订购量为 Q，售出数量为 x，由于订购过多销售不完时的赔钱期望值为

$$(C-V)\sum_{x=1}^{Q}(Q-x)p_x$$

因订购过少而失掉赚钱机会所造成损失的期望值为

$$(S-C)\sum_{x=Q+1}^{\infty}(x-Q)p_x$$

上面两项加起来得到报童每天的损失期望值为

$$E(C(Q))=(C-V)\sum_{x=1}^{Q}(Q-x)p_x+(S-C)\sum_{x=Q+1}^{\infty}(x-Q)p_x$$

由于 Q 的取值是不连续的，因而不能用求导方法来求 $E=(C(Q))$ 的极值点 Q。为此设报童每日订购报纸的最佳数量为 Q，其损失的期望值应为

$$E(C(Q))\leqslant E(C(Q+1)) \tag{4-23}$$

$$E(C(Q))\leqslant E(C(Q-1)) \tag{4-24}$$

由式（4-23）进行推导，有

$$(C-V)\sum_{x=1}^{Q}(Q-x)p_x+(S-C)\sum_{x=Q+1}^{\infty}(x-Q)p_x\leqslant(C-V)\sum_{x=0}^{Q+1}(Q+1-x)p_x+(S-C)\sum_{x=Q+2}^{\infty}(x-Q-1)p_x$$

经化简，得

$$\sum_{x=0}^{Q}p_x\geqslant\frac{S-C}{S-V}$$

同样，由式（4-24）进行推导，有

$$\sum_{x=0}^{Q-1} p_x \leq \frac{S-C}{S-V}$$

即报童应准备的报纸的最佳数量 Q 应由下列不等式确定。

$$\sum_{x=0}^{Q-1} p_x \leq \frac{S-C}{S-V} \leq \sum_{x=0}^{Q} p_x \qquad (4\text{-}25)$$

注意： ① $\frac{S-C}{S-V}$ 称为损益转折概率，即为最佳订货量 Q 的概率；式中 S、C、V、p_x 均为已知，从中可以解出 Q 值。② 从赢利最大考虑报童应准备的报纸数量，同样可由上述不等式确定。

例 4.6 有一零售冰糕的代销者，每天早上从冷饮店领回一定数量的冰糕出售。假设代销者没有添置电冰箱，又知每块冰糕的进价为 0.3 元，卖价为 0.5 元，若到下午 8 点还不能全部销完，则以每块 0.2 元削价处理完。经长期经营可知卖冰糕为 x 的概率为 $P(900)=0.05$，$P(1\,000)=0.15$，$P(1\,100)=0.20$，$P(1\,200)=0.40$，$P(1\,300)=0.15$，$P(1\,400)=0.05$。问冰糕代销者应向冷饮店领取多少数量的冰糕才能使其损失最小？

解 $C=0.03$，$S=0.5$，$V=0.2$，p_x 为已知。

损益转折概率为

$$\frac{S-C}{S-V}=\frac{0.5-0.3}{0.5-0.2}=\frac{2}{3}=0.667$$

而

$$\sum_{x=0}^{900} p_x = \sum_{x=0}^{900} P(900) = 0.05$$

$$\sum_{x=0}^{1\,000} p_x = \sum_{x=0}^{1\,000} P(1\,000) = 0.05+0.15=0.20$$

$$\sum_{x=0}^{1\,100} p_x = \sum_{x=0}^{1\,100} P(1\,100) = 0.05+0.15+0.2=0.4$$

$$\sum_{x=0}^{1\,200} p_x = \sum_{x=0}^{1\,200} P(1\,200) = 0.05+0.15+0.2+0.4=0.8$$

$$\sum_{x=0}^{1\,100} p_x = \sum_{x=0}^{1\,100} P(1\,100) < 0.666 < \sum_{x=0}^{1\,200} p_x = \sum_{x=0}^{1\,200} P(1\,200)$$

故领取数量为 1 200 时，损失最小。

例 4.7 某店拟出售甲商品。已知每单位甲商品成本为 50 元，售价为 70 元。如果销售不出去，每单位甲商品将损失 10 元。根据经验，甲商品销售服从参数 $\lambda=6$ 的泊松分布，问该店订购量应为多少时，才能使平均收益最大？

泊松分布表达式为

$$P(x)=\frac{\mathrm{e}^{-\lambda}\lambda^x}{x!} \quad (x=0,1,2,\cdots)$$

解 已知 C=50，S=70，单位商品损失 $C-V$=10，即 V=40；所以，损益转折概率为

$$\frac{S-C}{S-V}=\frac{70-50}{70-40}=\frac{2}{3}=0.667$$

而

$$P(6)=\sum_{x=0}^{6}\frac{6^x\mathrm{e}^{-6}}{x!}=0.606\,3, \quad P(7)=\sum_{x=0}^{7}\frac{6^x\mathrm{e}^{-6}}{x!}=0.744\,0$$

所以有

$$P(6)\leqslant\frac{S-C}{S-V}\leqslant P(7)$$

故订购量应为 7 个单位，此时收益期望值最大。

4.3.2 需求为连续型随机变量的存储模型

在实际中，除遇到需求为离散型随机变量的存储模型外，还会遇到需求为连续型随机变量的存储模型。例如，水电站对水库中水的需求就是连续的，下面对水库储水问题进行分析。

例 4.8 （水库储水问题）水库为了保证水电站全年发电的需要，在丰水期把水储存起来，供枯水期使用；假定每 $1\times10^3\,\mathrm{m}^3$ 的水储存在水库中的成本费为 C 元，水库每供应电站 $1\times10^3\,\mathrm{m}^3$ 的水的收入为 S 元，水库电站每缺 $1\times10^3\,\mathrm{m}^3$ 的水的损失费为 C_2 元；如果水库储存的水超过电站的需要，则以每 $1\times10^3\,\mathrm{m}^3$ 水 V 元做农田灌溉用。已知电站需水为 x 的分布密度为 $p(x)$，问水库的储水量应为多少时，水库的平均收益最大（以一年为一个计划周期考虑）？

解 设水库储存的水量为 Q（$1\times10^3\,\mathrm{m}^3$），电站需水为 x（$1\times10^3\,\mathrm{m}^3$），水库的收益为

$$C(Q)=\begin{cases} Sx+V(Q-x)-CQ, & x\leqslant Q \\ SQ-C_2(x-Q)-CQ, & x\geqslant Q \end{cases}$$

则水库的收益期望值为

$$E(C(Q))=\int_0^Q[Sx+V(Q-x)-CQ]p(x)\mathrm{d}x+\int_Q^{+\infty}(SQ-C_2(x-Q)-CQ)p(x)\mathrm{d}x$$

$$=\int_0^Q[Sx+V(Q-x)]p(x)\mathrm{d}x+\int_Q^{+\infty}[SQ-C_2(x-Q)]p(x)\mathrm{d}x-CQ$$

对上式中的 Q 求导，并令 $\dfrac{\mathrm{d}E(C(Q))}{\mathrm{d}Q}=0$，可得

$$\int_Q^{+\infty}p(x)\mathrm{d}x=\frac{C-V}{S+C_2-V}$$

或

$$\int_0^Q p(x)\mathrm{d}x=1-\frac{C-V}{S+C_2-V}=\frac{S+C_2-C}{S+C_2-V} \tag{4-26}$$

利用式（4-25）即可求出使收益期望值 $E(C(Q))$ 达到极大的 Q^* 值。

例 4.9 某水库所储存的水用于发电站发电。根据过去积累的数据统计结果：每 1×10^3 m³ 水的成本费为 0.3 元，每 1×10^3 m³ 水供电站发电可获利 3 元，每缺 1×10^3 m³ 水影响电站发电的损失费为 1 元。电站对水库的需水量 x（1×10^3 m³）服从正态分布，分布密度为

$$p(x) = \frac{1}{\sigma\sqrt{2\pi}} e^{-\frac{(x-\mu)^2}{2\sigma^2}},$$

其中：$\mu=3\times10^6$，$\sigma=1\times10^6$

问：该水库的储存量为多少时水库的收益期望值最大？

解 已知 $C=0.3$，$S=3$，$C_2=1$，$V=0$

式（4-26）的右边：$\dfrac{S+C_2-C}{S+C_2-V} = \dfrac{3+1-0.3}{3+1-0} = 0.925\,0$

式（4-26）的左边：$\int_0^Q p(x)\mathrm{d}x = \int_0^Q \dfrac{1}{\sigma\sqrt{2\pi}} e^{-\frac{(x-\mu)^2}{2\sigma^2}} \mathrm{d}x = \Phi\left(\dfrac{Q-\mu}{\sigma}\right) - \Phi\left(\dfrac{-\mu}{\sigma}\right)$

故得 $\Phi\left(\dfrac{Q-3\times10^6}{10^6}\right) - \Phi\left(\dfrac{-3\times10^6\mu}{10^6\sigma}\right) = 0.925\,0$

即 $\Phi\left(\dfrac{Q-3\times10^6}{10^6}\right) = 0.925\,0 + \Phi(-3) = 0.925\,0 + 1 - \Phi(3) = 0.925\,0 + 1 - 0.998\,7 = 0.926\,3$

查标准正态分布表得 $\dfrac{Q-3\times10^6}{10^6} = 1.45$

故水库的最佳储水量为 4.45×10^6 km³。

以上介绍的模型均为理想化的模型，实际的存储问题往往不是这样。例如，需求率和补充率可能不是常数；库容、资金、一次订购量可能具有某些限制；存储问题可能需要考虑 n 个相互联系的阶段（存储周期），而在每一阶段中，单位存储的补充成本、存储费用和满足需求所产生的效应各不相同，因而形成一个多阶段存储决策问题；存储策略的评价准则可能不只是费用最小化，因而构成一个目标存储决策问题，等等。一般来说，模型越接近于实际，存储问题就越复杂，无论是对问题的数学描述，还是对模型的数学求解都会发生困难。

要使存储理论真正成为企业物流管理的有力武器，更好地为企业生产经营服务，还必须将存储理论与现代企业管理的其他方法相结合，只有这样，存储理论才能真正成为一种实际有效的决策工具。

本章小结

本章介绍了存储理论中需要了解的基本问题，以及存储费、订货费、缺货损失费、订

货提前时间和 t-循环存储策略、(t，s，S) 存储策略、(s，S) 存储策略、(t，s，S) 存储策略等基本概念，通过实例讨论了确定型和随机型存储模型及其解法。

思考与练习

思考题

4.1 分别说明下列术语的含义。
① 存储费；② 订货费；③ 生产成本；④ 缺货损失费；⑤ 订货提前时间；⑥ t-循环存储策略；⑦ (t，s，S) 存储策略；⑧ (s，S) 存储策略；⑨ (t，s，S) 存储策略。

4.2 什么是定期、定量的订货存储策略，它的应用条件是什么？在本章中有哪几个模型采用的是这种策略？

练习题

4.1 因生产需要，某厂定期向外单位订购一种零件。这种零件平均日需求量为100个，每个零件一天的存储费为0.02元，订购一次的费用为100元。假定不允许缺货，求最佳订购量、订购间隔期和单位时间总费用（假定订购后供货单位能即时供货）。

4.2 在第4.1题中，假定允许缺货，每个零件缺货一天的损失费为0.08元，求最佳订购量、最优缺货量、订购间隔期和单位时间总费用。

4.3 在第4.1题中，假定供货单位不能即时供货，而是按一定的速度均匀供货。设每天供应量为200个，求最佳订购量、最佳订购间隔期和单位时间总费用。

4.4 某船厂自行生产所需的船用配件。已知生产准备费为12 000元/次，存储费为0.3元/（个·月），需要量为8 000个/月，生产成本随产量多少而变化，产量 Q 与单位成本 K_i 之间关系为

$$0<Q<10\,000, \quad K_1=11 \text{ 元/个}$$
$$10\,000<Q<80\,000, \quad K_2=10 \text{ 元/个}$$
$$Q\geqslant 80\,000, \quad K_3=9.5 \text{ 元/个}$$

试求最优的生产批量。

4.5 某大型超市每月需要某种商品1 000件，每次订购费用5元，每件商品每月保管费用为0.40元，每件单价2.50元，商品制造厂提出的价格折扣条件为

（1）订购100件时，价格优惠折扣为5%；

（2）订购300件时，价格优惠折扣为10%。

问该大型超市是否能够接受上述折扣条件？

4.6 在第4.5题中，如果该超市每月对这种商品的需要量为100件或4 000件，而其他条件均不变化时，应分别采用何种存储策略？

4.7 某一食品商店需要决定每天牛奶的进货数（单位：箱）。该店根据过去的销售经验，知需求量概率分布如下：

$$P(25)=0.1, \ P(26)=0.3, \ P(27)=0.5, \ P(28)=0.1$$

若每箱进价为 8 元,售价为 10 元,而当天不能售出则牛奶因变质将全部损失,试用报童模型确定最优的进货策略。

4.8 某商店订购一种时装,每件时装批发价格为 45 元,零售价格为 60 元。已知每年售货量服从泊松分布

$$P(x)=\frac{e^{-\lambda}\lambda^x}{x!} \quad (x=0, 1, 2, \cdots),\text{ 其中 }\lambda=2$$

如果今年时装销售不出去,明年降价为每件 30 元完全可以售出。问今年该商店订购多少件时装最为合适?

第5章 动态规划

内容提要

- ☑ 动态规划的基本概念和术语
- ☑ 最短路径问题
- ☑ 最优化原理与动态规划基本方程
- ☑ 动态规划典型应用案例

动态规划（dynamic programming）是运筹学的一个分支，是求解多阶段决策问题的最优化方法。20世纪50年代初，R. E. Bellman等人在研究多阶段决策过程（multistage decision process）的优化问题时，提出了著名的最优化原理（principle of optimality），把多阶段过程转化为一系列单阶段问题，逐个求解，创立了解决这类过程优化问题的新方法——动态规划。1957年，R. E. Bellman出版了他的名著《Dynamic Programming》，这是该领域的第一本著作。

动态规划方法问世以来，在物流管理、生产调度、工程技术和最优控制等方面得到了广泛的应用。例如，最短路线、库存管理、资源分配、设备更新、排序、装载等问题，用动态规划方法求解比用其他方法求解更为方便。

虽然动态规划方法主要用于求解以时间划分阶段的动态过程的优化问题，但是一些与时间无关的静态规划（如线性规划、非线性规划），只要人为地引进时间因素，把它视为多阶段决策过程，也可以用动态规划方法方便地进行求解。

应该指出，动态规划是求解某类问题的一种方法，是考察问题的一种途径，而不是一种特殊算法（如线性规划是一种算法），因而，它不像线性规划那样有一个标准的数学表达式和明确定义的一组规则，而必须对具体问题进行具体分析和处理。因此，在学习动态规划时，除了要正确理解其基本概念和方法，还应以丰富的想象力去建立模型，用创造性的技巧去求解。

5.1 引例

例 5.1 最短路径问题。图 5.1 表示是一个线路网，连线上的数字表示两点之间的距离（或费用）。试寻求一条由 A 到 E 距离最短（或费用最省）的路径。

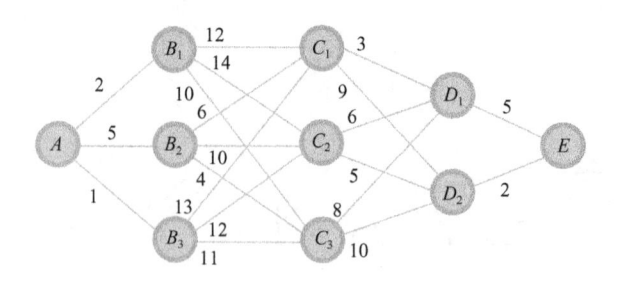

图 5.1 例 5.1 图（一）

解 如果用穷举法，则从 A 到 E 一共有 $3\times 3\times 2=18$ 条不同的路径，逐个计算每条路径的长度，总共需要进行 $4\times 18=72$ 次加法计算；对 18 条路径的长度进行两两比较，找出其中最短的一条，总共要进行 $18-1=17$ 次比较。如果从 A 到 C 之间的站点有 k 个，则总共有 $3^{k-1}\times 2$ 条路径，用穷举法求最短路径总共要进行 $(k+1)\times 3^{k-1}\times 2$ 次加法，进行 $3^{k-1}\times 2-1$ 次比较。当 k 的值增加时，需要进行的加法和比较的次数将迅速增加。例如，当 $k=10$ 时，加法次数为 433 026，比较次数为 39 365。

上述这类求从 A 到 E 的最短路径问题，可以转化为三个性质完全相同，但规模较小的子问题，即分别求从 B_1、B_2、B_3 到 E 的最短路径问题。

将从 B_i ($i=1,2,3$) 到 E 的最短路径记为 $S(B_i)$，则从 A 到 E 的最短距离 $S(A)$ 可以表示为

$$S(A)=\min\begin{cases}AB_1+S(B_1)\\AB_2+S(B_2)\\AB_3+S(B_3)\end{cases}=\min\begin{cases}2+S(B_1)\\5+S(B_2)\\1+S(B_3)\end{cases}$$

同样，计算 $S(B_i)$ 又可以归结为性质完全相同、但规模更小的问题，即分别求从 C_1，C_2，C_3 到 E 的最短路径问题 $S(C_i)$ ($i=1,2,3$)；而求 $S(C_i)$ 又可以归结为求 $S(D_1)$ 和 $S(D_2)$ 这两个子问题。从图 5.1 中可以看出，在这个问题中，$S(D_1)$ 和 $S(D_2)$ 是已知的，它们分别是：$S(D_1)=5$，$S(D_2)=2$。

因而，可以从这两个值开始，逆向递归计算 $S(A)$ 的值。计算过程如下：

$$S(C_1)=\min\begin{cases}C_1D_1+S(D_1)\\C_1D_2+S(D_2)\end{cases}=\min\begin{cases}3+S(D_1)\\9+S(D_2)\end{cases}=\min\begin{cases}3+5\\9+2\end{cases}=8,\quad C_1\to D_1$$

$$S(C_2)=\min\begin{cases}C_2D_1+S(D_1)\\C_2D_2+S(D_2)\end{cases}=\min\begin{cases}6+S(D_1)\\5+S(D_2)\end{cases}=\min\begin{cases}6+5\\5+2\end{cases}=7,\quad C_2\to D_2$$

$$S(C_3)=\min\begin{cases}C_3D_1+S(D_1)\\C_3D_2+S(D_2)\end{cases}=\min\begin{cases}8+S(D_1)\\10+S(D_2)\end{cases}=\min\begin{cases}8+5\\10+2\end{cases}=12,\quad C_3\to D_2$$

即

$S(C_1)=8$ 且如果到达 C_1，则下一站应到达 D_1；

$S(C_2)=7$ 且如果到达 C_2，则下一站应到达 D_2；

$S(C_3)=12$ 且如果到达 C_3，则下一站应到达 D_2。

由此，可以计算 $S(B_i)$：

$$S(B_3)=\min\begin{Bmatrix}B_3C_1+S(C_1)\\B_3C_2+S(C_2)\\B_3C_3+S(C_3)\end{Bmatrix}=\min\begin{Bmatrix}13+S(C_1)\\12+S(C_2)\\11+S(C_3)\end{Bmatrix}=\min\begin{Bmatrix}13+8\\12+7\\11+12\end{Bmatrix}=19, \qquad B_3\to C_2$$

即

$S(B_1)=20$ 且如果到达 B_1，则下一站应到达 C_1；
$S(B_2)=14$ 且如果到达 B_2，则下一站应到达 C_1；
$S(B_3)=19$ 且如果到达 B_3，则下一站应到达 C_2。

由此，可以计算 $S(A)$：

$$S(A)=\min\begin{Bmatrix}AB_1+S(B_1)\\AB_2+S(B_2)\\AB_3+S(B_3)\end{Bmatrix}=\min\begin{Bmatrix}2+S(B_1)\\5+S(B_2)\\1+S(B_3)\end{Bmatrix}=\min\begin{Bmatrix}2+20\\5+14\\1+19\end{Bmatrix}=19, \qquad A\to B_2$$

最后，得到从 A 到 E 的最短路径为 $A\to B_2\to C_1\to D_1\to E$。以上过程，仅用了 18 次加法，11 次比较，计算效率远高于穷举法。

以上计算过程及结果如图 5.2 所示。可以看到，以上方法不仅得到了从 A 到 D 的最短路径，同时，也得到了从图中任一点到 E 的最短路径。

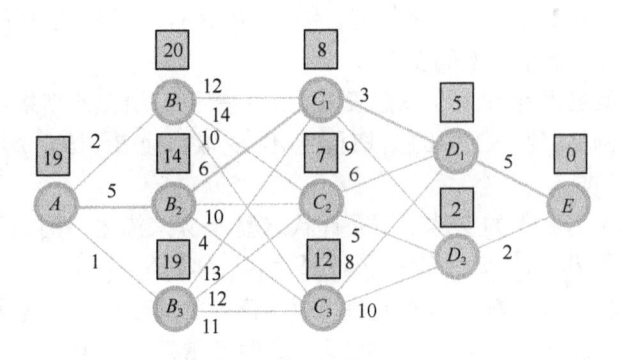

图 5.2 例 5.1 图（二）

5.2 动态规划的基本概念

由例 5.1 的解题过程可以看出，每个阶段中，都求出本阶段的各个初始状态到过程终点 E 的最短路径和最短距离，当逆序倒推到过程起点 A 时，便得到了全过程的最短路径及最短距离，同时附带得到了一组最优结果（即各阶段的各状态到终点 E 的最优结果）。

在上述多阶段决策问题中，各个阶段采取的决策，一般来说是与时间有关的，决策依赖于当前状态，又随即引起状态的转移，一个决策序列就是在变化的状态中产生出来的，故有"动态"的含义，这种解决多阶段决策最优化问题的方法称为动态规划方法。

5.2.1 动态规划的基本名词

在学习动态规划方法之前，应先对动态规划的有关名词有所了解。本书在对标准名词进行解释时作了一些简化，以方便大家的理解。

1．阶段（step）

阶段是指一个问题需要做出决策的步数。

用动态规划求解多阶段决策系统问题时，要根据具体情况，将系统适当地分成若干阶段，以便分阶段进行求解；一般是根据时间或空间的自然特征去划分阶段，描述阶段的变量称为阶段变量，阶段变量一般用 $k=1,2,\cdots,n$ 表示。例如，在例 5.1 中，由 A 出发为 $k=1$，由 $B_i(i=1,2,3)$ 出发为 $k=2$，依次类推，从 $D_i(i=1,2)$ 出发为 $k=4$，共有 $n=4$ 个阶段。

例 5.1 分为 4 个阶段，是一个 4 阶段的决策过程。例 5.1 中由系统的最后阶段向初始阶段求最优解的过程称为动态规划的逆推解法，本书仅介绍逆推解法。

2．状态（state）

状态表示系统在某一阶段开始时所处的自然状况或客观条件。例 5.1 中的第 1 阶段有一个状态，即 $\{A\}$；第 2 阶段有 3 个状态，即 $\{B_1,B_2,B_3\}$，等等。过程的状态可用状态变量 x_k 来描述（x_k 表示每一状态可取的变量）。

n 个阶段的决策过程有 $n+1$ 个状态变量，x_{n+1} 表示 x_n 演变的结果。状态变量可以是一个数或一个向量。例如，例 5.1 中的 x_1 取值为 A，x_2 取值为 B_1、B_2、B_3，x_3 取值为 C_1、C_2、C_3，等等。

某个阶段所有可能状态的全体可用允许状态集合 S_k 来描述，例如：
$S_1=\{A\}$，$S_2=\{B_1,B_2,B_3\}$，$S_3=\{C_1,C_2,C_3\}$，$S_4=\{D_1,D_2\}$，$S_5=\{E\}$。

根据过程演变的具体情况，状态变量可以是离散的或连续的。为了计算方便，有时可将连续变量离散化；为了分析方便，有时又将离散变量视为连续变量。

状态变量简称为状态。应当指出，这里说的状态与常识中的状态不尽相同，它一般要满足以下三个条件。

（1）要能描述问题的变化过程。

（2）给定某一阶段的状态，以后各阶段的发展不受以前各阶段状态的影响，也就是说，当前的状态是过去历史的一个完整总结，过程的过去历史只能通过当前状态去影响它未来的发展，这个性质称为无后效性。

（3）要能直接或间接地算出来。

3．决策（decision）

当某一阶段的状态确定以后，从该状态演变到下一阶段某一状态所进行的选择称为决策。描述决策的变量称为决策变量，用 $d_k(x_k)$ 表示第 k 阶段处于状态 x_k 时的决策变量；第 k 阶段的决策与第 k 阶段的状态有关，它是 x_k 的函数，而这个决策又决定了第 $k+1$ 阶段的状态。

决策变量允许取值的范围称为允许决策集合。用 $D_k(x_k)$ 表示第 k 阶段从 x_k 出发的决策集合。例如，在例 5.1 中，$D_2(B_1)$ 可取 C_1、C_2 或 C_3，而 $D_2(B_2)$ 只可取 C_1 或 C_3。

决策变量简称决策。

4．策略（policy）

由每个阶段的决策 $d_i(x_i)(i=1,2,\cdots,n)$ 组成的决策函数序列称为全过程策略，简称策略，用 p 表示。由初始状态 x_1 开始的全过程策略记做 $p_{1n}(x_1)$，即

$$p_{1n}(x_1) = \{d_1(x_1), d_2(x_2),\cdots, d_n(x_n),\} \tag{5-1}$$

由第 k 阶段的状态 x_k 开始到终止状态 x_n 的决策过程称为全过程的后部子过程，相应的策略称为后部子过程策略。后部子过程策略记做 $p_{kn}(x_k)$，即

$$p_{kn}(x_k) = \{d_k(x_k),\cdots,d_n(x_n), k=1,2,\cdots, n-1\} \tag{5-2}$$

同样，由第 k 到第 j 阶段的子过程策略记做 $p_{kj}(x_k)$，即

$$p_{kj}(x_k) = \{d_k(x_k),\cdots, d_j(x_j)\} \tag{5-3}$$

对于每个实际的多阶段决策过程，可供选取的策略有一定的范围限制，这个范围称为允许策略集合（set of admissible policies），用 $p_{1n}(x_1)$、$p_{kn}(x_k)$ 和 $p_{kj}(x_k)$ 表示。

允许策略集合中达到最优效果的策略称为最优策略。

5．状态转移方程（equation of state transition）

某一阶段的状态变量和决策变量取定后，下一阶段的状态就随之而定。设第 k 阶段的状态变量为 x_k，决策变量为 $d_k(x_k)$，则第 $k+1$ 阶段的状态为 x_{k+1}，我们用

$$x_{k+1} = T_k(x_k, d_k), (k=1,2, \cdots, n) \tag{5-4}$$

表示从 k 阶段到 $k+1$ 阶段的状态转移规律，式（5-4）称为状态转移方程。

6．指标函数（objective function）

用来衡量允许策略优劣的数量指标称为指标函数，它分为阶段指标函数和过程指标函数两种。

阶段指标函数是指对应某一阶段状态 x_k 和从该状态出发的一个阶段决策 d_k 的某种效益度量，用 $v_k(x_k,d_k)$ 表示。

过程指标函数是指从状态 x_k 出发（$k=1,2,\cdots,n$）至过程最终，当采取某种策略时，按预定标准得到的效益值，这个值既与 x_k 的状态值有关，又与 x_k 以后所选取的策略有关，它是两者的函数，记做

$$V_{kn}=V_{kn}(x_k, d_k, x_{k+1}, d_{k+1}, \cdots, d_n)\ (k=1,2,\cdots, n) \tag{5-5}$$

动态规划要求过程指标函数具有可分离性。

常见的过程指标函数的形式为

（1）$V_{kn}(x_k, d_k, x_{k+1}, d_{k+1}, \cdots, d_n) = V_k(x_k,d_k) + V_{k+1,n}(x_{k+1}, d_{k+1}, x_{k+2}, d_{k+2},\cdots,d_n)$ (5-6)

这时称过程指标函数具有可加性。

（2）$V_{kn}(x_k, d_k, x_{k+1}, d_{k+1}, \cdots, d_n) = V_k(x_k, d_k) \times V_{k+1, n}(x_{k+1}, d_{k+1}, x_{k+2}, d_{k+2}, \cdots, d_n)$ (5-7)

这时称过程指标函数具有可乘性。

7. 最优值函数（optimal value function）

指标函数的最优值，称为最优值函数，记做$f_k(x_k)$，它表示从状态x_k出发，到第n个阶段的终止状态的过程，采取最优策略所得到的指标函数值，即

$$f_k(x_k) = \max_{d_k \in D_k(x_k)}(\min)\{V_{k,n}(x_k, p_{k,n})\} \tag{5-8}$$

5.2.2 最优化原理与动态规划基本方程

R. E. Bellman 等人提出的最优化原理表明："一个过程的最优决策具有这样的性质：即无论其初始状态和初始决策如何，其今后诸策略对以第一个决策所形成的状态作为初始状态的过程而言，必须构成最优策略。"简言之，一个最优策略的子策略，对于它的初态和终态而言也必是最优的。

这个"最优化原理"如果用数学语言来描述的话，就是：假设为了解决某一优化问题，需要依次做出n个决策$D_1, D_2, \cdots, D_n$，若这个决策序列是最优的，对于任何一个整数$k(1<k<n)$，不论前k个决策如何，以后的最优决策只取决于由前面决策所确定的状态，即以后的决策$D_{k+1}, D_{k+2}, \cdots, D_n$也是最优的。

最优化原理是动态规划的基础。任何一个问题，如果失去了最优化原理的支持，就不可能用动态规划方法进行计算。

作为整个过程的最优策略具有如下的性质：不管在此最优策略上的某个状态以前的状态和决策如何，对该状态来说，以后的所有决策必定构成最优子策略。也就是说最优策略的任一子策略都是最优的。对于最短路径问题来说，即为从最短路径上的任一点到终点的部分道路（最短路径上的子路）也一定是从该点到终点的最短路径（最短子路径）。

根据最优化原理写出的动态规划问题的递推关系式称为动态规划最优指标的递推方程，是动态规划的基本方程。

对于可加性指标函数，式（5-8）可以写为

$$f_k(x_k) = \max_{d_k \in D_k(x_k)}(\min)\{v_k(x_k, d_k) + f_{k+1}(x_{k+1})\} \qquad k=1,2,\cdots,n \tag{5-9}$$

对于可乘性指标函数，式（5-8）可以写为

$$f_k(x_k) = \max_{d_k \in D_k(x_k)}(\min)\{v_k(x_k, d_k) \times f_{k+1}(x_{k+1})\} \qquad k=1,2,\cdots,n \tag{5-10}$$

综上所述，如果一个问题能用动态规划方法求解，那么，可以按下列步骤，首先建立动态规划的数学模型，而后进行求解。

（1）将问题的过程划分成恰当的阶段，并确定阶段变量。

（2）正确选择状态变量x_k，使它既能描述过程的状态，又满足无后效性等三个条件，同时确定允许状态集合S_k。

（3）选择决策变量d_k，确定允许决策集合$D_k(x_k)$。

（4）写出状态转移方程$x_{k+1}=T_k(x_k, d_k)$，$\qquad k=1,2,\cdots,n$。

（5）确定阶段指标$v_k(x_k, d_k)$、过程指标$V_{k,n}$及最优值函数$f_k(x_k)$的形式（阶段指标之和，阶段指标之积，阶段指标之极大或极小等）。

（6）写出动态规划的基本方程，即最优值函数满足的递推方程及终端条件。

为了使式（5-9）或式（5-10）表示的递推方程具有递推起点，必须设定最优指标的终端条件，即确定最后一个状态 $n+1$ 下最优指标 $f_{n+1}(x_{n+1})$ 的值。

$f_{n+1}(x_{n+1})$ 的值要根据问题条件来确定，当指标函数值是各阶段指标函数值的和（指标函数具有可加性）时，$f_{n+1}(x_{n+1})=0$；当指标函数值是各阶段指标函数值的乘积（指标函数具有可乘性）时，$f_{n+1}(x_{n+1})=1$。

最后，根据最优化原理写出动态规划方程，即

$$\begin{cases} f_k(x_k)=\max_{d_k\in D_k(x_k)}(\min)\{v_k(x_k,d_k)+f_{k+1}(x_{k+1})\} \\ f_{n+1}(x_{n+1})=0 \quad (k=n,n-1,\cdots,2,1) \end{cases} \tag{5-11}$$

或

$$\begin{cases} f_k(x_k)=\max_{d_k\in D_k(x_k)}(\min)\{v_k(x_k,d_k)\times f_{k+1}(x_{k+1})\} \\ f_{n+1}(x_{n+1})=1 \quad (k=n,\ n-1\ ,\cdots,2,1) \end{cases} \tag{5-12}$$

动态规划方程是一个逐段递推方程，求解时从终端条件开始逆过程，从后向前逐段递推寻优。在每一个子问题求解时，都要使用它前面已求出的子问题的最优结果，最后一个子问题的最优解，就是整个问题的最优解。

例 5.2 利用以上基本概念，重新求解例 5.1。

解 如图 5.3 所示，将问题分成四个阶段，第 k 阶段到达的具体地点用状态变量 $x_k(x=1,2,3,4,5)$ 表示。例如：$x_2=B_3$ 表示第二阶段到达位置 B_3，$x_3=C_1$ 表示第三阶段到达位置 C_1，等等。这里状态变量取字符值而不是数值。

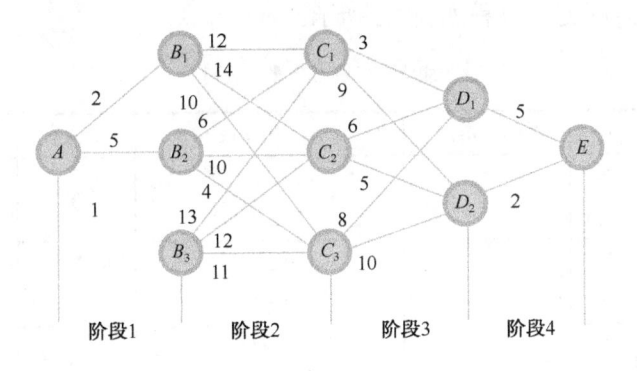

图 5.3 例 5.2 图

将决策定义为到达下一站所选择的路径。例如，目前的状态是 $x_2=B_3$，这时决策允许集合包含 3 个决策，即

$$D_2(x_2)=D_2(B_3)=\{B_3\to C_1, B_3\to C_2, B_3\to C_3\}$$

阶段指标函数 $v_k(x_k,d_k)$ 表示在第 k 阶段由初始状态 x_k 到下阶段的初始状态 x_{k+1} 的路径距离。

最优指标函数 $f_k(x_k)$ 表示从目前状态到 E 的最短路径。

终端条件为 $f_5(x_5)=f_5(E)=0$，其含义是从 E 到 E 的最短路径为 0。

当 $k=4$ 时，第四阶段的递推方程为

$$f_4(x_4)=\min_{d_4\in D_4(x_4)}\{v_4(x_4,d_4)+f_5(x_5)\}$$

从 $f_5(x_5)$ 到 $f_4(x_4)$ 的递推过程如表 5.1 所示。

表 5.1 例 5.2 表（一）

x_4	$D_4(x_4)$	x_5	$v_4(x_4,x_4)$	$v_4(x_4,d_4)+f_5(x_5)$	$f_4(x_4)$	最优决策 d_4^*
D_1	$D_1 \to E$	E	5	5+0=5*	5	$D_1 \to E$
D_2	$D_2 \to E$	E	2	2+0=2*	2	$D_2 \to E$

表 5.1 中星号"*"表示最优值（下同）。

在表 5.1 中，由于决策允许集合 $D_4(x_4)$ 中的决策是唯一的，因此这个值就是最优值。由此得到 $f_4(x_4)$ 的表达式。由于这是一个离散的函数，其取值如表 5.2 所示。

表 5.2 例 5.2 表（二）

x_4	$f_4(x_4)$	最优决策 d_4^*
D_1	5	$D_1 \to E$
D_2	2	$D_2 \to E$

当 $k=3$ 时，第三阶段的递推方程为

$$f_3(x_3)=\min_{d_3\in D_3(x_3)}\{v_3(x_3,d_3)+f_4(x_4)\}$$

从 $f_4(x_4)$ 到 $f_3(x_3)$ 的递推过程如表 5.3 所示。

表 5.3 例 5.2 表（三）

x_3	$D_3(x_3)$	x_4	$v_3(x_3,d_3)$	$v_3(x_3,d_3)+f_4(x_4)$	$f_3(x_3)$	最优决策 d_3^*
C_1	$C_1 \to D_1$	D_1	3	3+5=8*	8	$C_1 \to D_1$
	$C_1 \to D_2$	D_2	9	9+2=11		
C_2	$C_2 \to D_1$	D_1	6	6+5=11	7	$C_2 \to D_2$
	$C_2 \to D_2$	D_2	5	5+2=7*		
C_3	$C_3 \to D_1$	D_1	8	8+5=13	12	$C_3 \to D_2$
	$C_3 \to D_2$	D_2	10	10+2=12*		

表达式 $f_3(x_3)$ 的取值如表 5.4 所示。

表 5.4 例 5.2 表（四）

x_3	$f_3(x_3)$	最优决策 d_3^*
C_1	8	$C_1 \to D_1$
C_2	7	$C_2 \to D_2$
C_3	12	$C_3 \to D_2$

当 $k=2$ 时，第二阶段的递推方程为

$$f_2(x_2)=\min_{d_2\in D_2(x_2)}\{v_2(x_2,d_2)+f_3(x_3)\}$$

从 $f_3(x_3)$ 到 $f_2(x_2)$ 的递推过程如表 5.5 所示。

表 5.5　例 5.2 表（五）

x_2	$D_2(x_2)$	x_3	$v_2(x_2,d_2)$	$v_2(x_2,d_2)+f_3(x_3)$	$f_2(x_2)$	最优决策 d_2*
B_1	$B_1\to C_1$	C_1	12	12+8=20*	20	$B_1\to C_1$
	$B_1\to C_2$	C_2	14	14+7=21		
	$B_1\to C_3$	C_3	10	10+12=22		
B_2	$B_2\to C_1$	C_1	6	6+8=14*	14	$B_2\to C_1$
	$B_2\to C_2$	C_2	10	10+7=17		
	$B_2\to C_3$	C_3	4	4+12=16		
B_3	$B_3\to C_1$	C_1	13	13+8=21	19	$B_3\to C_2$
	$B_3\to C_2$	C_2	12	12+7=19*		
	$B_3\to C_3$	C_3	11	11+12=23		

表达式 $f_2(x_2)$ 的取值如表 5.6 所示。

表 5.6　例 5.2 表（六）

x_2	$f_2(x_2)$	最优决策 d_2*
B_1	20	$B_1\to C_1$
B_2	14	$B_2\to C_1$
B_3	19	$B_3\to C_2$

当 $k=1$ 时，第一阶段的递推方程为

$$f_1(x_1)=\min_{d_1\in D_1(x_1)}\{v_1(x_1,d_1)+f_2(x_2)\}$$

从 $f_2(x_2)$ 到 $f_1(x_1)$ 的递推过程如表 5.7 所示。

表 5.7　例 5.2 表（七）

x_1	$D_1(x_1)$	x_2	$v_1(x_1,d_1)$	$v_1(x_1,d_1)+f_2(x_2)$	$f_1(x_1)$	最优决策 d_1*
A	$A\to B_1$	B_1	2	2+20=22	19	$A\to B_2$
	$A\to B_2$	B_2	5	5+14=19*		
	$A\to B_3$	B_3	1	1+19=20		

表达式 $f_1(x_1)$ 的取值如表 5.8 所示。

表 5.8　例 5.2 表（八）

x_1	$f_1(x_1)$	最优决策 d_1*
A	19	$A\to B_2$

从表达式 $f_1(x_1)$ 可以看出，从 A 到 E 的最短路径长度为 19。由 $f_1(x_1)$ 向 $f_4(x_4)$ 回溯，得到最短路径为

$$A \rightarrow B_2 \rightarrow C_1 \rightarrow D_1 \rightarrow E$$

例 5.3 图 5.4 给出了一个地图，地图中每个顶点代表一个城市，两个城市之间的连线代表道路，连线上的数值代表道路的长度。现在，想从城市 A 到达城市 E，怎样走路程最长，最长路程的长度是多少？

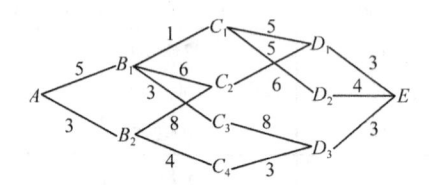

图 5.4 例 5.3 图

解 把从 A 到 E 的全过程分成四个阶段，用 k 表示阶段变量，第一阶段有一个初始状态 A，有两条可供选择的支路 AB_1 和 AB_2；第二阶段有两个初始状态 B_1、B_2，B_1 有三条可供选择的支路，B_2 有两条可供选择的支路……

阶段指标函数 $v_k(x_k, d_k)$ 表示在第 k 阶段由初始状态 x_k 到下阶段的初始状态 x_{k+1} 的路径距离。

最优指标函数 $f_k(x_k)$ 表示从目前状态到 E 的最短路径。

终端条件为 $f_5(x_5) = f_5(E) = 0$，其含义是从 E 到 E 的最长路径为 0。

利用逆序倒推方法求解 A 到 E 的最短距离。具体计算过程如下：

当 $k=4$ 时，递推方程为

$$f_4(x_4) = \max_{d_4 \in D_4(x_4)} \{v_4(x_4, d_4) + f_5(x_5)\}$$

从 $f_5(x_5)$ 到 $f_4(x_4)$ 的递推过程如表 5.9 所示。

表 5.9 例 5.3 表（一）

x_4	$D_4(x_4)$	x_5	$v_4(x_4, d_4)$	$v_4(x_4, d_4) + f_5(x_5)$	$f_4(x_4)$	最优决策 d_4^*
D_1	$D_1 \rightarrow E$	E	3	3+0=3*	3	$D_1 \rightarrow E$
D_2	$D_2 \rightarrow E$	E	4	4+0=4*	4	$D_2 \rightarrow E$
D_3	$D_3 \rightarrow E$	E	3	3+0=3*	3	$D_3 \rightarrow E$

*表示最优值。

在表 5.9 中，由于决策允许集合 $D_4(x_4)$ 中的决策是唯一的，因此这个值就是最优值。

当 $k=3$ 时，第三阶段的递推方程为

$$f_3(x_3) = \max_{d_3 \in D_3(x_3)} \{v_3(x_3, d_3) + f_4(x_4)\}$$

从$f_4(x_4)$到$f_3(x_3)$的递推过程如表 5.10 所示。

表 5.10 例 5.3 表（二）

x_3	$D_3(x_3)$	x_4	$v_3(x_3,d_3)$	$v_3(x_3,d_3)+f_4(x_4)$	$f_3(x_3)$	最优决策 d_3^*
C_1	$C_1 \to D_1$	D_1	5	5+3=8	9	$C_1 \to D_2$
	$C_1 \to D_2$	D_2	5	5+4=9*		
C_2	$C_2 \to D_1$	D_1	6	6+3=9*	9	$C_2 \to D_1$
C_3	$C_3 \to D_3$	D_3	8	8+3=11*	11	$C_3 \to D_2$
C_4	$C_4 \to D_3$	D_3	3	3+3=6*	6	$C_4 \to D_3$

当 $k=2$ 时，第二阶段的递推方程为

$$f_2(x_2) = \max_{d_2 \in D_2(x_2)} \{v_2(x_2,d_2)+f_3(x_3)\}$$

从$f_3(x_3)$到$f_2(x_2)$的递推过程如表 5.11 所示。

表 5.11 例 5.3 表（三）

x_2	$D_2(x_2)$	x_3	$v_2(x_2,d_2)$	$v_2(x_2,d_2)+f_3(x_3)$	$f_2(x_2)$	最优决策 d_2^*
B_1	$B_1 \to C_1$	C_1	1	1+9=10	15	$B_1 \to C_2$
	$B_1 \to C_2$	C_2	6	6+9=15*		
	$B_1 \to C_3$	C_3	3	3+11=14		
B_2	$B_2 \to C_2$	C_2	8	8+9=17*	17	$B_2 \to C_2$
	$B_2 \to C_4$	C_4	4	4+6=10		

当 $k=1$ 时，第一阶段的递推方程为

$$f_1(x_1) = \max_{d_1 \in D_1(x_1)} \{v_1(x_1,d_1)+f_2(x_2)\}$$

从$f_2(x_2)$到$f_1(x_1)$的递推过程如表 5.12 所示。

表 5.12 例 5.3 表（四）

x_1	$D_1(x_1)$	x_2	$v_1(x_1,d_1)$	$v_1(x_1,d_1)+f_2(x_2)$	$f_1(x_1)$	最优决策 d_1^*
A	$A \to B_1$	B_1	5	5+15=20*	20	$A \to B_1$
	$A \to B_2$	B_2	3	3+17=20*		$A \to B_2$

经回溯可得原问题的两个最优解，即由 A 点到 E 点，全过程的最长路径为

$$A \to B_1 \to C_2 \to D_1 \to E$$

或

$$A \to B_2 \to C_2 \to D_1 \to E$$

最长路程的长度为 20。

5.3 动态规划应用案例

5.3.1 资源分配问题

一种或几种资源（包括资金）欲分配给若干用户或投资于几家企业，以获得最大的效益，这就是资源分配问题（resource allocating problem）。该问题可以是多阶段决策过程，也可以是静态规划问题，它们均能通过构造动态规划模型进行求解。

例如，现有某种资源，总量为 a，计划用于生产 n 种产品。假设资源分配用于生产第 i 种产品的投入为 d_i，这时可以获得利润 $g_i(d_i)$。问题是如何分配可使得总的利润最大。

根据上述描述，可得下式：

$$\max z = \sum_{i=1}^{n} g_i(d_i)$$

$$\begin{cases} \sum_{i=1}^{n} d_i \leq a \\ d_i \geq 0 \quad i=1,2,\cdots,n \end{cases}$$

在上式中，当 $g_i(d_i)$ 为 d_i 的线性函数时，这是一个线性规划问题；当 $g_i(d_i)$ 为 d_i 的非线性函数时，这是一个非线性规划问题。但是当 n 比较大时，无论 $g_i(d_i)$ 是线性函数还是非线性函数，该问题的求解都非常麻烦。然而，由于这类问题的特殊结构，可以把它转化为一个多阶段决策问题，从而利用动态规划方法进行求解。

例 5.4 有资金 4 万元，投资 A、B、C 三个项目，每个项目的投资效益与投入该项目的资金有关。三个项目 A、B、C 的投资效益（万吨）和投入资金（万元）的关系如表 5.13 所示。

表 5.13 例 5.4 表（一）

项目 投入资金	A	B	C
1 万元	15 万吨	13 万吨	11 万吨
2 万元	28 万吨	29 万吨	30 万吨
3 万元	40 万吨	43 万吨	45 万吨
4 万元	51 万吨	55 万吨	58 万吨

求对三个项目的最优投资分配，即使总投资效益最大。

第5章 动态规划

解 将问题分为三个阶段,即用于第 k 个项目至第 3 个项目投资过程作为一个阶段。对于阶段 k, $k=3,2,1$。

每阶段初可用的资金数作为状态变量,用 x_k 表示;各阶段的决策变量就是对第 k 个项目的投资数,用 d_k 表示。

显然每一个阶段决策允许集合为

$$D_k(x_k) = \{d_k \mid 0 \leqslant d_k \leqslant x_k\}$$

因为每个阶段初可用的投资数是上阶段初可用的投资数减去上阶段用去的投资数,故状态转移方程为

$$x_{k+1}=x_k-d_k \quad (k=1,2,3)$$

用 $g_k(d_k)$ 表示对第 k 个项目的投资数为 d_k 时可以获得的投资效益,故指标函数可以写为

$$V_{k+3}=\sum_{i=k}^{3}g_i(d_i)=g_k(d_k)+V_{k+1+3}$$

阶段指标函数 $V_k(x_k,d_k)$ 如表 5-14 所示。

设用 $f_k(x_k)$ 表示从 k 阶段状态 x_k 采用最优策略时获得的投资效益,则有递推方程

$$f_k(x_k)=\max\{V_k(x_k,d_k)+f_{k+1}(x_{k+1})\}$$

因为问题中只有三个项目,所以第四阶段初拥有的资金已不可能获得投资效益,终端条件 $f_4(x_4) = 0$,即 $k=4$, $f_4(x_4) = 0$。

下面从第三阶段开始计算。

(1) $k=3$ 时,可用于投资的只有一个项目,即第 3 个项目,投资额为 x_3 ($x_3=1,2,3,4$)全部给第 3 个项目,最大投资效益为

$$f_3(x_3)=\max\{V_3(x_3,d_3) + f_4(x_4)\}$$

其递推过程如表 5.14 所示。

对应的决策为 d_3^*,即

$$k=3,\ 0 \leqslant d_3 \leqslant x_3,\ x_4=x_3-d_3$$

表 5.14 例 5.4 表(二)

x_3	$D_3(x_3)$	x_4	$v_3(x_3,d_3)$	$v_3(x_3,d_3)+f_4(x_4)$	$f_3(x_3)$	d_3^*
0	0	0	0	0+0=0	0	0
1	0	1	0	0+0=0	11	1
1	1	0	11	11+0=11*		
2	0	2	0	0+0=0	30	2
2	1	1	11	11+0=11		
2	2	0	30	30+0=30*		
3	0	3	0	0+0=0	45	3
3	1	2	11	11+0=11		
3	2	1	30	30+0=30		
3	3	0	45	45+0=45*		
4	0	4	0	0+0=0	58	4
4	1	3	11	11+0=11		

续表

x_3	$D_3(x_3)$	x_4	$v_3(x_3,d_3)$	$v_3(x_3,d_3)+f_4(x_4)$	$f_3(x_3)$	d_3^*
4	2	2	30	30+0=30		
	3	1	45	45+0=45		
	4	0	58	58+0=58*		

（2）$k=2$ 时，可用于投资的项目为第 2 和第 3 两个项目，投资额为 x_2（x_2=1,2,3,4），最大投资效益为

$$f_2(x_2)=\max\{V_2(x_2,d_2)+f_3(x_3)\}$$

对应的决策为 d_2^*，即

$$k=2,\ 0\leqslant d_2\leqslant x_2,\ x_3=x_2-d_2$$

具体计算过程如表 5.15 所示。

表 5.15 例 5.4 表（三）

x_2	$D_2(x_2)$	x_3	$v_2(x_2,d_2)$	$v_2(x_2,d_2)+f_3(x_3)$	$f_2(x_2)$	d_2^*
0	0	0	0	0+0=0	0	0
1	0	1	0	0+11=11	13	1
	1	0	13	13+0=13*		
2	0	2	0	0+30=30*	30	0
	1	1	13	13+11=24		
	2	0	29	29+0=29		
3	0	3	0	0+45=45*	45	0
	1	2	13	13+30=43		
	2	1	29	29+11=40		
	3	0	43	43+0=43		
4	0	4	0	0+58=58	59	2
	1	3	13	13+45=58		
	2	2	29	29+30=59*		
	3	1	43	43+11=54		
	4	0	55	55+0=55		

（3）$k=1$ 时，可用于投资的项目为第 1、第 2 和第 3 三个项目，投资额为 x_1，全部投入（x_1=4），最大投资效益为

$$f_1(x_1)=\max\{V_1(x_1,d_1)+f_2(x_2)\}$$

对应的决策为 d_1^*，即

$$k=1,\ 0\leqslant d_1\leqslant x_1,\ x_2=x_1-d_1$$

具体计算过程如表 5.16 所示。

表 5.16 例 5.4 表（四）

x_1	$D_1(x_1)$	x_2	$v_1(x_1,d_1)$	$v_1(x_1,d_1)+f_2(x_2)$	$f_1(x_1)$	d_1^*
4	0	4	0	0+59=59	60	1
	1	3	15	15+45=60*		
	2	2	28	28+30=58		
	3	1	40	40+13=53		
	4	0	51	51+0=51		

由表 5.16 可以看出：$x_1=4$ 时，$d_1^*=1$，而 $x_2=x_1-d_1^*=3$；
查表 5.15 得：$x_2=3$ 时，$d_2^*=0$，而 $x_3=x_2-d_2^*=3$；
再查表 5.14 得：$x_3=3$ 时，$d_3^*=3$ 而 $x_4=x_3-d_3^*=0$。
所以得到最优解为

$x_1=4$，$d_1^*=1$，$x_2=x_1-d_1=3$，$d_2^*=0$，$x_3=x_2-d_2^*=3$，$d_3^*=3$，$x_4=x_3-d_3^*=0$

即项目 A 投资 1 万元，项目 B 投资 0 万元，项目 C 投资 3 万元，最大效益为 60 万吨。

5.3.2 背包问题

有一个徒步旅行者，其可携带的物品质量的限度为 W 千克，设有 n 种物品可供他选择装入包中。已知每种物品的质量及使用价值（作用）如表 5.17 所示，问此人应如何选择携带的物品（各几件），使所起作用（使用价值）为最大？

表 5.17 背包问题表

物品	1	2	⋯	j	n
质量（千克/件）	w_1	w_2	⋯	w_j	w_n
每件物品的使用价值	c_1	c_2	⋯	c_j	c_n

这就是背包问题。与之类似的还有工厂里的下料问题、运输中的货物装载问题及人造卫星内的物品装载问题等。

这类问题可以用整数规划模型来描述。设第 i 种物品取 x_i 件（$i=1,2,\cdots,n$，x_i 为非负整数），背包中物品的价值为 z，则

$$\max z=c_1x_1+c_2x_2+\cdots+c_nx_n$$

$$\text{s.t.}\begin{cases} w_1x_1+w_2x_2+\cdots+w_nx_n \leqslant W \\ x_1,x_2,\cdots,x_n \text{ 均为非负整数} \end{cases} \tag{5-13}$$

下面通过实例利用动态规划方法对背包问题进行求解。

例 5.5 设有三种物品，每一种物品数量无限，每种物品每件质量、价值如表 5.18 所示。

表 5.18 例 5.5 表（一）

物品	1	2	3
质量（千克/件）	2	3	1
每件物品的使用价值	65	80	30

现有一只可装载质量为 5 千克的背包,求各种物品应各取多少件放入背包,使背包中物品的价值最高。

解 将问题分为阶段 k,每阶段装载一种物品。

阶段 k: 第 k 次装载第 k 种物品

状态变量 x_k: 在第 k 次装载时背包还可以装载的重量

决策变量 d_k: 第 k 次装载第 k 种物品的件数

决策允许集合: $D_k(x_k)=\{d_k|0 \leq d_k \leq x_k/w_k,\ d_k\ 为整数\}$

状态转移方程: $x_{k+1}=x_k-w_k d_k$

阶段指标: $v_k=c_k d_k$

递推方程: $f_k(x_k)=\max\{c_k d_k+f_{k+1}(x_{k+1})\}=\max\{c_k d_k+f_{k+1}(x_k-w_k d_k)\}$

终端条件: $f_n(x_n)=0$

对于例 5.5 给出下列具体问题:

$c_1=65,\ c_2=80,\ c_3=30\quad w_1=2,\ w_2=3,\ w_3=1$ 及 $W=5$。

利用动态规划方程求解,$k=1,2,3$。因为例 5.5 中只有三种物品,所以第四阶段初没有物品可放,不能增加背包中物品的价值,所以终端条件 $f_4(x_4)=0$。下面从第三阶段开始计算。

(1)对于 $k=3$,第 3 次装载第 3 种物品时,背包还可以装载的重量为 x_3 ($x_3=0,1,2,3,4,5$),第 3 种物品每件重量为 $w_3=1$,价值为 $c_3=30$。背包中物品的价值为

$$f_3(x_3)=\max_{0 \leq d_3 \leq x_3/w_3}\{c_3 d_3+f_4(x_4)\}$$
$$=\max_{0 \leq d_3 \leq x_3/1}\{30 d_3\}$$

$f_3(x_3)$ 的数值如表 5.19 所示。

表 5.19 例 5.5 表(二)

x_3	$D_3(x_3)$	x_4	$30d_3+f_4(x_4)$	$f_3(x_3)$	d_3^*
0	0	0	0+0=0	0	0
1	0	1	0+0=0	30	1
	1	0	30+0=30*		
2	0	2	0+0=0	60	2
	1	1	30+0=30		
	2	0	60+0=60*		
3	0	3	0+0=0	90	3
	1	2	30+0=30		
	2	1	60+0=60		
	3	0	90+0=90*		

续表

x_3	$D_3(x_3)$	x_4	$30d_3+f_4(x_4)$	$f_3(x_3)$	d_3*
4	0	4	0+0=0	120	4
	1	3	30+0=30		
	2	2	60+0=60		
	3	1	90+0=90		
	4	0	120+0=120*		
5	0	5	0+0=0	150	5
	1	4	30+0=30		
	2	3	60+0=60		
	3	2	90+0=90		
	4	1	120+0=120		
	5	0	150+0=150*		

（2）对于 $k=2$，第 2 次装载第 2 种物品时，背包还可以装载的重量为 x_2（$x_2=0,1,2,3,4,5$），第 2 种物品每件重量为 $w_2=3$，价值为 $c_2=30$。背包中物品的价值为

$$f_2(x_2)=\max_{0\leqslant d_2\leqslant x_2/w_2}\{c_2d_2+f_3(x_3)\}$$
$$=\max_{0\leqslant d_2\leqslant x_2/3}\{80d_2+f_3(x_2-3d_2)\}$$

注意：上面公式里的 d_2 要满足 $0\leqslant d_2\leqslant x_2/w_2$，而 $w_2=3$，所以 d_2 应该满足 $0\leqslant d_2\leqslant x_2/3$，$d_2$ 为整数。

$f_2(x_2)$ 的数值如表 5.20 所示。

表 5.20　例 5.5 表（三）

x_2	$D_2(x_2)$	x_3	$80d_2+f_3(x_3)$	$f_2(x_2)$	d_2*
0	0	0	$0+f_3(0)=0+0=0*$	0	0
1	0	1	$0+f_3(1)=0+30=30*$	30	0
2	0	2	$0+f_3(2)=0+60=60*$	60	0
3	0	3	$0+f_3(3)=0+90=90*$	90	0
4	0	4	$0+f_3(4)=0+120=120*$	120	0
5	0	5	$0+f_3(5)=0+150=150*$	150	0

（3）对于 $k=1$，第 1 次装载第 1 种物品时，背包还可以装载的重量为 x_1（$x_1=0,1,2,3,4,5$），第 1 种物品每件重量为 $w_1=2$，价值为 $c_1=65$。背包中物品的价值为

$$f_1(x_1)=\max_{0\leqslant d_1\leqslant x_1/w_1}\{c_1d_1+f_2(x_2)\}$$
$$=\max_{0\leqslant d_1\leqslant x_1/2}\{65d_1+f_2(x_1-2d_1)\}$$

注意：上面公式里的 d_1 要满足 $0\leqslant d_1\leqslant x_1/w_1$，而 $w_1=2$，所以 d_2 应该满足 $0\leqslant d_1\leqslant x_1/2$，

且 d_1 为整数。

$f_1(x_1)$ 的数值如表 5.21 所示。

表 5.21 例 5.5 表（四）

x_1	$D_1(x_1)$	x_2	$65d_1+f_2(x_2)$	$f_1(x_1)$	$d_1{}^*$
0	0	0	$0+f_2(0)=0+0=0^*$	0	0
1	0	1	$0+f_2(1)=0+30=30^*$	30	0
2	0	2	$0+f_2(2)=0+60=60$	65	1
	1	0	$65+f_2(0)=65+0=65^*$		
3	0	3	$0+f_2(3)=0+90=90$	95	1
	1	1	$65+f_2(1)=65+30=95^*$		
4	0	4	$0+f_2(4)=0+120=120$	130	2
	1	2	$65+f_2(2)=65+60=125$		
	2	0	$130+f_2(0)=130+0=130^*$		
5	0	5	$0+f_2(5)=0+150=150$	160	2
	1	3	$65+f_2(3)=65+90=155$		
	2	1	$130+f_2(1)=130+30=160^*$		

由题意知：$x_1=5$；根据表 5.21、表 5.20 和表 5.19，经回溯可得

$d_1{}^*=2$，$x_2=x_1-2d_1=1$，$d_2{}^*=0$，$x_3=x_2-3d_2=1$，$d_3{}^*=1$，$x_4=x_3-d_3=0$

即应取第 1 种物品 2 件，第 3 种物品 1 件，最高价值为 160 元，背包没有余量。

5.3.3 生产库存问题

例 5.6 某公司根据市场调查，得出今后 1 月份到 4 月份四个月产品的需求预测量如表 5.22 所示。

表 5.22 例 5.6 表（一）

月份（k）	1	2	3	4
需求量（r_k）	2	3	2	4

根据以往经验知道，生产费用 C 与产量 k（件）之间存在下列关系

$$C_k=C(k)=\begin{cases}0 & k=0\\ 3+k & k=1,2,3,4,5,6\end{cases} \tag{5-14}$$

该公司的每月最大生产能力为 6 件。如果产品不能销售完，则需要库存，而库存费为 $E_k=E(k)=0.5k$（千元），该公司的最大库存容量为 $H=3$，且计划初与期末库存量都为 0。

在满足市场需求条件下，公司需要确定从 1 月份到 4 月份每月的生产量，并使生产总成本（生产总成本=生产费用+库存费）为最小。

解 先说明有关概念。

阶段 k：每一个月为一个阶段，$k=1,2,3,4$；

状态变量 x_k：第 k 个月初的库存量，$x_1=x_5=0$，$0 \leq x_k \leq 3$；
决策变量 d_k：第 k 个月初的生产量，$0 \leq d_k \leq 6$，d_k 为整数；
状态转移方程：$x_{k+1}=x_k+d_k-r_k$；
阶段指标函数 $v_k(d_k)$：第 k 个月的费用，即

$$v_k(d_k)=E(x_k)+C(d_k)=\begin{cases} 0.5x_k & d_k=0 \\ 0.5x_k+(3+d_k) & d_k=1,2,3,4,5,6 \end{cases} \quad (5\text{-}15)$$

最优指标函数 $f_x(x_k)$：第 k 个月初状态为 x_k 时，采用最佳策略生产，从本月初到计划结束（第四个月末）的生产与库存的最低费用。

下面利用逆序法建立动态规划基本方程

$$\begin{cases} f_k(x_k)=\min_{\substack{0 \leq d_k \leq 6 \\ x_k+d_k \leq r_k}} \{v_k(d_k)+f_{k+1}(x_{k+1})\} & k=4,3,2 \\ f_5(x_5)=0 \end{cases} \quad (5\text{-}16)$$

从状态转移方程可得出 $x_5=x_4+d_4-4=0$，且 $0 \leq x_k+d_k-r_k \leq r_{k+1}$。

下面通过分析来求解

（1）当 $k=4$ 时，由于 $x_5=x_4+d_4-4=0$，有 $d_4=4-x_4$，且

$$f_4(x_4)=\min_{\substack{d_4=4-x_4 \\ 0 \leq x_4 \leq 4}} \{v_4(d_4)+f_5(x_5)\}=\begin{cases} 0.5x_4 & d_4=0 \\ 0.5+(3+d_4) & d_4=1,2,3,4 \end{cases}$$

状态变量（库存量）$x_4=0,1,2,3$，由于最大库存量为 $H=3$，故 $x_4 \neq 4$。且

$f_4(0)=3+4=7$ 此时 $d_4=4$
$f_4(1)=0.5 \times 1+(3+3)=6.5$ 此时 $d_4=3$
$f_4(2)=0.5 \times 2+(3+2)=6$ 此时 $d_4=2$
$f_4(3)=0.5 \times 3+(3+1)=5.5$ 此时 $d_4=1$

上述结果如表 5.23 所示。

表 5.23　例 5.6 表（二）

x_4 \ d_4	$\begin{cases}0.5x_4 & d_4=0\\0.5x_4+(3+d_4) & d_4=1,2,3,4\end{cases}$					$f_4(x_4)$	d_4^*
	0	1	2	3	4		
0					7	7	4
1				6.5		6.5	3
2			6			6	2
3		5.5				5.5	1

（2）当 $k=3$ 时，先看 d_3 的限制，它与库存能力、生产能力、需求量均有关系。
① 由于最大库存能力 $H=3$，所以知库存量 $x_3=\{0,1,2,3\}$。
② 现在分析决策变量 d_3 的允许决策集。
（a）满足需求：因为三月份的需求量 $r_3=2$，$x_3+d_3 \geq 2$，即 $d_3 \geq 2-x_3$。
（b）非负限制：$d_3 \geq 0$。

综合（a）和（b），得到：$d_3 \geq \max\{0, 2-x_3\}$。

（c）期末存货为零：但期末（四月份）需求量 $r_4=4$，$x_4 \leq r_4=4$；即 $x_3+d_3-2 \leq 4$，也就是 $d_3 \leq 6-x_3$。

（d）最大库存量的限制：$x_4=x_3+d_3-2 \leq H=3$，即 $d_3 \leq 5-x_3$。

（e）最大生产能力的限制：$d_3 \leq 6$。

综合（c）、（d）和（e），得到：$d_3 \leq \min\{6, 5-x_3, 6-x_3\}$。

综上所述，有

$$D_3(x_3)=\{d_k \mid d_k \geq 0, \max\{0, 2-x_3\} \leq d_3 \leq \min\{6, 5-x_3, 6-x_3\}, d_3 \text{ 为整数}\} \quad (5\text{-}17)$$

$$f_3(x_3) = \min_{D_3}\{v_3(d_3)+f_4(x_4)\} = \min_{D_3}\{E(x_3)+C(d_3)+f_4(x_3+d_3-2)\}$$

下面分别对 $x_3=0,1,2,3$，求出 $f_3(x_3)$ 的值。

① $x_3=0$，由式（5-17）知 $2 \leq d_3 \leq 5$，即 $d_3=2,3,4,5$。

利用式（5-15）计算费用，得

$$f_3(0) = \min_{2 \leq d_3 \leq 5}\{E(0)+C(d_3)+f_4(d_3-2)\}$$

$$= \min \begin{cases} E(0)+C(2)+f_4(0) \\ E(0)+C(3)+f_4(1) \\ E(0)+C(4)+f_4(2) \\ E(0)+C(5)+f_4(3) \end{cases} = \min \begin{cases} 0+5+7 \\ 0+6+6.5 \\ 0+7+6 \\ 0+8+5.5 \end{cases} = 12$$

最优决策：$d_3^*=2$。

这就是说，若三月份初库存为零，则三、四两个月的最低费用为 12（千元），三月份最优产量为 2 单位。

② $x_3=1$，由式（5-17）知 $1 \leq d_3 \leq 4$，即 $d_3=1,2,3,4$。

利用式（5-15）计算费用，得

$$f_3(1) = \min_{1 \leq d_3 \leq 4}\{E(1)+C(d_3)+f_4(d_3-1)\}$$

$$= \min \begin{cases} E(1)+C(1)+f_4(0) \\ E(1)+C(2)+f_4(1) \\ E(1)+C(3)+f_4(2) \\ E(1)+C(4)+f_4(3) \end{cases} = \min \begin{cases} 0.5+4+7 \\ 0.5+5+6.5 \\ 0.5+6+6 \\ 0.5+7+5.5 \end{cases} = \min \begin{cases} 11.5 \\ 12 \\ 12.5 \\ 13 \end{cases} = 11.5$$

取最优决策：$d_3^*=1$。

③ $x_3=2$，由式（5-17）知 $0 \leq d_3 \leq 3$，即 $d_3=0,1,2,3$。

利用式（5-15）计算费用，得

$$f_3(2) = \min_{0 \leq d_3 \leq 3}\{E(2)+C(d_3)+f_4(d_3)\}$$

$$=\min\begin{cases}E(2)+C(0)+f_4(0)\\E(2)+C(1)+f_4(1)\\E(2)+C(2)+f_4(2)\\E(2)+C(3)+f_4(3)\end{cases}=\min\begin{cases}1+0+7\\1+4+6.5\\1+5+6\\1+6+5.5\end{cases}=\min\begin{cases}8\\11.5\\12\\12.5\end{cases}=8$$

取最优决策：$d_3^*=0$。

④ $x_3=3$，由式（5-17）知 $0 \leq d_3 \leq 2$，即 $d_3=0,1,2$。
利用式（5-15）计算费用，得

$$f_3(3)=\min_{0 \leq d_3 \leq 2}\{E(3)+C(d_3)+f_4(d_3+1)\}$$

$$=\min\begin{cases}E(3)+C(0)+f_4(1)\\E(3)+C(1)+f_4(2)\\E(3)+C(2)+f_4(3)\end{cases}=\min\begin{cases}8\\11.5\\12\end{cases}=8$$

取最优决策：$d_3^*=0$。

将所有情况汇到一起，如表 5.24 所示。

表 5.24 例 5.6 表（三）

x_3 \ d_3	$\begin{cases}0.5x_3 & d_3=0\\0.5x_3+(3+d_3) & d_3=1,2,3,4,5\end{cases}$						$f_3(x_3)$	d_3^*
	0	1	2	3	4	5		
0			12	12.5	13	13.5	12	2
1		11.5	12	12.5	13		11.5	1
2	8	11.5	12	12.5			8	0
3	8	11.5	12				8	0

（3）当 $k=2$ 时，有 $f_2(x_2)=\min\limits_{d_2 \in D_2}\{E(x_2)+C(d_2)+f_3(x_2+d_2-3)\}$，其中状态变量 $x_2=\{0,1,2,3\}$；

类似 $k=3$ 时的分析，决策变量 d_2 允许决策集 $D_2(x_2)$：
① 满足需求：$x_2+d_2 \geq 3$，即 $d_2 \geq 3-x_2$。
② 非负限制：$d_2 \geq 0$。
综合①和②知 $d_3 \geq \max\{0, 3-x_2\}$。
③ 期末存货为零：$x_3 \leq 4+2$，即 $x_2+d_2-3 \leq 6$，即 $d_2 \leq 9-x_2$。
④ 最大库存量的限制：$x_3=x_2+d_2-3 \leq 3$，即 $d_2 \leq 6-x_2$。
⑤ 最大生产能力的限制：$d_2 \leq 6$。
综合③、④和⑤知，$d_2 \leq \min\{6, 6-x_2, 9-x_2\}$
综上所述，有

$D_2(x_2)$：$\max\{0, 3-x_2\} \leq d_2 \leq \min\{6, 6-x_2, 9-x_2\}$，$d_2$ 为整数。   (5-18)

在 $D_2(x_2)$ 条件下，对 $x_2=0,1,2,3$，分别计算 $f_2(x_2)$ 的值。

① $x_2=0$，由式（5-18）知 $3 \leqslant d_2 \leqslant 6$，所以

$$f_2(0) = \min_{3 \leqslant d_2 \leqslant 6}\{E(0)+C(d_2)+f_3(d_2-3)\}$$

$$=\min\begin{cases}E(0)+C(3)+f_3(0)\\E(0)+C(4)+f_3(1)\\E(0)+C(5)+f_3(2)\\E(0)+C(6)+f_3(3)\end{cases}=\min\begin{cases}0+6+12\\0+7+11.5\\0+8+8\\0+9+8\end{cases}=16$$

取最优决策：$d_2^*=5$。

② $x_2=1$，由式（5-18）知 $2 \leqslant d_2 \leqslant 5$，所以

$$f_2(1) = \min_{2 \leqslant d_2 \leqslant 5}\{E(1)+C(d_2)+f_3(d_2-2)\}$$

$$=\min\begin{cases}E(1)+C(2)+f_3(0)\\E(1)+C(3)+f_3(1)\\E(1)+C(4)+f_3(2)\\E(1)+C(5)+f_3(3)\end{cases}=\min\begin{cases}0.5+5+12\\0.5+6+11.5\\0.5+7+8\\0.5+9+8\end{cases}=15.5$$

取最优决策：$d_2^*=4$。

③ $x_2=2$，由式（5-18）知 $1 \leqslant x_2 \leqslant 4$，所以

$$f_2(2) = \min_{1 \leqslant d_2 \leqslant 4}\{E(2)+C(d_2)+f_3(d_2-1)\}$$

$$=\min\begin{cases}E(2)+C(1)+f_3(0)\\E(2)+C(2)+f_3(1)\\E(2)+C(3)+f_3(2)\\E(2)+C(4)+f_3(3)\end{cases}=\min\begin{cases}1+4+12\\1+5+11.5\\1+6+8\\1+7+8\end{cases}=15$$

取最优决策：$d_2^*=3$。

④ $x_2=3$，由式（5-18）知 $0 \leqslant d_2 \leqslant 3$，所以

$$f_2(3) = \min_{0 \leqslant d_2 \leqslant 3}\{E(3)+C(d_2)+f_3(d_2)\}$$

$$=\min\begin{cases}E(3)+C(0)+f_3(0)\\E(3)+C(1)+f_3(1)\\E(3)+C(2)+f_3(2)\\E(3)+C(3)+f_3(3)\end{cases}=\min\begin{cases}1.5+12\\1.5+4+11.5\\1.5+5+8\\1.5+6+8\end{cases}=13.5$$

取最优决策：$d_2^*=0$。

计算结果如表 5.25 所示。

表5.25 例5.6表（四）

d_2 \ x_2	$\begin{cases}0.5x_2 & d_2=0\\0.5x_2+(3+d_2) & d_2=1,2,3,4,5,6\end{cases}$							$f_2(x_2)$	d_2^*
	0	1	2	3	4	5	6		
0				18	18.5	16	17	16	5
1			17.5	18	15.5	17		15.5	4
2		17	17.5	15	16			15	3
3	13.5	17	14.5	15.5				13.5	0

（4）当 $k=1$ 时，有 $f_1(x_1)=\min\{E(x_1)+C(d_1)+f_2(x_1+d_1-2)\}$，其中状态变量 $x_1=0$。决策变量 d_1 满足的约束条件为

① 需求量：$d_1 \geqslant 2$。
② 最大生产能力：$d_1 \leqslant 6$。
③ 最大库存能力：$x_2 \leqslant 3$，即 $d_1-2 \leqslant 3$，$d_1 \leqslant 5$。

综上所述，有：$2 \leqslant d_1 \leqslant 5$，$d_1$ 为整数。

从而 $f_1(x_1)=f_1(0)=\min\limits_{2 \leqslant d_1 \leqslant 5}\{C(d_1)+f_2(d_1-2)\}$

计算结果如表5.26所示。

表5.26 例5.6表（五）

d_1 \ x_1	$C(d_1)+f_2(d_1-2)$				$f_1(x_1)$	d_1^*
	2	3	4	5		
0	21	21.5	22	21.5	21	2

故总最低费用为 $f_1(0)=21$（千元）。

第一个月的最佳产量为 $d_1^*=2$，而需求为 $r_1=2$，所以第二个月初的库存量为0，即 $x_2=0$；由 $x_2=0$ 查表5.25得 $d_2^*=5$，即第二个月的最佳产量为5，而需求为 $r_2=3$，故 $x_3=2$，查表5.24得 $d_3^*=0$，即第三个月的最佳产量为0；这样，第四个月的产量只能是 $d_4^*=4$，总最低费用为 $f_1(0)=21$（千元）。

例5.7 一个工厂生产某种产品，1月份至7月份的生产成本和产品需求量的变化情况如表5.27所示。

表5.27 例5.7表（一）

月 份(k)	1	2	3	4	5	6	7
生产成本(c_k)	11	18	13	17	20	10	15
需求量(r_k)	0	8	5	3	2	7	4

为了调节生产和需求，工厂设有一个产品仓库，库容量 $H=9$。已知期初库存量为2，要求期末（7月底）库存量为0。每个月生产的产品在月末入库，月初根据当月需求发货。求7个月的生产量（能满足各月的需求），并使生产成本最低。

133

解 用动态规划求解，先对有关概念进行如下分析。

设 r_k 为第 k 个月的需求量，H 为库容量；

阶段 k：以每个月份为一个阶段，$k=1,2,\cdots,7$；

状态变量 x_k：第 k 个月初（发货以前）的库存量；

决策变量 d_k：第 k 个月的生产量。

求解：

下个月初（发货以前）的库存量 x_{k+1}=本月初（发货以前）的库存量 x_k-本月需求量 r_k+本月的生产量 d_k，所以状态转移方程为 $x_{k+1}=x_k-r_k+d_k$；

又因为本月生产量的确定应使下月初（发货以前）的库存量 x_{k+1} 既要满足下月的需求量 $r_{k+1} \leqslant x_{k+1}$，又不能超过仓库的库容量 $x_{k+1} \leqslant H$，所以

决策允许集合：$D_k(x_k)=\{d_k \mid d_k \geqslant 0, r_{k+1} \leqslant x_{k+1} \leqslant H\}$
$\qquad\qquad\qquad =\{d_k \mid d_k \geqslant 0, r_{k+1} \leqslant x_k-r_k+d_k \leqslant H\}$；

阶段指标：$v_k(x_k,d_k)=c_k d_k$；

终端条件：$f_8(x_8)=0$，$x_8=0$；

递推方程：$f_k(x_k)=\min\limits_{d_k \in D_k(x_k)} \{v_k(x_k,d_k)+f_{k+1}(x_{k+1})\}$
$\qquad\qquad\quad =\min\limits_{d_k \in D_k(x_k)} \{c_k d_k+f_{k+1}(x_k-r_k+d_k)\}$。

下面用逐步分析方法进行求解：

（1）对于 $k=7$。

因为要求期末（7 月底）库存量为 0，也就是 8 月初的库存量为 0，所以 $x_8=0$；同时，由假设每个月生产的产品在月末入库，所以要求 7 月份的生产量 d_7 为 0，即 7 月份只有唯一的决策：$d_7^*=0$。

递推方程为
$$f_7(x_7)=\min\limits_{d_7=0} \{c_7 d_7+f_8(x_8)\}=0$$

（2）对于 $k=6$。

由状态转移方程知道 $x_8=x_7-r_7+d_7$，而 $x_8=0$，$d_7=0$；所以 $x_7=r_7=4$（7 月份初的库存量=7 月份需求量）。

又由状态转移方程知道 $x_7=x_6-r_6+d_6=4$，因此有 $d_6=x_7+r_6-x_6=4+7-x_6=11-x_6$ 是唯一的决策，即 $d_6^*=11-x_6$。因此，递推方程为
$$f_6(x_6)=\min\limits_{d_6=11-x_6} \{c_6 d_6+f_7(x_7)\}=\min\limits_{d_6=11-x_6} \{10d_6+0\}$$
$$=10d_6=10(11-x_6)=110-10x_6$$

（3）对于 $k=5$，由状态转移方程知道 $x_6=x_5-r_5+d_5$，而且由假设有 $c_5=20$，$r_5=2$，$r_6=7$。因此，递推方程为
$$f_5(x_5)=\min\limits_{d_5 \in D_5(x_5)} \{c_5 d_5+f_6(x_6)\}$$
$$=\min\limits_{d_5 \in D_5(x_5)} \{20d_5+110-10x_6\}$$
$$=\min\limits_{d_5 \in D_5(x_5)} \{20d_5+110-10(x_5-r_5+d_5)\}$$

$$= \min_{d_5 \in D_5(x_5)} \{20d_5+110-10(x_5-2+d_5)\}$$

$$= \min_{d_5 \in D_5(x_5)} \{10d_5-10x_5+130\}$$

下面考察 d_5 的允许集合：

$$D_5(x_5)=\{d_5| d_5 \geq 0, r_6 \leq x_5-r_5+d_5 \leq H\}$$
$$=\{d_5| d_5 \geq 0, r_6+r_5-x_5 \leq d_5 \leq H+r_5-x_5\}$$
$$=\{d_5| d_5 \geq 0, 9-x_5 \leq d_5 \leq 11-x_5\}$$

因为 $x_5 \leq H=9$，因此 $9-x_5 \geq 0$，决策允许集合可以简化为

$$D_5(x_5)=\{d_5| 9-x_5 \leq d_5 \leq 11-x_5\}$$

故递推方程为

$$f_5(x_5)= \min_{9-x_5 \leq d_5 \leq 11-x_5} \{10d_5-10x_5+130\}=\min\{10d_5-10x_5+130\}$$

$$=10(9-x_5)-10x_5+130$$
$$=220-20x_5$$

$d_5^*=9-x_5$

（4）对于 $k=4$，由状态转移方程知道 $x_5=x_4-r_4+d_4$，而且由假设有 $c_4=17$，$r_4=3$，$r_5=2$，故

$$f_4(x_4)= \min_{d_4 \in D_4(x_4)} \{c_4d_4+f_5(x_5)\}$$
$$= \min_{d_4 \in D_4(x_4)} \{17d_4+220-20x_5\}$$
$$= \min_{d_4 \in D_4(x_4)} \{17d_4+220-20(x_4-r_4+d_4)\}$$
$$= \min_{d_4 \in D_4(x_4)} \{17d_4+220-20(x_4-3+d_4)\}$$
$$= \min_{d_4 \in D_4(x_4)} \{-3d_4-20x_4+280\}$$

考察 d_4 的允许集合：

$$D_4(x_4)=\{d_4| d_4 \geq 0, r_5 \leq x_4-r_4+d_4 \leq H\}$$
$$=\{d_4| d_4 \geq 0, r_5+r_4-x_4 \leq d_4 \leq H+r_4-x_4\}$$
$$=\{d_4| d_4 \geq 0, 5-x_4 \leq d_4 \leq 12-x_4\}$$
$$=\{d_4| \max[0,5-x_4] \leq d_4 \leq 12-x_4\}$$

由于在 $f_4(x_4)$ 的表达式中，d_4 的系数是-3，因此 d_4 在决策允许集合中应取集合中的最大值，即 $d_4^*=12-x_4$。

故递推方程为 $f_4(x_4)= \min_{d_4 \in D_4(x_4)} \{-3d_4-20x_4+280\}= \min_{d_4=12-x_4} \{-3d_4-20x_4+280\}$，即

$$f_4(x_4)= -3(12-x_4)-20x_4+280$$
$$= -17x_4+244$$

（5）对于 $k=3$，$x_4-x_3-r_3+d_3$，而且由假设有 $c_3=13$，$r_3=5$，$r_4=3$，故

$$f_3(x_3)= \min_{d_3 \in D_3(x_3)} \{c_3d_3+f_4(x_4)\}$$
$$= \min_{d_3 \in D_3(x_3)} \{13d_3+244-17x_4\}$$
$$= \min_{d_3 \in D_3(x_3)} \{13d_3+244-17(x_3-r_3+d_3)\}$$
$$= \min_{d_3 \in D_3(x_3)} \{-4d_3-17x_3+329\}$$

考察 d_3 的允许集合：

$$D_3(x_3)=\{d_3\mid d_3\geqslant 0, r_4\leqslant x_3-r_3+d_3\leqslant H\}$$
$$=\{d_3\mid d_3\geqslant 0, r_4+r_3-x_3\leqslant d_3\leqslant H+r_3-x_3\}$$
$$=\{d_3\mid d_3\geqslant 0, 8-x_3\leqslant d_3\leqslant 14-x_3\}$$
$$=\{d_3\mid \max[0, 8-x_3]\leqslant d_3\leqslant 14-x_3\}$$

与 $k=4$ 时的情况类似，由于在 $f_3(x_3)$ 的表达式中，d_3 的系数是 -4，因此 d_3 在决策允许集合中应取集合中的最大值，即 $d_3=14-x_3$，故

$$f_3(x_3)=-4(14-x_3)-17x_3+329$$
$$=-13x_3+273$$
$$d_3{}^*=14-x_3$$

（6）对于 $k=2$，$x_3=x_2-r_2+d_2$，且由假设有 $c_2=18$，$r_2=8$，$r_3=5$，故

$$f_2(x_2)=\min_{d_2\in D_2(x_2)}\{c_2d_2+f_3(x_3)\}$$
$$=\min_{d_2\in D_2(x_2)}\{18d_2+273-13x_3\}$$
$$=\min_{d_2\in D_2(x_2)}\{18d_2+273-13(x_2-r_2+d_2)\}$$
$$=\min_{d_2\in D_2(x_2)}\{18d_2+273-13(x_2-8+d_2)\}$$
$$=\min_{d_2\in D_2(x_2)}\{5d_2-13x_2+377\}$$

考察的 d_2 的允许集合：

$$D_2(x_2)=\{d_2\mid d_2\geqslant 0, r_3\leqslant x_2-r_2+d_2\leqslant H\}$$
$$=\{d_2\mid d_2\geqslant 0, r_3+r_2-x_2\leqslant d_2\leqslant H+r_2-x_2\}$$
$$=\{d_2\mid d_2\geqslant 0, 13-x_2\leqslant d_2\leqslant 17-x_2\}$$

因为 $x_2\leqslant H=9$，因此 $13-x_2>0$，所以

$$D_2(x_2)=\{d_2\mid 13-x_2\leqslant d_2\leqslant 17-x_2\}$$

故

$$f_2(x_2)=\min_{d_2\in D_2(x_2)}\{5d_2-13x_2+377\}$$
$$=\min_{d_2\in D_2(x_2)}\{5d_2-13x_2+377\}$$
$$=5(13-x_2)-13x_2+377$$
$$=-18x_2+442$$
$$d_2{}^*=13-x_2$$

（7）对于 $k=1$，$x_2=x_1-r_1+d_1$，故

$$f_1(x_1)=\min_{d_1\in D_1(x_1)}\{c_1d_1+f_2(x_2)\}$$
$$=\min_{d_1\in D_1(x_1)}\{11d_1+442-18x_2\}$$
$$=\min_{d_1\in D_1(x_1)}\{11d_1+442-18(x_1-r_1+d_1)\}$$
$$=\min_{d_1\in D_1(x_1)}\{11d_1+442-18(x_1-0+d_1)\}$$
$$=\min_{d_1\in D_1(x_1)}\{-7d_1-18x_1+442\}$$

$$D_1(x_1)=\{d_1\mid d_1\geqslant 0, r_2\leqslant x_1-r_1+d_1\leqslant H\}$$
$$=\{d_1\mid d_1\geqslant 0, r_2+r_1-x_1\leqslant d_1\leqslant H+r_1-x_1\}$$

$$=\{d_1|d_1\geq 0, 8-x_1\leq d_1\leq 9-x_1\}$$

根据题意，有 $x_1=2$，所以

$$D_1(x_1)=\{d_1|\ 6\leq d_1\leq 7\}$$

故　　　$d_1^*=7$

$$f_1(x_1)=-7d_1-18x_1+442$$
$$=-7\times 7-18\times 2+442$$
$$=357$$

经回溯综合可得

$x_1=2$,　　　　　　　　　　$d_1^*=7$；
$x_2=x_1-r_1+d_1=2-0+7=9$,　$d_2^*=13-x_2=13-9=4$；
$x_3=x_2-r_2+d_2=9-8+4=5$,　$d_3^*=14-x_3=14-5=9$；
$x_4=x_3-r_3+d_3=5-5+9=9$,　$d_4^*=12-x_4=12-9=3$；
$x_5=x_4-r_4+d_4=9-3+3=9$,　$d_5^*=9-x_5=9-9=0$；
$x_6=x_5-r_5+d_5=9-2+0=7$,　$d_6^*=11-x_6=11-7=4$；
$x_7=4$,　　　　　　　　　　$d_7^*=0$。

将以上结果汇总后填入表 5.28。

表 5.28　例 5.7 表（二）

k	1	2	3	4	5	6	7
c_k	11	18	13	17	20	10	15
r_k	0	8	5	3	2	7	4
x_k	2	9	5	9	9	7	4
d_k	7	$13-x_2=4$	$14-x_3=9$	$12-x_4=3$	$9-x_5=0$	$11-x_6=4$	0

最优解为：当每个月的生产量由表 5.29 表示时，相应的库存量随之确定，这时生产成本最低，为 357（单位）。

表 5.29　例 5.7 表（三）

月份(k)	1	2	3	4	5	6	7
生产量	7	4	9	3	0	4	0
库存量	2	9	5	9	9	7	4

5.4　动态规划问题的 Excel 处理

虽然动态规划主要用于求解以时间划分阶段的动态过程的优化问题，但是在一些与时间无关的静态规划（如线性规划、非线性规划）问题中，只要人为地引进时间因素，把它视为多阶段决策过程，也可以用动态规划方法方便地进行求解。由于动态规划所面临的问题是复杂多样的，它不像线性规划那样有一个标准的数学表达式和明确定义的一组规则，而必须对具体问题进行具体分析处理，因此使得动态规划问题没有一个类似于线性规划问题那样具备一般性的 Excel 处理方法，而是要具体问题具体分析，并灵活地应用 Excel 工具来解决此类问题。

下面以广泛应用的资源分配问题为例进行说明。此类问题的一般数学模型可描述如下：设有某种资源，总量为 a，用于生产 n 种产品；若分配数量为 d_i 的资源用于第 i 种产品的收益为 $g_i(d_i)$；问应如何分配，才能使 n 种产品获得的总收益最大？

将上述问题写成静态规划问题，即

$$\max z = \sum_{i=1}^{n} g_i(d_i)$$

$$\text{s.t.} \begin{cases} \sum_{i=1}^{n} d_i \leq a \\ d_i \geq 0 \quad (i=1,2,\cdots,n) \end{cases}$$

当式中的 $g_i(d_i)$ 中至少有一个非线性函数时，这是一个非线性规划问题；当所有 $g_i(d_i)$ 都是线性函数时，这是一个线性规划问题，而且是线性规划问题中著名的背包问题。

我们先来概括问题的 DP 解法。

在利用 DP 方法处理这类"静态问题"时，通常以把资源分配给一个或几个使用者的过程作为一个阶段，把问题中的分配量作为决策变量，将随递推过程变化的可用资源数量作为状态变量，用 d_k（决策变量）表示这种资源分配给第 k 种产品的数量，用 x_k（状态变量）表示这种资源分配给第 k 种产品至第 n 种产品的资源总量，它也是资源总量中扣除前面 $(k-1)$ 种产品对资源的用量后的剩余量，则有关系式 $x_{k+1}=x_k-d_k$，称为状态转移方程。它的意义为：本阶段可用量减去本阶段实际用量等于下阶段及其以后所有阶段总的可用量。令 $f_k(x_k)$ 表示以数量 x_k 的资源分配给第 k 种至第 n 种产品所得的最大总收入。

下面，通过应用 Excel 2003 对例 5.4 问题的解决，说明动态规划问题的 Excel 2003 处理过程。

例 5.4 的问题是这样的，有资金 4 万元，拟投资 A、B、C 三个项目，每个项目的投资效益与投入该项目的资金有关；三个项目 A、B、C 的投资效益（万吨）和投入资金（万元）的关系参见表 5.13；要求给出使投资效益最大的投资方案。

首先将问题分为三个阶段，分别对应于对 A、B、C（当然可以是任何次序）三个项目的资金分配。这就将静态问题转化成了分阶段的动态问题，从而可利用 DP 方法进行处理。

利用 Excel 2003 求解例 5.4 问题的步骤如下。

（1）将例 5.4 中的基本数据输入工作表，如图 5.5 上部所示，并在相应的单元格中输入计算公式，列示如下：

在单元格 B18 中输入"=SUM(B13:B17)"，并复制到单元格 D18；

在单元格 B19 中输入"=SUMPRODUCT(B13:B17,A13:A17)"，在单元格 C19 中输入"=SUMPRODUCT (C13:C17,A13:A17)"，在单元格 D19 中输入"=SUMPRODUCT (D13:D17,A13:A17)"；

在单元格 E19 中输入“=SUM(B19:D19)”；

在目标函数单元格 B9 中输入“=SUMPRODUCT(B3:D7,B13:D17)”；

可变单元格为：B13：D17，共 15 个单元格。

（2）打开“工具-规划求解”对话框，在“设置目标单元格”后的文本框中输入“$B$9”，选中“最大值”单选框，在“可变单元格”中输入“$B$13:$D$17”。

（3）添加约束条件：

$B$13: $D$17=二进制（只能取值 0 或 1）；

$E$19=4（总共可分配的资金总额，既不能多于 4 也不能少于 4）；

$B$18: $D$18=1（项目 A、B、C 能且只能取一个状态）。

（4）在“规划求解-选项”对话框中，选中“采用线性模型”和“假定非负”复选框，单击“确定”按钮返回。

（5）单击“求解”按钮，规划求解会找到一解，可满足所有的约束条件并给出最优状况。

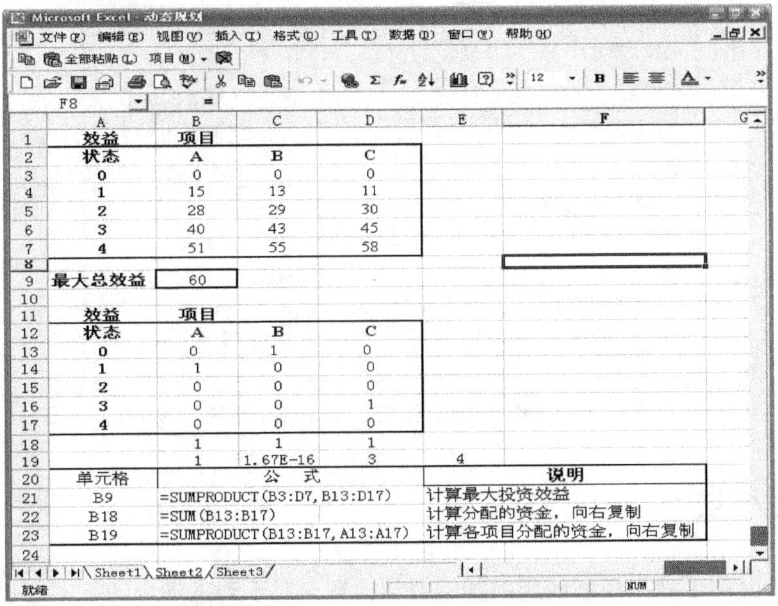

	A	B	C	D	E	F
1	效益	项目				
2	状态	A	B	C		
3	0	0	0	0		
4	1	15	13	11		
5	2	28	29	30		
6	3	40	43	45		
7	4	51	55	58		
8						
9	最大总效益	60				
10						
11	效益	项目				
12	状态	A	B	C		
13	0	0	1	0		
14	1	1	0	0		
15	2	0	0	0		
16	3	0	0	1		
17	4	0	0	0		
18		1	1	1		
19		1	1.67E-16	3	4	
20	单元格	公 式			说明	
21	B9	=SUMPRODUCT(B3:D7,B13:D17)			计算最大投资效益	
22	B18	=SUM(B13:B17)			计算分配的资金，向右复制	
23	B19	=SUMPRODUCT(B13:B17,A13:A17)			计算各项目分配的资金，向右复制	
24						

图 5.5　使用 Excel 2003 对例 5.4 动态规划问题进行求解

由图 5.5 所给出的计算表可知，4 万元资金分配的最大总效益为 60（目标单元格 B9=60）。最优分配策略为：A 项目资金=1 万元（单元格 B14=1，对应状态 1），B 项目资金=0 万元（单元格 C13=1，对应状态 0），C 项目资金=3 万元（单元格 D16=1，对应状态 3）。

利用 Excel 2003 求解例 5.4 动态规划问题的参数设置和选项设置如图 5.6 和图 5.7 所示。

由例 5.4 问题的 Excel 2003 求解过程可以看出，应用 Excel 2003 的规划求解工具可以求解大多数动态规划问题，但却没有一个固定的、具有一般性的解决方法；尽管如此，我们在充分理解动态规划问题的本质之后，仍然可以灵活地设计一些参数，使得这些问题可以利用 Excel 2003 的规划求解工具进行处理。

图 5.6　例 5.4 动态规划问题的"规划求解参数"对话框

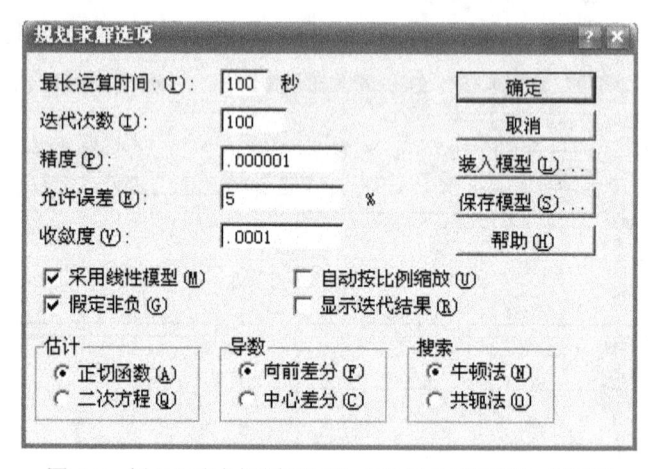

图 5.7　例 5.4 动态规划问题的"规划求解选项"对话框

本章小结

本章首先介绍了动态规划问题的基本数学模型，对于动态规划的基本思想、基本概念进行了阐述；然后通过利用实际案例给出了多个比较著名的案例，如资源分配问题、背包问题、生产库存问题等，介绍了这些动态规划中比较典型问题的求解方法和步骤。

思考与练习

思考题

5.1　举例说明什么是多阶段决策过程。

5.2　解释下列概念：状态；决策；最优策略；状态转移方程；指标函数和最优值函数终端条件。

5.3　试述动态规划的基本思想、动态规划基本方程的结构和方程中各个符号的含义及正确写出动态规划基本方程的关键因素。

5.4 试述动态规划的最优化原理及它与动态规划基本方程之间的关系。

5.5 判断下列说法是否正确：

（1）在动态规划模型中，问题的阶段数等于问题中的子问题的数目；

（2）在动态规划中进行状态定义时，应保证在各个阶段中所做决策的相互独立性；

（3）动态规划的最优性原理保证了从某一状态开始的未来决策独立于先前已做过的决策。

练习题

5.1 某地区要从 A 地向 F 地铺设一条输油管道，各点间连线上的数字表示距离，如图 5.8 所示。问应选择什么路线才可使总距离最短？

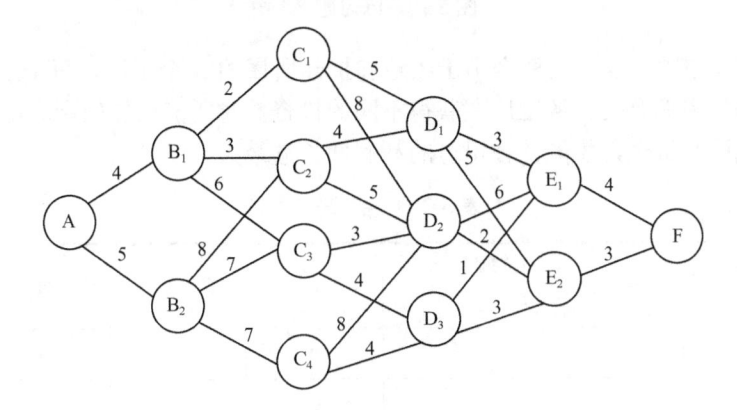

图 5.8 练习题 5.1 图

5.2 某旅游者从 A 地出发到 F 地，他事先得到的路线如图 5.9 所示。

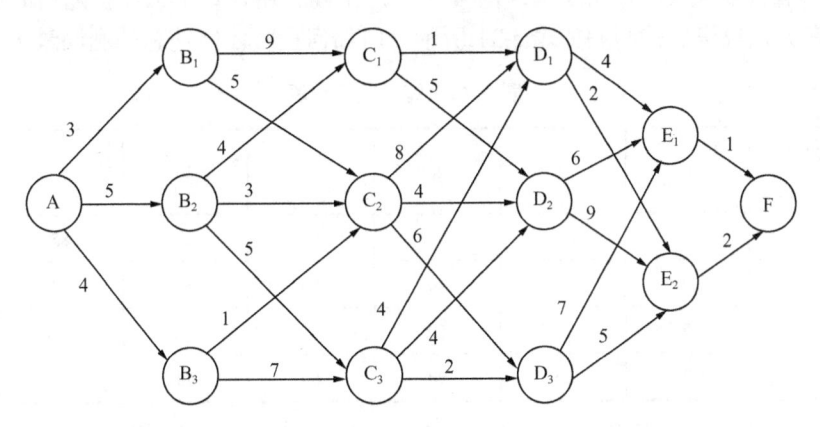

图 5.9 练习题 5.2 图

各点之间的距离如图 5.9 中连线上的数字所示，旅游者沿着箭头方向行走总能走到 F 地，试找出 A 地至 F 地之间的最短路线及距离。

5.3 一艘货轮在 A 港装货后驶往 F 港，中途需要靠港加油和淡水 3 次，从 A 港到 F 港全部可能的航行路线及两港之间的距离如图 5.10 所示，F 港有 3 个码头，试求最合理的停靠码头及航线，以使总路程最短。

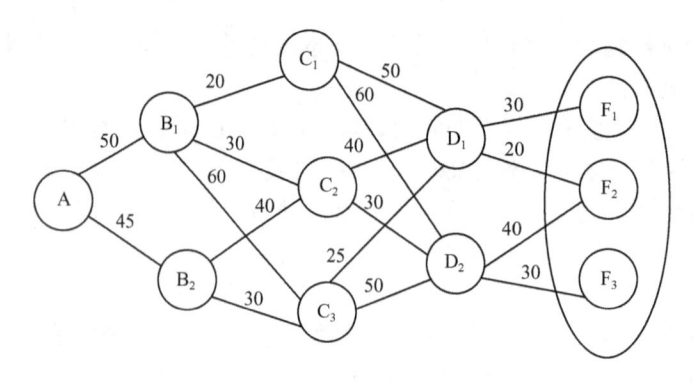

图 5.10　练习题 5.3 图

5.4　某公司拟将 30 万元资金用于改造和扩建所属的 3 个工厂,每个工厂的利润增长额与所分配的投资额有关。各工厂在获得不同的投资额时所能增加的利润如表 5.30 所示。问应如何分配这些资金,才能使公司总的利润增长额最大?

表 5.30　练习题 5.4 表

工　厂 \ 投资额/百万元	0	10	20	30
1	0	2.5	4	10
2	0	3	5	8.5
3	0	2	6	9

5.5　设国家拨给 60 万元投资,供 4 个工厂扩建使用,每个工厂扩建后的利润与投资额的大小有关,投资后的利润如表 5.31 所示。问如何投资才能使总的利润最大?

表 5.31　练习题 5.5 表

利润函数 \ 投资/万元	0	10	20	30	40	50	60
$g_1(x)$	0	20	50	65	80	85	85
$g_2(x)$	0	20	40	50	55	60	65
$g_3(x)$	0	25	60	85	100	110	115
$g_4(x)$	0	25	40	50	60	65	70

5.6　设有 6 万元资金用于 4 个工厂的扩建,已知每个工厂的利润增长额与投资额的大小有关,如表 5.32 所示。问应如何确定对这 4 个工厂的投资额,使总利润增长额最大?

表 5.32　练习题 5.6 表

工　厂 \ 投资额/百元	0	100	200	300	400	500	600
1	0	20	42	60	75	85	90
2	0	25	45	57	65	70	73

续表

投资额/百元 工　厂	0	100	200	300	400	500	600
3	0	18	39	61	78	90	95
4	0	28	47	65	74	80	85

5.7 某厂生产 3 种产品，各种产品的重量与利润的关系如表 5.33 所示。现将此 3 种产品运往市场出售，运输能力总重量不超过 6 吨，问如何安排运输，使总利润最大？

表 5.33　练习题 5.7 表

产 品 种 类	1	2	3
重量/吨	2	3	4
单件利润/元	80	130	180

5.8 有一辆最大货运量为 10 吨的卡车，用以装载 3 种货物，每种货物的单位重量及相应单位价值如表 5.34 所示，问应如何装载可使总价值最大？

表 5.34　练习题 5.8 表

货物编号（i）	1	2	3
单位重量/吨	3	4	5
单位价值（c_i）	4	5	6

5.9 有一个徒步旅行者，其可携带的物品质量的限度为 5 千克，设有 3 种物品可供其选择装入包中。已知每种物品的质量及使用价值如表 5.35 所示。问此人应如何选择携带的物品（各几件），使用价值才能为最大？

表 5.35　练习题 5.9 表

物 品 种 类	1	2	3
质量（千克）	3	2	5
使用价值	8	5	12

第6章 网 络 计 划

内容提要

- ☑ 网络图（也称为工序流线图）的基本概念
- ☑ 网络图绘制规则
- ☑ 关键路线（CP）的概念及时间参数
- ☑ 网络计划的优化方法

网络计划方法是一种帮助人们分析工作活动规律，提示任务内在矛盾的科学方法，这种方法还提供了一套编制和调整计划的完整技术。网络计划方法的核心是，它提供了一种描述计划任务中各项活动相互间（工艺或组织）逻辑关系的图解模型——网络图。利用这种图解模型和有关的计算方法，可以看清计划任务的全局，分析其规律，以便揭示矛盾，抓住关键，并用科学的方法调整计划安排，找出最好的计划方案。

当前，世界上工业发达国家都非常重视现代管理科学，网络计划技术已被许多国家公认是当前最行之有效的管理方法。国外多年实践证明，应用网络计划技术组织与管理生产一般能缩短工期20%左右，降低成本10%左右。

美国是网络计划技术的发源地，1956年美国杜邦公司利用网络方法制订了第一套网络计划，利用网络表示各项工作及所需要的时间及工作之间的关系，找出编制与执行计划的关键路线，这就是关键路线方法（Critical Path Method，CPM）。

1958年，美国海军武器局在制订研制"北极星"导弹计划时，同样应用了网络方法和网络形式，且更注重于对各项任务安排的评价和审查，所以将其称为计划评审技术（Program Evaluation and Review Technique，PERT）。

美国的泰迪建筑公司在47个建筑项目中应用网络计划方法，平均节省时间22%，节约资金15%。美国政府于1962年规定，凡与政府签订合同的企业，都必须采用网络计划技术，以保证工程进度和质量。1974年美国麻省理工学院调查指出"绝大部分美国公司采用网络计划编制施工计划"。目前，美国基本上实现了"机画、计算、机编、机调"，即实现了计划工作的自动化。

日本、前苏联、德国、英国也在工程中普遍应用了网络计划技术，尤其把这一技术应用到了建筑工程的全过程管理之中。

20世纪60年代初期，著名科学家华罗庚、钱学森相继将网络计划方法引入我国。华罗庚教授在综合研究各类网络方法的基础上，结合我国实际情况将其加以简化，于1965年发表了《统筹方法评话》，为推广和应用网络计划方法奠定了基础。近几年，随着科技的发展和进步，网络计划技术的应用也日趋得到工程管理人员的重视，且已取得了可观的经济效益。例如，在上海宝钢炼铁厂1号高炉土建工程施工中，由于应用了网络计划技术，缩短工期21%，降低成本9.8%。广州白天鹅宾馆在建设过程中，由于应用了网络计划技术，工期比与外商签订的合同工期提前了四个半月，仅投资利息就节约 1 000 万港元。

6.1 网络计划技术

下面介绍网络计划技术（或称统筹方法）的基本原理。首先，把所要做的工作，哪项工作先做，哪项工作后做，各占用多少时间及各项工作之间的相互关系等用网络图（也称做工序流线图）的形式表达出来；其次，通过简单的计算，找出哪些工作是关键的，哪些工作不是关键的，并在原来计划方案的基础上，进行计划的优化。例如，在劳动力或其他资源有限制的条件下，寻求工期最短；或者在工期规定的条件下，寻求工程的成本最低，等等；最后，组织计划的实施，并且根据变化了的情况，搜集有关资料，对计划及时进行调整，重新计算和优化，以保证计划执行过程中自始至终能够最合理地使用人力、物力，保证多、快、好、省地完成任务。

我国桥梁专家茅以升在修建钱塘江大桥时"运用科学技术，造基础时即造桥墩，同时装配钢梁"，这实际上就是后面要讲的"平行作业"。在"引滦入津"工程中使用了"边勘测，边设计，边施工"的交叉作业法，使工期提前了一年多。国内不少重大工程和厂矿也广泛地使用了关键路线方法，取得了极为显著的经济效益。

特别要提到的是，20 世纪 60 年代我国著名数学家华罗庚先生深入实际大力推广上述方法，并根据其主要特点在于统筹安排，将其称为统筹方法。这一方法的优点是：使计划工作做到统筹兼顾，全面安排，抓住编制和执行计划时的关键问题。

6.2 网络计划的基本概念

学习网络计划方法，首先要掌握网络图（也称为工序流线图）的基本概念。下面介绍几个后面要用到的基本概念，它们是工序/工作、事项、紧前工序、虚工序、网络图和工序时间等。

1. 工序

任何一项工程计划，都包含许多项待完成的工作。具有具体内容并要经过一定时间才能完成的生产或工作过程叫工序（或称为工作）。

具体内容，即需要人、财、物等的投入；生产或工作过程是指有开始、延续和结束时间；工序所需要的延续时间的长度，叫做工序时间或工作时间。

图 6.1 网络图中工序的表示方法

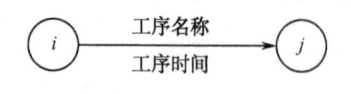

工序也是某项工程计划中一些既相对独立又相互关联的任务。在网络图中，工序用箭线表示，箭尾表示工序的开始，箭头表示工序的完成。箭头的方向表示工序的前进方向（从左向右）；工序的名称或内容写在箭线的上面，工序的持续时间写在箭线的下面，如图 6.1 所示。

2. 事项

事项是指工程计划的始点、终点以及其中的两道或两道以上工序的交点，又称为事件或结点。在时间上它表示指向某事项的工序全部完成后，该事项后面的工序才能开始，这意味着前后工序的交接。事项用数字加圆圈"〇"表示。

3. 紧前工序和紧后工序

在网络图中，若工序（工作）a 完成后工序（工作）b 就可以立即开始，称工序（工作）a 为工序（工作）b 的紧前工序（前置任务），称工序 b 为工序 a 的紧后工序（后续工作）。

4. 虚工序（逻辑箭线）

虚工序仅仅表示工序之间的先后顺序，在网络图中用虚箭线来表示，它的持续时间为 0。

5. 网络图

在一项工程或任务的组织安排中，首先将任务分解为若干工序，找出工序之间的先后关系及每道工序的估计完成时间，并在此基础上建立工序明细表；然后根据这个明细表，用图论方法，按工序之间的先后关系及完成时间做出一张赋权有向图；最后对所有事项（结点）进行顺序编号，就建立了该项工程或工作的一张网络图。简单地讲，由工序、事项及标有完成各道工序所需时间等参数所构成的图称为网络图（又称为工序流线图）。通常，网络图的建立分为以下三个步骤。

第一步，建立工序明细表。
第二步，根据明细表和画法规定做出赋权有向图。
第三步，对图进行顺序编号。
第一步工作需要熟悉工程的人员与统筹工作人员一道才能完成，不在本书的讨论之列。下面举例说明后两个步骤的工作。

例 6.1 某项建筑工程可分解为 8 道工序，工序间的先后关系及每道工序所需时间如表 6.1 所示。

表 6.1 工序明细表

工序代号	名称或内容	紧前工序	时间/天	工序代号	名称或内容	紧前工序	时间/天
A	设计	—	8	E	上项	D	13
B	挖地基	A	20	F	安装电器设备	D	15
C	打地基	B	10	G	安装管道	D	20
D	主体工程	C	60	H	室内装修	E, F, G	30

第6章 网络计划

根据表 6.1，可以做出网络图 6.2，画网络图时，工序名称或内容可以不写，有工序代号就足够了。

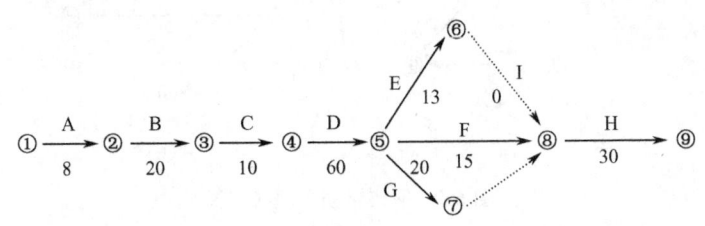

图 6.2 例 6.1 的建筑工程网络图

6.3 网络图的绘制

一张正确的网络图，不但需要明确地表达工序的内容，而且需要准确地表达各项工序之间的先后顺序和相互关系，因此，绘制网络图必须遵守一定的规则。

6.3.1 网络图绘制规则

如上所述，在网络图中，事项（结点）用数字加圈表示，工序用箭线表示，故工序形式如图 6.2 所示。有时在文字叙述时，事项数字外的圆圈可略去而用括号表示。下面介绍网络图绘制规则。

（1）网络图中不得有两个以上的箭线同时从一个事项发出且同时指向另一事项，即如图 6.3 所示的画法是错误的。

（2）网络图中不得存在闭合回路，即图 6.4（a）和图 6.4（b）所示的画法均是错误的。

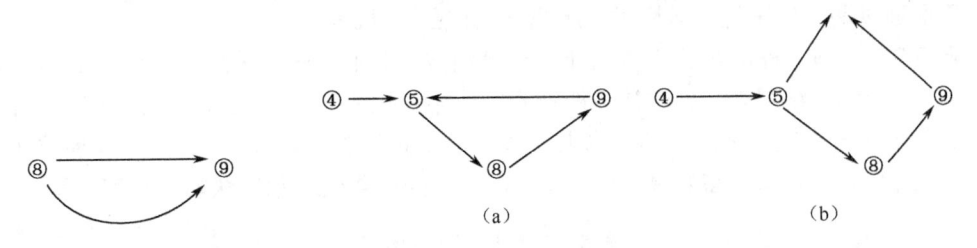

图 6.3 网络错误画法（一）　　　　图 6.4 网络错误画法（二）

（3）网络图中只能有一个事项表示整个计划的开始点，同时也只能有一个事项表示整个计划的完成点（即只能有一个起点和一个终点）。应将没有紧前工序（即没有箭头进入的）的所有结点合为一个起点，没有紧后工序的所有结点合为一个终点，同时不能有缺口，即如图 6.5（a）和图 6.5（b）所示的画法均是错误的。

147

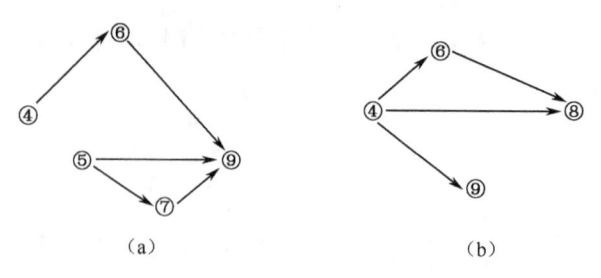

图 6.5　网络错误画法（三）

（4）正确运用虚工序。所谓虚工序，就是用虚箭线表示的工序，仅表示工序之间的先后衔接关系，不占时间和投入，其下数字 0 表示虚工序时间总是 0。虚工序常常不出现在明细表中。

例如，一项工程设计好后，一方面要建筑施工，同时另一方面要去订购设备，待这两部分完成后，才能安装、试车。我们把这项工程的工序网络图绘成图 6.6（a）是不正确的，因为相关事项②与③之间只能代表一道工序，其正确画法是在图中运用一道虚工序，如图 6.6（b）所示。

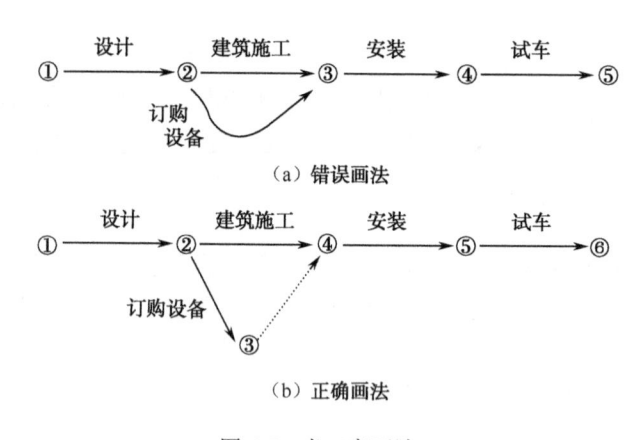

图 6.6　虚工序画法

下面通过两个例子说明运用虚工序的方法与必要性。

例 6.2　某项工程由四道工序 a、b、c、d 组成，它们之间的关系如表 6.2 所示。那么，如图 6.7 所示的网络图表示方法是不正确的。因为按照图 6.7 中表示的方法，工序 d 必须在工序 a 和工序 b 完工后才能开动，这未反映工序 d 的要求。实际上，工序 d 仅要求在工序 b 完工后就可开工，而不需要等工序 a 完工。正确的网络图表示方法如图 6.8 所示。

表 6.2　例 6.2 工序明细表

工　序	紧前工序
a	—
b	—
c	a，b
d	b

图 6.8 中的工序②┈┈┈▶为虚工序，它只表示工序 b 完工后，工序 c 才能开工。这样，工序 c 需要在工序 a 和工序 b 均完工后才能开工，而工序 d 只要工序 b 完工后就可开工。所以，图 6.8 正确地反映了工序明细表 6.2 的要求。

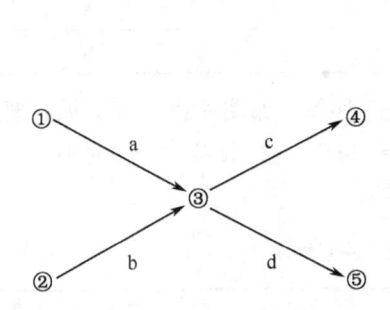

图 6.7 例 6.2 网络图的错误画法

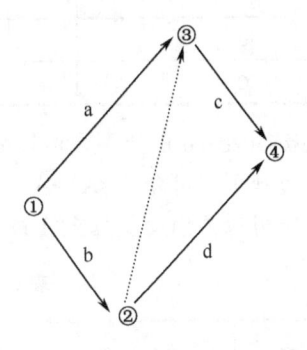

图 6.8 例 6.2 网络图的正确画法

例 6.3 某工程由 5 道工序 a、b、c、d、e 组成，它们之间的关系如表 6.3 所示。

表 6.3 例 6.3 工序明细表

工　序	紧前工序
a	—
b	a
c	—
d	a，c
e	c

对于例 6.3，图 6.9 表示的网络图是错误的。因为按图 6.9 中的画法，工序 e 要在工序 a 和工序 c 均完工后才能完工，这不符合明细表 6.3 中对工序 e 的要求（工序 e 只要在工序 c 完工后即可开工）。所以，正确的网络图表示方法如图 6.10 所示。

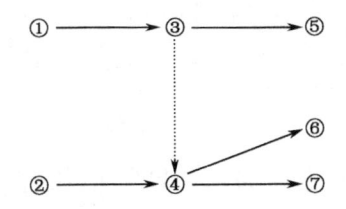

图 6.9 例 6.3 网络图的错误画法

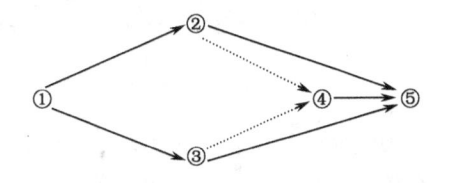

图 6.10 例 6.3 网络图的正确画法

对于复杂的网络图，要先画草图。在草图中可以不妨多画几道虚工序，把工序之间的先后衔接关系表示准确后，再看是否可以省去一些虚工序。要知道，多余的虚工序会给计算带来很多麻烦。

（5）交叉作业（或工序）及其画法。为加快工程进度，在条件允许时，常常在一道工序未全部完成时，就开始紧后工序的工作，这就是前面所说的交叉作业（或工序）。例如，某高速公路工程中的勘测、设计、施工工序，其明细表如表 6.4 所示。

表 6.4　高速公路工程工序明细表

工序代码	工序名称	紧前工序
A	勘测	—
B	设计	A
C	施工	B

直接按照表 6.4 的原意，可以做出无交叉作业工序图，如图 6.11 所示。如果要边勘测、边设计、边施工，可令 A=A1+A2，B=B1+B2，C=C1+C2，并做出其工序明细表，如表 6.5 所示。这样可以做出交叉作业工序图，如图 6.12 所示。

表 6.5　进行交叉作业工序明细表

工序代码	工序名称	紧前工序
A1	勘测 1	—
A2	勘测 2	A1
B1	设计 1	A1
B2	设计 2	A2，B1
C1	施工 1	B1
C2	施工 2	B2，C1

为了简单起见，设图 6.11 中每道工序费时 10 天，故工程计划时间是 30 天；在图 6.12 中，若 A1、A2、B1、B2、C1、C2 都各花 5 天时间，不难看出它所表示的工程计划总时间就只有 20 天了。图 6.12 所示的计划时间比图 6.11 所示的计划时间节约了 33%，这就是边勘测、边设计、边施工能节省工程时间的原因。

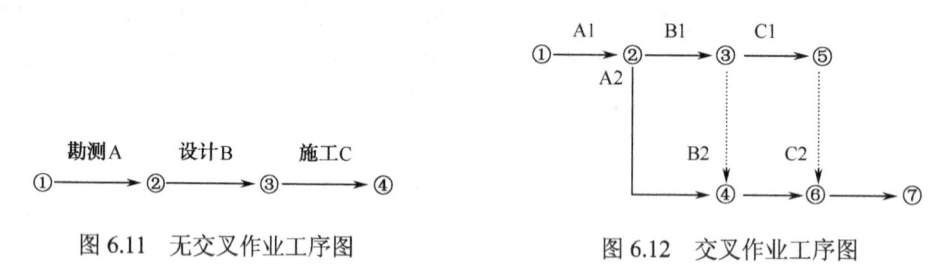

图 6.11　无交叉作业工序图

图 6.12　交叉作业工序图

根据实际可能，还可以把各道工序分得更细一些，"交叉"起来就更能节省时间，但图也会更加复杂。

（6）平行工序及其画法。同样，为了加快工程进度，根据实际可能，还可以尽量使有些工序同时开工。

某一道或某几道工序完工后能同时开工的若干道工序称为平行工序。例如，在例 6.1 的工序明细表中（见表 6.1），E、F、G 都是在工序 D 完工后可以同时开工的三道工序，所以，它们是三道平行工序。有时甚至专门把一道工序拆成好几道平行工序，这样就会大大缩短工程时间。再如，一项工程由检查、修理、组装三道工序组成，为了加快进度，将修理这道工序分成修理 1、修理 2、修理 3 三道平行工序同时进行（平行作业），如图 6.13 所示。显然，图 6.13（a）中的画法是错误的。运用虚工序后就可以正确地把平行作业的工序表示出来，如图 6.13（b）所示。

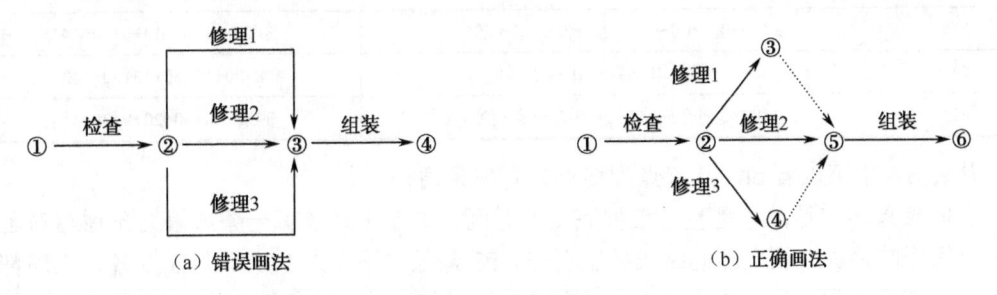

图 6.13 平行作业网络图

6.3.2 网络图的事项（结点）顺序编号

网络图的第三步工作是给图中的事项（结点）按顺序进行编号。事项编号按由小到大的顺序进行，对任何一道工序 $i \rightarrow j$，一定要满足 $i<j$，即箭头结点号码大于箭尾结点号码。下面介绍编号方法。

第一步，给始点事项（结点）编号 1 或 0（或其他适当的数），用虚线划去从它发出的所有弧。

第二步，给图中余下没有箭头进入的事项（结点）（可能不止一个）顺次编号。凡已编号之结点，划去从它们发出的所有弧，回到本步，直到终点获得编号为止。

6.4 关键路线（CP）的概念及时间参数

6.4.1 关键路线的概念

下面再来考察例 6.1，为方便讨论，将其工程网络图重新绘制，如图 6.14 所示。

图 6.14 工程网络图

在图 6.14 中，从工程起点①至终点⑨，有若干条单向通路，由于此网络图很简单，可以用穷举法计算路长，如表 6.6 所示。

表6.6 穷举法路长计算数据

路 线 名	路　　线	路　　长
P1	①→②→③→④→⑤→⑥→⑧→⑨	8+20+10+60+13+0+30=141
P2	①→②→③→④→⑤→⑧→⑨	8+20+10+60+15+30=143
P3	①→②→③→④→⑤→⑦→⑧→⑨	8+20+10+60+20+0+30=148

从表6.6中可以看到，从起点到终点共有三条通路。

我们感兴趣的是，一是整个工程完工的时间，二是上述的哪一条或哪几条通路对工程完工时间影响最大。从上面的路长数字看出，P3最长，长度为148，即P3上各道工序都一道紧接一道完工和开工，共花了148个单位时间（如"天"）。由于P1、P2仍是从起始结点至终止结点的通路，每条通路的总长都小于148天，各工序在时间安排上即使在一定时间内延长，整个工程仍可在148天内完工。就全体路径来讲，由于最长通路的长是148，则每条通路上的工序都可以在开工后148天内完工。

在以时间为权的网络图中，从工程起点至终点最长的通路称为工程或项目的关键路线或关键路径，记为CP；关键路线上的工序称为关键工序，关键路线的长度（一条关键路线上各道工序时间之和）就是工程计划完工期或最早可能完工期，记为 T_E。

在一条关键路线上，一道工序的开工时间就是它紧前工序的完工时间。完工一刻也不能推迟，开工一刻也不允许提前或延后，关键工序完工时间的延长和在一定范围内的缩短意味着工程完工期的推迟和提前。在非关键路线上，紧后工序的开工可以在其紧前工序完工后的一定时间范围内推迟，但不会影响工程完工期。就此例而言，P3：①→②→③→④→⑤→⑦→⑧→⑨为关键路线，完工期为148天。

统筹方法的任务：一是找出关键路线（CP），华罗庚先生称它为主要矛盾线；二是找出非关键路线各工序的开（完）工富裕时间，又称为时差；三是利用"向关键路线要时间，向非关键路线要资源"的指导思想，做出最优或最满意的工程计划。

6.4.2 时间参数及其计算

1. 工序时间

为完成某一道工序 ⓘ→ⓙ 所需要的时间称为工序时间（简称工时），记为 $t(i,j)$。确定工序时间的方法一般可分以下两类。

（1）在具有工时定额资料或劳动量定额资料时，可以根据这些现有资料确定工序时间。若不具有这些定额资料，但拥有该工序或同类工序的时间消耗的统计资料，也可参照这些统计资料确定工序时间。工序时间就是其统计平均或定额时间。

（2）不具有上述定额资料和统计资料时，工序时间则不能确定。例如，对于新开发的大型工程和科研试制项目等，可以采用"工序时间的三点估计法"确定工序时间，即先估计下面的 a、b 和 m，其中 a 表示工序最快可能完成时间（又称乐观时间），b 表示工序最迟可能完成时间（又称悲观时间），m 表示工序最大可能完成时间。这样，工序时间的最佳估计为 $t=\dfrac{a+4m+b}{6}$。至于 a、b 和 m 的估计，可根据类似工序的完成时间或已有经验，

第6章 网络计划

由有经验的管理人员确定。

2. 工序最早可能开工时间

任一工序 ⓘ→ⓙ 都必须在它的所有紧前工序完工后才能开工,每道紧前工序都有一个最早可能完工时间。这些最早可能完工时间的最大值,就是本工序最早可能开工时间,记为 $T_{ES}(i,j)$。从这个意义看,按递推关系应有

$T_{ES}(1,j)=0$(1 表示起点事项的编号);

$T_{ES}(i,j)=$ 从一切可能的和数"紧前工序最早可能开工时间+该紧前工序所需要的时间"中选取最大的一个,即

$$T_{ES}(i,j)=\max\{T_{ES}(k,i)+t(k,i)\} \quad (6\text{-}1)$$
$$K<i\ (i=2,3,\cdots,n)$$

式中的 i 和 j 为这道工序的相关事项的编号,k 为这道工序紧前的一道工序(或几道工序)的开工事项的编号。

为了方便起见,任何工序 ⓘ→ⓙ 的最早可能开工时间可以用记号 □ 直接标在网络图上。

工序最早可能开工时间从工序流线图上的第一道工序开始算起,自左向右逐道工序向前计算,一直算到工程的最后一道工序为止。下面利用一个具体的例子介绍它的计算方法。

例 6.4 设某工程的网络图如图 6.15 所示(时间单位为周),试计算工序最早可能开工时间 $T_{ES}(i,j)$ 和工程完工期 T_E。

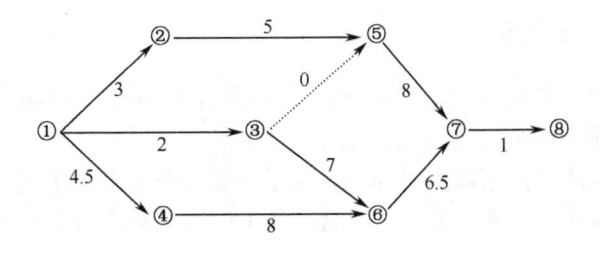

图 6.15 例 6.4 网络图

显然,以始点事项①为开工事项的头三道工序的最早可能开工时间等于 0,即

$$T_{ES}(1,2)=0,\ T_{ES}(1,3)=0,\ T_{ES}(1,4)=0$$

把它们写在方框"□"内在如图 6.16 所示。

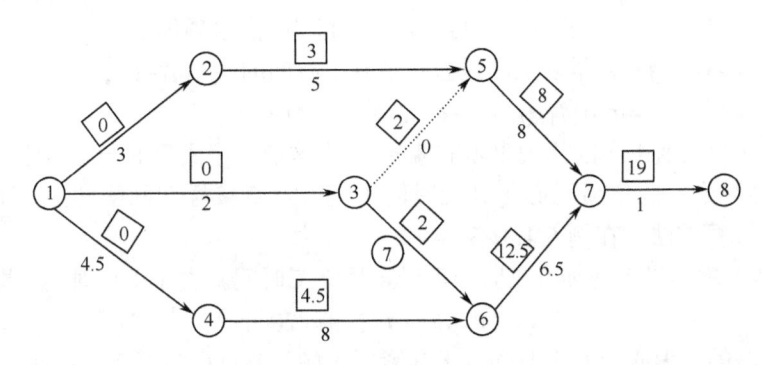

图 6.16 例 6.4 求解示意图(一)

以后各道工序最早可能开工时间等于紧前工序的最早可能开工时间加上紧前工序的时间。例如：

$$T_{ES}(2, 5)=T_{ES}(1, 2)+t(1, 2)=0+3=3$$
$$T_{ES}(3, 5)=T_{ES}(1, 3)+t(1, 3)=0+2=2$$
$$T_{ES}(3, 6)=T_{ES}(1, 3)+t(1, 3)=0+2=2$$
$$T_{ES}(4, 6)=T_{ES}(1, 4)+t(1, 4)=0+4.5=4.5$$

若紧前工序不止一道时，则要选择其中最早可能开工时间与工序时间之和的最大值。例如：

$$T_{ES}(5, 7)= \max \{T_{ES}(2, 5)+t(2, 5),\ T_{ES}(3, 5)+t(3, 5)\}$$
$$= \max (3+5, 2+0)=8$$
$$T_{ES}(6, 7)= \max \{T_{ES}(3, 6)+t(3, 6),\ T_{ES}(4, 6)+t(4, 6)\}$$
$$= \max (2+7, 4.5+8)=12.5$$
$$T_{ES}(7, 8)= \max \{T_{ES}(5, 7)+t(5, 7),\ T_{ES}(6, 7)+t(6, 7)\}$$
$$= \max (8+8, 12.5+6.5)=19$$

工程（最早）完工时间为

$$T_E=T_{ES}(7, 8)+ t (7, 8)=19+1=20$$

对于比较简单的网络图，计算工序最早可能开工时间时，只要根据相邻工序箭线下面的工序时间之间的关系，从左到右直接在图上填数计算即可。

3．工序最迟必须开工时间

工序最迟必须开工时间是指在不影响工程按最早可能完工时间完工的前提下，工序 ⓘ→ⓙ 的最迟必须开工时间，记为 $T_{LS}(i,j)$。

一个网络图，设其终点事项编号为 n，为了下面计算和叙述方便，不妨在终点处后续一道虚工序 ⓝ------►ⓝ₊₁。按上述定义，这道虚工序的最迟必须开工时间应是工程的最早完工时间，即

$$T_{LS}(n, n+1)=T_{ES}(n, n+1)$$

一道工序 ⓘ→ⓙ，紧接其后的工序（称为紧后工序）是 ⓙ→ⓚ，这里的 k 可能不止一个数，即工序 ⓘ→ⓙ 的紧后工序可能不止一道，每道都应有一个最迟必须开工时间。于是得到工序最迟必须开工时间的顺次递推公式，即

$T_{LS}(n, n+1)=T_{ES}(n, n+1)$（$n$ 表示工程终点事项编号）；

$T_{LS}(i,j)$=各紧后工序最迟必须开工时间的最早者$-t(i,j)$

$$=\min\{T_{LS}(j, k)\}-t(i, j) \qquad (j<k) \tag{6-2}$$

式中 i 和 j 为这道工序的相关事项的编号，k 为这道工序紧后的一道工序（或几道工序）的完工事项的编号。工序最迟必须开工时间用记号 △ 直接标在网络图上。下面仍然利用例 6.4 介绍其计算方法。在例 6.4 中有：

最后一道工序的最迟必须开工时间等于工程完工时间减去本工序时间，即

$$T_{LS}(7, 8)= T_E -t(7, 8)= 20-1=19$$

通常，工序的最迟必须开工时间等于其紧后工序的最迟必须开工时间减去本工序时间，即

$T_{LS}(6, 7) = T_{LS}(7, 8) - t(6, 7) = 19 - 6.5 = 12.5$

$T_{LS}(5, 7) = T_{LS}(7, 8) - t(5, 7) = 19 - 8 = 11$

$T_{LS}(4, 6) = T_{LS}(6, 7) - t(4, 6) = 12.5 - 8 = 4.5$

$T_{LS}(3, 6) = T_{LS}(6, 7) - t(3, 6) = 12.5 - 7 = 5.5$

$T_{LS}(3, 5) = T_{LS}(5, 7) - t(3, 5) = 11 - 0 = 11$

$T_{LS}(2, 5) = T_{LS}(5, 7) - t(2, 5) = 11 - 5 = 6$

$T_{LS}(1, 4) = T_{LS}(4, 6) - t(1, 4) = 4.5 - 4.5 = 0$

$T_{LS}(1, 2) = T_{LS}(2, 5) - t(1, 2) = 6 - 3 = 3$

用记号△把 $T_{LS}(i, j)$ 相应地标在网络图上，如图 6.17 所示。

如果紧后工序有多道时，则要选择其中最迟必须开工时间的最小者减去本工序时间。在例 6.4 中，工序①→③的紧后工序有 2 道，故

$T_{LS}(1, 3) = \min\{T_{LS}(3, 5), T_{LS}(3, 6)\} - t(1, 3) = \min(11, 5.5) - 2 = 3.5$

同样，对于较简单的工序网络图，计算工序最迟必须开工时间时，只要根据相邻工序与箭线下面的工序时间之间的关系，从右向左直接在图上填数即可，如图 6.17 所示。

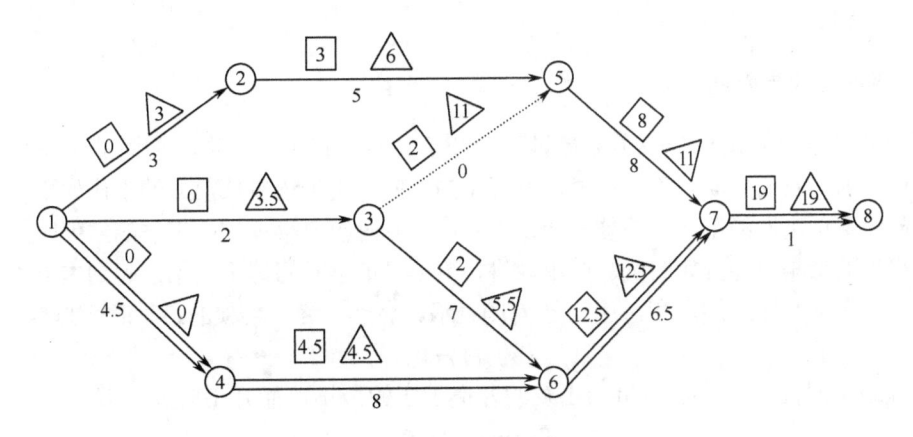

图 6.17　例 6.4 求解示意图（二）

4．工序（任务）的总时差

工序总时差是指在不影响整个工程或项目完工时间的条件下，一道工序(i)→(j)的可以推迟其开工时间的最大幅度，工序总时差用记号 $R(i, j)$ 表示。

工序的总时差等于该工序最迟必须开工时间与本工序最早开工时间之差，即

工序总时差 $R(i, j) = T_{LS}(i, j) - T_{ES}(i, j) = △-□$ （6-3）

式（6-3）中，△表示工序最迟必须开工时间，□表示工序最早开工时间。

在例 6.4 中，只要把已经求得的数字代入式（6-3），就可得到

$R(1, 2) = T_{LS}(1, 2) - T_{ES}(1, 2) = 3 - 0 = 3$

$R(1, 3) = T_{LS}(1, 3) - T_{ES}(1, 3) = 3.5 - 0 = 3.5$

$R(1, 4) = T_{LS}(1, 4) - T_{ES}(1, 4) = 0 - 0 = 0$

$R(2, 5) = T_{LS}(2, 5) - T_{ES}(2, 5) = 6 - 3 = 3$

$R(3, 5) = T_{LS}(3, 5) - T_{ES}(3, 5) = 11 - 2 = 9$

$$R(3, 6) = T_{LS}(3, 6) - T_{ES}(3, 6) = 5.5-2 = 3.5$$
$$R(4, 6) = T_{LS}(4, 6) - T_{ES}(4, 6) = 4.5-4.5 = 0$$
$$R(5, 7) = T_{LS}(5, 7) - T_{ES}(5, 7) = 11-8 = 3$$
$$R(6, 7) = T_{LS}(6, 7) - T_{ES}(6, 7) = 12.5-12.5 = 0$$
$$R(7, 8) = T_{LS}(7, 8) - T_{ES}(7, 8) = 19-19 = 0$$

根据图 6.17，也可以直接计算各道工序的总时差，即 $R(i,j)=△-□$。

通过进一步的分析可以看出，对于关键路线上的各道关键工序，它们的总时差均为零，所以，一张工序网络图的关键路线常常可以通过总时差的计算来确定。只要将所有时差为零的工序所对应的支路连接起来，就可得到一条关键路线。在图 6.17 中，总时差为零（即 □=△）的工序有

①→④，④→⑥，⑥→⑦，⑦→⑧

因此，图 6.17 中的关键路线是①→④→⑥→⑦→⑧，如图 6.17 中的双线所示。上面讨论了工序时间、工序最早可能开工时间、工序最迟必须开工时间和工序总时差等时间参数，除此之外还有工序最早可能完工时间、工序最迟必须完工时间和单时差，后三个时间参数本教材不予讨论。

5. 事项的最早时间

事项的最早时间是一个事项的最早可能开始时间。它表示该事项前面的工作全部完成后，从该事项出发的后面的工作最早能够开始的时间。由于该事项前面的工作如果没有全部完成，从该事项出发的工作就不能开始，因此，计算时应取事项前面工作的结束时间的最大值作为事项的最早可能开始时间。简单地讲，事项的最早时间等于从始点起到本事项最长路线上各道工序的工序时间之和，用记号 $T_E(i)$ 表示。显然，终点事项的最早时间为零，即

$$T_E(1) = 0$$

事项最早时间也等于从该事项出发的各道工序的最早可能开工时间，即

$$T_E(i) = T_{ES}(i, j) \tag{6-4}$$

在例 6.4 中，根据式（6-4），从图 6.17 中可以直接看出

$T_E(1) = 0;$ $\qquad T_E(2) = T_{ES}(2, 5) = 3;$

$T_E(3) = T_{ES}(3, 5) = T_{ES}(3, 6) = 2;$ $\qquad T_E(4) = T_{ES}(4, 6) = 4.5;$

$T_E(5) = T_{ES}(5, 7) = 8;$ $\qquad T_E(6) = T_{ES}(6, 7) = 12.5;$

$T_E(7) = T_{ES}(7, 8) = 19;$ $\qquad T_E(8) = 20$。

6. 事项最迟时间

事项最迟时间即事项最迟必须开始的时间。一个事项若晚于某一时间，就会推迟整个工程完工时间，这样的时间称为事项最迟时间。显然，终点事项（编号为 n）的最迟时间与最早时间相等，且均等于工程完工时间，即 $T_L(n) = T_E(i) = T_E$。

事项最迟时间等于从该事项出发的各道工序中最迟必须开工时间的最小值，即

$$T_L(i) = \min\{T_L(i, j)\} \tag{6-5}$$

对于例 6.4，根据式（6-4）和式（6-5），由图 6.17 可直接得到

$$T_L(1) = \min\{T_{LS}(1, 2), \ T_{LS}(1, 3), \ T_{LS}(1, 4)\} = \min(3, 3.5, 0) = 0;$$

$T_L(2) = T_{LS}(2, 5) = 6$；
$T_L(3) = \min\{T_{LS}(3, 5), T_{LS}(3, 6)\} = \min(11, 5.5) = 5.5$；
$T_L(4) = T_{LS}(4, 6) = 4.5$；
$T_L(5) = T_{LS}(5, 7) = 11$；
$T_L(6) = T_{LS}(6, 7) = 12.5$；
$T_L(7) = T_{LS}(7, 8) = 19$；
$T_L(8) = 20$。

上面介绍的在工序网络图上直接计算时间参数的方法称为图上计算法，它是应用最广泛的一种计算方法。用图上计算法计算时间参数简单、迅速，但是，对于工序很多的复杂网络图，图上计算法容易出错和遗漏，对于较复杂的网络图，常常利用矩阵计算法计算时间参数。

6.4.3 矩阵计算法

下面以图 6.15 为例说明矩阵计算法的计算步骤。

1. 制作一个行列矩阵表

首先根据事项的数目 n，制作一个 $n \times n$ 的矩阵，并画出相应的表格。在如图 6.15 所示的例子中，事项的数目为 8，所以先制作一个 8×8 的矩阵表，并在表的左边增加 1 列——事项的最早时间 $T_E(i)$，在表的下边增加一行——事项的最迟时间 $T_L(i)$，如表 6.7 所示。

表 6.7 行列矩阵表

事项最早时间 $T_E(i)$	箭头事项 / 箭尾事项	①	②	③	④	⑤	⑥	⑦	⑧
0	①	(+)	3	2	4.5				
3	②		(+)			5			
2	③			(+)		0	7		
4.5	④						8		
8	⑤							8	
12.5	⑥					↑	↑	6.5	
19	⑦								1
20	⑧								↑
事项最迟时间 $T_L(i)$		0	6	5.5	4.5	↓11	↓12.5	19	20↓

2. 填写相应的工序时间

填写工序时间时，以行为开工事项（箭尾事项），以列为完工事项（箭头事项），顺次把各工序的工序时间填入矩阵表相应的格子里。例如，工序③→⑥的工序时间为 7，就将此数写入第③行第⑥列对应的方格中。其他工序的工序时间，按此方法填入方格中。

3. 计算事项最早时间

因始点事项最早时间 $T_E(1)=0$，故在矩阵表左侧最上格填写 0。

事项②的最早时间 $T_E(2)$：查表第②列中只有一个数字 3，将 3 与左边的 $T_E(1)=0$ 相加，即

$$T_E(2)=3+T_E(1)=3+0=3$$

将此数填入 $T_E(i)$ 列的第②行中。

事项③的最早时间 $T_E(3)$：查表第③列中只有一个数字 2，2 与左边的 $T_E(1)=0$ 相加，即

$$T_E(3)=2+T_E(1)=2+0=2$$

将此数填入 $T_E(i)$ 列的第③行中。

事项④的最早时间 $T_E(4)$：查表第④列中只有一个数字 4.5，同理

$$T_E(4)=4.5+0=4.5$$

将此数填入 $T_E(i)$ 列的第④行中。

事项⑤的最早时间 $T_E(5)$：查表第⑤列中共有两个数字 5 和 0，将 5 和 0 分别与同行的相应的 $T_E(i)$ 相加，并取其中和的最大值，即

$$T_E(5)=\max[5+T_E(2),\ 0+T_E(3)]=\max(5+3,\ 0+2)=8$$

将此数填入相应的 $T_E(i)$ 列的第⑤行中。

事项⑥的最早时间 $T_E(6)$：查表第⑥列共有两个数字 7 和 8，将 7 和 8 分别与同行的相应的 $T_E(i)$ 相加，并取其中和的最大值，即

$$T_E(6)=\max[7+T_E(3),\ 8+T_E(4)]=\max(7+2,\ 8+4.5)=12.5$$

将此数填入相应的 $T_E(i)$ 列的第⑥行中。

事项⑦的最早时间 $T_E(7)$：查表中第⑦列共有两个数 8 和 6.5，同理

$$T_E(7)=\max[8+T_E(5),\ 6.5+T_E(6)]=\max(8+8,\ 6.5+12.5)=19$$

将此数填入相应的 $T_E(i)$ 列中。

事项⑧的最早时间 $T_E(8)$：查表中第⑧列中只有一个数字 1，同理

$$T_E(8)=1+T_E(7)=1+19=20$$

并填入相应的 $T_E(i)$ 列中。

4. 计算事项最迟时间

计算事项最迟时间 $T_L(i)$ 应从终点开始，自右至左逐个事项进行计算。因为终点事项的 $T_L(8)=T_E(8)=20$，故先将 20 填入第⑧列的最后一行，即第 $T_L(i)$ 行中。

事项⑦的最迟时间 $T_L(7)$：查表中第⑦行只有数字 1，将这个数所在列上相应的 $T_L(8)$ 减去第⑦行所查到的数 1，即

$$T_L(7)=T_L(8)-1=20-1=19$$

将此数填入第⑦列最后一行中。

事项⑥的最迟时间 $T_L(6)$：查表中第⑥行只有数字 6.5，将这个数所在列上相应的 $T_L(7)$ 减去第⑥行所查到的数 6.5，即

$$T_L(6)=T_L(7)-6.5=19-6.5=12.5$$

将此数填入第⑥列最后一行中。

同理可得：

事项⑤的最迟时间 $T_L(5)= T_L(7)-8=19-8=11$

事项④的最迟时间 $T_L(4)=T_L(6)-8=12.5-8=4.5$

分别将这些数填入相应的 $T_L(i)$ 行中。

事项③的最迟时间 $T_L(3)$：查表中第③行共有两个数字 0 和 7，将此两数字与对应的 $T_L(i)$ 行中的数字相减并取最小值，即

$$T_L(3)=\min[T_L(5)-0,\ T_L(6)-7]=\min(11-0,\ 12.5-7)=5.5$$

将此数填入第③列的第 $T_L(i)$ 行的格子中。

事项②的最迟时间 $T_L(2)$ 的计算方法与 $T_L(6)$ 的计算方法类似，即

$$T_L(2)= T_L(5)-5=11-5=6$$

将此数填入相应的 $T_L(i)$ 行中。

事项①的最迟时间 $T_L(1)$：查表中第①行共有 3 个数字 3、2、4.5，将这 3 个数与 $T_L(i)$ 行中对应的数分别相减，取其最小值，即

$$T_L(1) = \min[T_L(2) -3,\ T_L(3) -2,\ T_L(4)-4.5] = \min(6-3,\ 5.5-2,\ 4.5-4.5) =0$$

将此数填入第①列的第 $T_L(i)$ 行的格子中。

将上面的计算结果整理如下，即事项最早时间 $T_L(i)$ 为

$T_E(1)=0$；$T_E(2)=3$；$T_E(3)=2$；$T_E(4)=4.5$；$T_E(5)=8$；$T_E(6)=12.5$；$T_E(7)=19$；$T_E(8)=20$。

事项最迟时间为

$T_L(1)=0$；$T_L(2)=6$；$T_L(3)=5.5$；$T_L(4)=4.5$；$T_L(5)=11$；$T_L(6)=12.5$；$T_L(7)=19$；$T_L(8)=20$。

从上面的计算结果可以看出，利用矩阵计算法求得的 $T_E(j)$ 和 $T_L(i)$ 与利用图上计算法求得的 $T_E(j)$ 和 $T_L(i)$ 完全一样。

得到各个事项的 $T_E(i)$ 和 $T_L(i)$ 后，即可根据下列公式

$$T_{ES}(i,j)= T_E(i)$$
$$T_{LS}(i,j)= T_L(j)- t(i,j)$$
$$S(i,j)= T_{LS}(i,j)- T_{ES}(i,j)$$

分别求出各道工序的最早开工期、最迟开工期和总时差，并求出关键路线和关键工序。

由以上计算可以看出，计算网络图的时间参数，手算方法繁而不难，但是，在制订大型计划，特别是需要进行网络计划的优化和编制各种报表时，手算工作量大且容易发生错误，故应当使用计算机进行计算。

6.5 网络计划的优化方法

通过绘制网络图、计算时间参数及计算出其总工期和寻找到其关键路线之后，就可以得到一个初始的计划。需要进一步考虑的是：在增加一定资源的条件下，整个工程工期可能缩短的潜力有多大，以及在整个网络图中，新增加的资源应优先投入哪些工序，才能达到既尽可能缩短工期又使得投入的资源费用最节省。

统筹方法的精华在于对初始计划的调整和改善，直到工程进度、成本和资源利用等均达到满意的程度为止。这一调整和改善过程，贯穿着"向关键路线要时间，向非关键路线要资源"的思路。具体做法应视条件而定。

1. 缩短工程完工时间的措施

通过绘制网络图可得到一个初始的计划方案，这时整个工程的主要矛盾已经清楚。关键路线是网络图的核心，它决定了整个工程的完工时间，因此缩短每一道关键工序的工时都能缩短整个工程的完工时间。因为每一道工序的工时是由一定的人力，在一定的设备和材料的条件下经过一定的时间才能完成的，所以，生产管理人员的下一步工作，就是要对人力、物力和财力做出全面的规划和统一、合理的安排，保证每道工序，特别是关键工序所需要的人力、物力和财力，以确保整个工程按期完成，同时，在可能的条件下，对初始方案进行调整和改善，进一步缩短整个工程的完工时间，以获得一个更优的计划方案。为此，可采取以下几项措施。

（1）检查工时。要仔细检查各道工序的工时，特别是关键工序的工时是否已压缩到最低允许值。

（2）细分工序。尤其要细分关键工序，在设备和技术条件允许的情况下，采取组织措施，多组织平行作业和交叉作业，合理调配工程技术人员或生产工人等。

例如，某项工程的网络图如图 6.18 所示，显然，工程完工时间 $T_E=13$（天）。

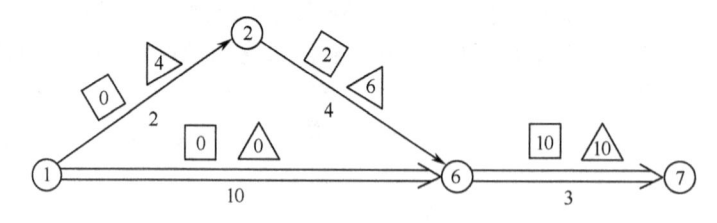

图 6.18　工程网络图

如果将工序①→⑥进一步划分为两道小工序 A 和 B，且 A= a_1+a_2，B= b_1+b_2，可进行交叉作业，则改进后的工序流线图如图 6.19 所示。这时，工程完工时间 $T_E=11$（天），比原来提前 2 天完工。

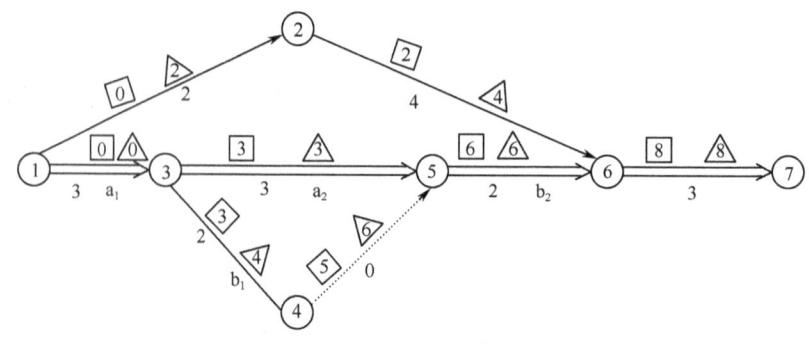

图 6.19　改进后的工序流线图（一）

（3）调配力量。利用时差，从非关键工序上挖潜力，使人力、物力集中于关键工序以缩短其工序时间。非关键工序一般具有一定的机动时间,把从非关键工序上抽出的部分人力、物力调去支援关键工序,以确保关键工序按时完工或提前完工。

例如,图 6.19 中的工序②→⑥,假设在 4 天内完成该项工作需要配备 12 人,或者说该工序需要 48 个工日。由于允许在 6 天内完成,于是只需要配备 8 人就足够了,多出来的 4 人可去支援关键工序⑥→⑦。又假设这 4 人投入到工序⑥→⑦后能使工序⑥→⑦提前 1 天完成,这样工序流线图就可改成图 6.20。工程完工时间 $T_E=10$(天),又缩短了 1 天。

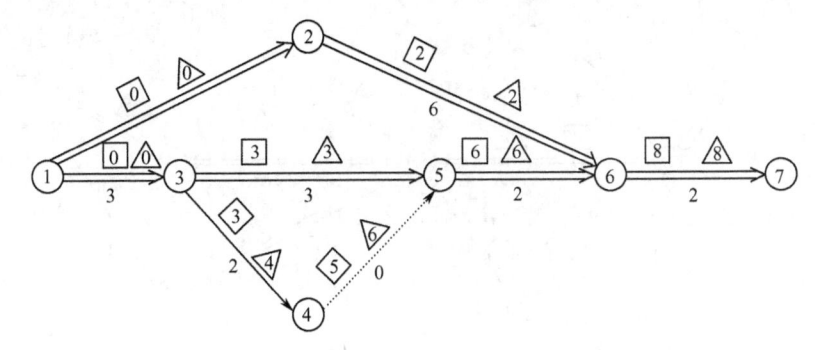

图 6.20 改进后的工序流线图(二)

经过这样的调整,在新的网络图中(参见图 6.20),路线①→②→⑥→⑦和路线①→③→⑤→⑥→⑦都是关键路线,显然这个方案比初始方案理想得多。

(4)检查修正。在计划的执行过程中,平衡是相对的,不平衡是绝对的,因此必须对原计划随时进行检查和修正。

2. 人力、设备和动力的合理安排

在编制网络图时,除了考虑工程的进度,还要尽量合理地安排人力、设备和动力等资源。一项工程的人力、设备、动力必须安排均匀,这不仅能使它们的流动减少,而且也能使总需要量降到最低。当然,由于工程计划所包括的工序繁多,因此不可能在编制网络计划时,一次就使进度和资源的利用都得到合理的安排,一般需要多次综合平衡后,才能获得比较合理的计划方案。下面以某装卸生产计划所需人力的安排与调整为例,说明资源合理安排的一般方法。

例 6.5 某装卸公司某天的装卸作业计划(24 小时)如表 6.8 所示,问应如何安排,才能使员工安排得比较均匀,且使所需人数为最少(设各人工作效率相同)?

表 6.8 例 6.5 作业计划

1 号泊位	长风轮	一舱	卸化肥 16 小时 9 人	装黄沙 4 小时 18 人			
		二舱	卸化肥 20 小时 12 人	装黄沙 4 小时 18 人			
2 号泊位	和平轮	一舱	装大米 6 小时 24 人	胜利轮	一舱	卸小麦 5 小时 18 人	扫舱 1 小时 12 人
		二舱	装大米 13 小时 18 人		二舱	卸小麦 10 小时 27 人	扫舱 1 小时 18 人
3 号泊位		三舱	装大米 6 小时 21 人	港驳	一舱	卸木材 5 小时 15 人	卸生铁 1 小时 12 人

显然,在工人工作效率相同的条件下,如果人员安排得均匀,则所需要的人数当然最少,所以这是同一个问题。根据上述计划,画出网络图如图 6.21 所示。

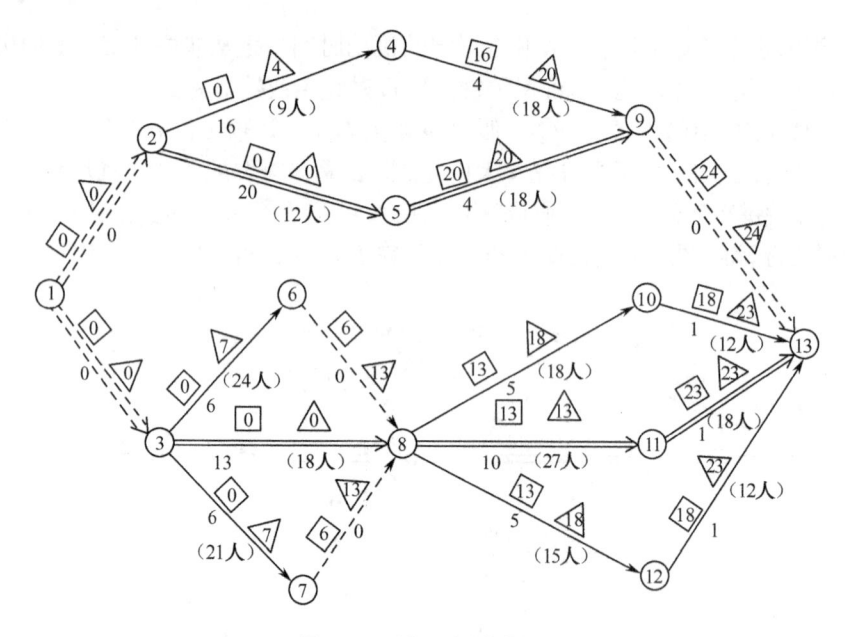

图 6.21 例 6.5 网络图

图 6.21 中的关键路线是①→②→⑤→⑨→⑬和①→③→⑧→⑪→⑬，即长风轮二舱、和平轮二舱和胜利轮二舱，这些舱口就是所谓的"重点舱"。

一般说来，重点舱作业进度的快慢，将直接影响船舶在港作业时间，所以在人力、物力受到限制时（如每工班出勤工人人数是确定常数），必须合理地安排各条线路上的人力、物力，确保重点舱所需的人力、物力，这样才能提高装卸效率，缩短船舶在港作业时间。

下面，采用"横道图"法对图 6.21 中的各道工序进行平衡，以便在保证不推迟工程完工时间的前提下，合理安排各道工序的进度，使人员安排比较均匀，且每小时（或工班）所需人数应尽量少。如果按各道工序的最早开工时间来安排工程进度（即装卸作业进度），每小时需要的人数如表 6.9 所示。

表 6.9 横道图（一）

工序	工时	总时差	1	2	3	4	5	6	7	8	9	10	11	12	13	14	15	16	17	18	19	20	21	22	23	24
(2,4)	16	4	9	9	9	9	9	9	9	9	9	9	9	9	9	9	9	9								
(2,5)	20	0	12	12	12	12	12	12	12	12	12	12	12	12	12	12	12	12	12	12	12	12				
(3,6)	6	7	24	24	24	24	24	24																		
(3,7)	6	7	21	21	21	21	21	21																		
(3,8)	13	0	18	18	18	18	18	18	18	18	18	18	18	18	18											
(4,9)	4	4														18	18	18	18							
(5,9)	4	0																					18	18	18	18
(8,10)	5	5														18	18	18	18	18						
(8,11)	10	0														27	27	27	27	27	27	27	27	27	27	

续表

工序	工时	总时差	1	2	3	4	5	6	7	8	9	10	11	12	13	14	15	16	17	18	19	20	21	22	23	24
(8,12)	5	5														15	15	15	15	15	-	-	-	-	-	
(10,13)	1	5														12	-	-	-	-	-	-	-	-	-	
(11,13)	1	0																								18
(12,13)	1	5														12	-	-	-	-	-	-	-	-	-	
人数			84	84	84	84	84	84	39	39	39	39	39	39	39	81	81	81	90	90	81	57	45	45	45	36

注：——表示非关键工序（非重点舱）进度；══表示关键工序（重点舱）进度；- - -表示工序总时差的延续时间；工程进度上面的数值表示该道工序每小时所需的装卸工人的人数。

从表 6.9 中可以看出，如果按工序最早可能开工时间安排工程进度，每小时装卸工人的需要量很不均匀，多时每小时为 90 人，少时每小时只要 36 人，因此，将造成人力窝工。如果充分利用非关键工序（非重点舱）的总时差，将工序移至合适时机开工，就能使人员调配的情况得到改善。经过调整后的装卸作业进度及每小时所需的人数如表 6.10 所示。

在表 6.10 中，每小时最多只需要 75 人，人员安排比较均匀了，同时，也不会拖延船舶在港的作业时间。

表 6.10 横道图（二）

工序	工时	总时差	1	2	3	4	5	6	7	8	9	10	11	12	13	14	15	16	17	18	19	20	21	22	23	24
(2,4)	16	4	9	9	9	9	9	9	9	9	9	9	9	9	9	9	9	9								
(2,5)	20	0	12	12	12	12	12	12	12	12	12	12	12	12	12	12	12	12	12	12	12	12				
(3,6)	6	7							24	24	24	24	24	24												
(3,7)	6	7	21	21	21	21	21	21																		
(3,8)	13	0	18	18	18	18	18	18	18	18	18	18	18	18	18											
(4,9)	4	4																	18	18	18	18				
(5,9)	4	0																					18	18	18	18
(8,10)	5	5														18	18	18	18	18						
(8,11)	10	0														27	27	27	27	27	27	27	27	27	27	
(8,12)	5	5														15	15	15	15	15						
(10,13)	1	5																								12
(11,13)	1	0																								18
(12,13)	1	5																								12
人数			60	60	60	60	60	60	63	63	63	63	63	63	39	63	63	63	72	72	75	75	63	63	63	60

上面，利用"横道图"法解决了人力的合理安排问题。这种方法同样适合用于电力（动力）、材料和设备（机械）等资源的合理安排与调配问题。

利用"横道图"法对资源（人力、物力）调整的原则如下：
(1) 首先保证各道关键工序的需要量。
(2) 利用非关键工序的总时差，调整各道非关键工序的开工时间与完工时间。

3. 网络的时间-费用优化

下面介绍广泛使用的最低成本日程优化方法。

(1) 时间与费用的关系。完成一项工程任务，工程总费用可以分为下列两大类。

① 直接费用：指直接用于完成某项工程任务的费用（如直接人工、材料、能源等的费用）。

② 间接费用：指间接用于完成某项工程的服务费用（如管理费、固定资产折旧等）。

直接费用是随着各工序时间的变化而变化的；间接费用则与各工序没有直接关系，在一定条件下只和工程时间长短有关，工程时间越长，总的间接费用越大。

缩短工程时间要采取一定的组织和技术措施，因而要增加直接费用，而间接费用则可减少。计算最低成本日程，就是考察在缩短工程周期时，间接费用的节约量是否大于直接费用的增加量，这实际上是一种边际分析方法。写成公式，就是当缩短工程完工期一个单位时间时，如果直接费用增加量小于间接费用节约量则继续缩短工期，而当上述二量相等时达到最大（满意），即取得最低成本日程。

总成本由直接费用和间接费用相加后得到。通过计算网络计划的不同完工期相应的总费用，以求得成本最低的日程安排就是时间费用优化。

通常把直接费用与工序时间的关系假定为直线关系。

赶工时间是指将某工序的时间从正常状态慢慢加以缩短直至无法再缩短时的工作时间，在赶工时间内工序所需的直接费用称为赶工费用。工序的直接费用增长率用公式表示为

$$费用增长率 = \frac{赶工费用 - 正常直接费用}{正常时间 - 赶工时间}$$

如果间接费用已经确定，则工程总费用完全取决于如何确定直接费用与工期的最优关系。

(2) 时间-费用优化。进行网络计划的时间-费用优化，是在全部工序都取正常工序时间并计算出网络图的关键路线、工程周期和相应的直接费用增长率以后进行的。具体做法是：逐次压缩费用增长率较小的关键工序的延续时间（以不超过赶工时间为限），达到以增加最少的费用来缩短工期的目的。在压缩网络图时，应按照以下原则进行。

① 压缩关键路线上费用增长率最小的工序时间，达到以增加最少的费用来缩短工期。

② 在选择压缩某项工序的作业时间时，既要满足工序费用-时间的变化限制，又要考虑网络中和该工序并列的各工序时差数的限制，而且取这两个限制中的最小值。

③ 当网络图由于不断压缩而出现数条关键路线时，继续压缩工期，需要同时缩短这数条线路，仅缩短一条线路达不到缩短工期的目的。

例 6.6 已知某工程的网络图及有关资料如图 6.22 和表 6.11 所示。已知该工程间接费用为 300 元/天，求该工程的最低成本工期。

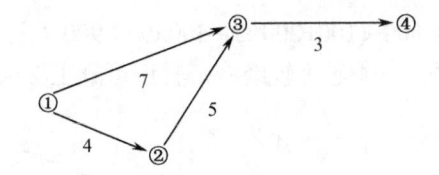

图 6.22 例 6.6 工程网络图

表 6.11 例 6.6 工程相关资料

工 序	正常耗时/天	赶工耗时/天	正常直接费用/10^2 元	赶工费用/10^2 元	费用增长率/(10^2元/天)
①→②	4	2	12	20	4
①→③	7	3	15	19	1
②→③	5	2	8	14	2
③→④	3	1	10	18	4

解 根据表 6.11 中的资料，该工程正常作业工期为 12 天，所需费用为

$$C = 正常直接费用 + 赶工增加的费用 + 间接费用$$
$$= 4\,500 + 0 + 300 \times 12 = 8\,100（元）$$

分析关键路线①→②→③→④可知，以②→③的费用增长率最低，每赶工一天增加费用 200 元，故先缩短②→③的工序时间；这样，线路①→②→③→④和线路①→③→④所需要的工序时间均为 10 天，如图 6.23 所示。

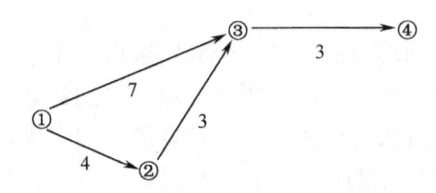

图 6.23 ②→③赶工 2 天的网络图

该方案所需的总费用=4 500+200×2+300×10=7 900（元）
现在有两条关键路线，如要缩短工期则有三种方式可供选择，即
- 缩短工序③→④；
- 缩短工序①→③和工序①→②；
- 缩短工序①→③和工序②→③。

现分析赶工一天所需要的费用，如表 6.12 所示。

表 6.12 赶工一天所需费用

赶 工 方 式	赶工一天所需的费用/元
③→④	4
①→③和①→②	1+4=5
①→③和②→③	1+2=3

可见，以赶工①→③和②→③所需费用最低，而②→③仅有一天可赶，如图 6.24 所示。

165

该方案所需的总费用=4 500+(100+200×3)+300×9=7 900（元）

经以上改善后，以工序③→④赶工较经济，且还可赶工 2 天，如图 6.25 所示。

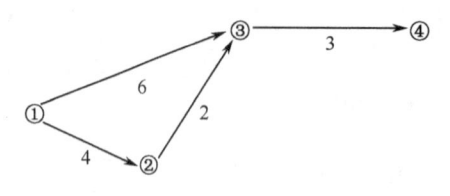

图 6.24 再次赶工 1 天的网络图 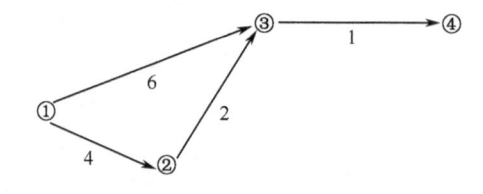　　　　图 6.25 再次赶工 2 天的网络图

该方案所需的总费用= 4 500+(100+200×3+400×2)+300×7=8 100（元）

此时费用增大了，故该工程应以图 6.24 所示的工期 9 天完成为最优。

由例 6.6 可知，随着工程完工时间的缩短，直接费用增加，间接费用降低，工程总费用是这两项费用的总和。在不同的赶工方案中，最低工程费用所对应的工程完工期就是最优计划方案。

6.6 工序时间的确定

上面介绍的各项工序时间均可看做是一个固定数值。由于实际上网络计划方法主要用于各项研制工程的计划管理，所以对网络图上各项工序的计划完成时间不可能非常正确地给定，往往只能凭借经验和过去完成类似工作需要的时间来进行估计。通常情况下，对完成一项工序可以给出 3 个时间上的估计值：最乐观时间（a），最悲观时间（b），最可能时间（m）。

按最乐观时间完成一道工序的概率很小，按最悲观时间完成一道工序的概率也很小，而按最可能时间完成一道工序的概率为最大。那么是不是就用最可能时间作为完成一道工序的时间来进行工序时间的计算呢？不能，因为概率最大的值并不一定是概率分布的期望值。在实际计算中，完成一道工序的期望时间 $E_t(i,j)$ 可按以下经验公式进行计算

$$E_t(i,j) = \frac{a+4m+b}{6}; \text{均方差} \sigma^2 = \left(\frac{b-a}{6}\right)^2$$

华罗庚教授曾对上述计算公式的由来给出了如下说明：实际工作情况表明，工作进行时出现最顺利和最不利的情况都比较少，更多的是在最可能完成时间内完成工作，所以工时的分布近似服从正态分布。假定 m 具有两倍于 a 的可能性，加权平均得（a,m）之间的平均值为 $\frac{a+2m}{3}$；同样，假定 m 具有两倍于 b 的可能性，加权平均得（b,m）之间的平均值 $\frac{b+2m}{3}$；若期望完成时间各以 $\frac{a+2m}{3}$ 和 $\frac{b+2m}{3}$ 的 $\frac{1}{2}$ 可能性出现，这两者的平均数为

$$E_t(i,j) = \frac{1}{2}\left(\frac{a+2m}{3}+\frac{b+2m}{3}\right)=\frac{a+4m+b}{6}$$

$$\sigma^2=\frac{1}{2}\left[\left(\frac{a+4m+b}{6}-\frac{a+2m}{3}\right)^2+\left(\frac{a+4m+b}{6}-\frac{b+2m}{3}\right)^2\right]=\left(\frac{b-a}{6}\right)^2$$

在一项工程中，工程完工时间（即工期）等于各关键工序的时间之和。若关键路线有 n 道工序，则工程完工时间 T 可以看做服从正态分布，其中正态分布的均值和方差分别为

$$T_E = \sum_{i=1}^{n}\frac{a_i+4m_i+b_i}{6} \text{ 和 } \sigma^2=\left(\frac{b-a}{6}\right)^2$$

在已知 T_E 和 σ^2 的情况下，可以分别算出
① 工程完工时间出现的概率；
② 具有一定概率值的完工时间。

因为 T 服从以 T_E 和 σ^2 为参数的正态分布，所以 $x=\dfrac{T-T_E}{\sigma}\sim n(0,1)$

因此，对于"工程完工时间出现的概率"和"具有一定概率值的完工时间"的计算结果可以通过查标准正态分布表得到。

例 6.7 已知某工程由四道工序组成，有关数据如表 6.13 所示。试求：（1）工程 21 天完工和 19 天完工的概率；（2）工程完工时间的概率不小于 0.9 的完工时间。

表 6.13 例 6.7 数据表

工 序	a_i	m_i	b_i	$E_t(i,j)$
①→②	1	2	3	2
②→④	3	4	11	5
④→⑤	5	6	13	7
⑤→⑥	3	6	9	6

解 （1）$T_E = \sum_{i=1}^{4}\dfrac{a_i+4m_i+b_i}{6}=2+5+7+6=20$

$$\sigma=\sqrt{\sum_{i=1}^{4}(\frac{b_i-a_i}{6})^2}=\sqrt{\frac{1}{9}+\frac{16}{9}+\frac{16}{9}+1}=\sqrt{\frac{42}{9}}\approx 2.16$$

若要求 21 天完工，则 $T=21$，所以

$$x=\frac{T-T_E}{\sigma}=\frac{21-20}{2.16}\approx 0.46$$

查标准正态分布表可知：$\Phi(0.46)=0.68$，即 21 天完工的概率为 0.68。
若 $T=19$，则

$$x=\frac{T-T_E}{\sigma}=\frac{19-20}{2.16}\approx -0.46$$

查标准正态分布表可知：$\Phi(-0.46)=1-\Phi(0.46)=1-0.68=0.32$，即 19 天完工的概率为 0.32。
（2）由 $\Phi(x)=0.9$ 查标准正态分布表，知 $x=1.3$；从而可知

$T=T_E+x\sigma=20+1.3\times2.16=22.8$（天）≈23（天）

即概率不小于 0.9 的完工时间为 23 天。

本章小结

本章介绍了网络图的基本概念，绘制网络图应遵循的主要规则以及网络图布局方面应注意的事项，以及图上作业法。

思考与练习

思考题

6.1 简述绘制网络图应遵循的主要规则及网络图布局方面应注意的事项。

6.2 判断下列说法是否正确。

（1）网络图中任何一个事项都表示前一工序的结束和后一工序的开始。

（2）在网络图中只能有一个始点事项和一个终点事项。

（3）事项最早开始时间与最迟开始时间相等的事项连接的线路称为关键路线。

（4）工序的总时差越大，表明该工序在整个网络中的机动时间越大。

（5）总时差为零的各项工序所组成的线路就是网络图的关键路线。

（6）工序的最早开始时间等于该工序箭头事项最早开始时间。

（7）直接费用变动率的值越小，则每缩短单位作业时间所增加的直接费用越小。

练习题

6.1 已知某项工程的工序明细表如表 6.14 所示，要求：

（1）利用表 6.14 中的资料画出工序流线图。

（2）确定关键路线，并在工序流线图上标出来。

（3）求出工程最早完工时间 T_E。

表 6.14 练习题 6.1 工序明细表

工 序 代 号	紧 前 工 序	工序时间/天
a	—	2
b	a	5
c	a	4
d	b	6
e	b	2
f	e	8
g	a	9
h	c, d	7
i	e	3

续表

工序代号	紧前工序	工序时间/天
j	f, g, h	4
k	i, j	1

6.2 指出图 6.26 中至少存在的 6 个错误。

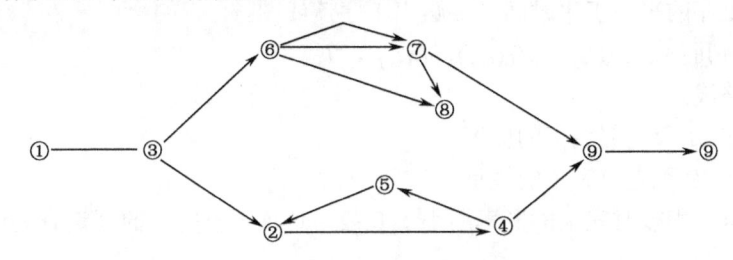

图 6.26 练习题 6.2 图

6.3 某项工程由表 6.15 中所列的工序组成，根据表中资料画出工序流线图。

表 6.15 练习题 6.3 数据表

工 序	紧前工序	工 序	紧前工序
A	—	E	b, c
B	—	F	d
C	a	G	e, f
D	c	—	—

6.4 某项工程由表 6.16 中所列的工序组成，根据表中资料画出工序流线图。

表 6.16 练习题 6.4 数据表

工 序	紧前工序	工 序	紧前工序
a	—	e	a, c
b	—	f	a, b, c
c	—	g	d, e, f
d	a, b	—	—

6.5 某项工程的两个分图如图 6.27 所示，试把它们简化后合并成一张图。

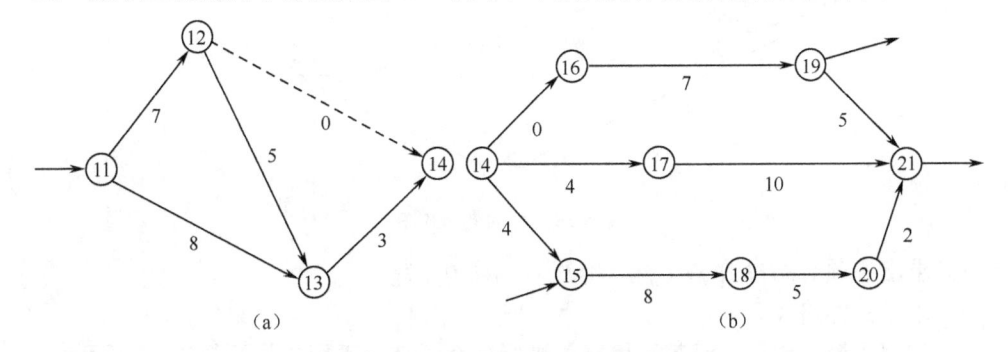

图 6.27 练习题 6.5 图

6.6 利用 6.1 题所画的工序流线图：

（1）利用图上计算法计算各项时间参数 $T_E(i,j)$, $T_L(i,j)$, $T_E(i)$, $T_L(i)$, $R(i,j)$，并确定关键路线。

（2）利用矩阵计算法计算上述时间参数。

6.7 已知某一项工程中各道工序的 a、m、b 值（单位为天）如表 6.17 所示，求：

（1）各道工序的平均工序时间，并画出工序流线图。

（2）各项时间参数 $T_E(i,j)$, $T_L(i,j)$, $R(i,j)$, T_E。

（3）关键路线。

（4）工程在 21 天之前完工的概率。

（5）工程在 19 天之前完工的概率。

（6）若要求工程按时完工的概率不小于 0.92，这项工程完工的规定时间该为多少天？

表 6.17 练习题 6.7 数据表

工 序		时间估计/天		
i	j	a	m	b
①	②	5	7	9
①	③	1	2	3
①	④	3	4	8
②	⑤	2	3	10
③	④	3	4	11
④	⑥	5	6	13
④	⑦	5	9	13
⑤	⑦	3	3	3
⑥	⑦	4	6	8

6.8 某项工程各道工序的时间和每天需要的电力资源如图 6.28 所示，图中箭线下左边的数值是该工序的时间（天），右边括号内的数值表示该工序每天所需的电力资源（千瓦时）。

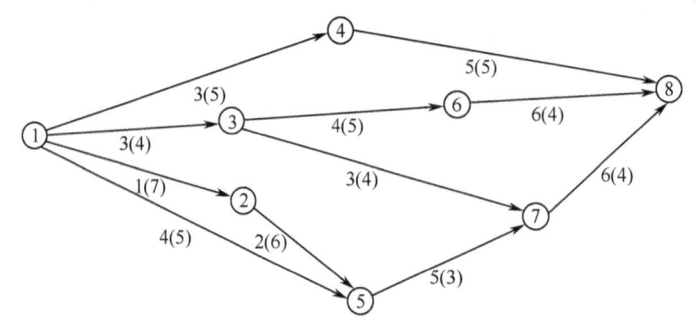

图 6.28 练习题 6.8 图

（1）求出各项时间参数 $T_E(i,j)$, $T_L(i,j)$, $R(i,j)$, T_E。

（2）求出关键路线。

（3）利用"横道图"法对每天用电量进行平衡，使每天用电量不超过 15 千瓦时。

6.9 已知某项工程作业明细表的有关资料如表 6.18 所示，试计算最低成本日程。

表 6.18 练习题 6.9 资料表

工 序	紧前工序	正常进度		赶工进度		每赶工一天所需费用/元
		工序时间/天	直接费用/元	工序时间/天	直接费用/元	
a	—	3	10	1	18	4
b	a	7	15	3	19	1
c	a	4	12	2	20	4
d	c	5	8	2	14	2
间接费用为每天 4.5 元						

第7章 对策论

内容提要

- ☑ 对策模型中的基本要素
- ☑ 矩阵对策（两人有限零和对策）的纯策略
- ☑ 矩阵对策的混合策略
- ☑ 求解矩阵对策的方法

7.1 引言

对策论也称博弈论。

"博弈"一词的英文单词是 game，意为对策、游戏等；因此，一谈到博弈，人们自然会想到游戏。对策论的早期思想也确实源于游戏，在诸如下棋、打牌、划拳等游戏中，人们要解决的问题是如何才能获胜。这实际上是当事人面对一定的信息量寻求最佳行动和最优策略的问题。在实际生活中，许多游戏都反映了对策论的思想。例如，在人们非常熟悉的"石头、剪刀、布"游戏中，我们的问题是：对方如何行动，而我又将如何应对才能取得胜利？这实际上就涉及了对策论的核心问题，即对策论以对方的行为作为自己决策的依据，并寻求最佳。但是，对策论不仅是指游戏，它研究的是当人们的行为存在相互作用时的策略行为及其后果。社会生活中的许多现象，都带有相互竞争与合作的特征，可以说，一切都在博弈或对策之中。

对策论不仅已经成为主流经济学的一部分，而且正在对经济学理论与方法产生越来越重要的影响。对策论（game theory）是研究竞争性行为的数学分支。日常生活中的下棋、打牌和体育竞赛等，社会生活中的战争和企业之间的竞争等，都具有竞争或对抗的性质，这一类行为称为对策行为。在对策行为中，参加竞争的各方具有不同的目标和利益，为了达到各自的目标，各方必须考虑对手的各种可能的行动方案，力图选取对自己最有利的策略。

中国古代的"齐王赛马"就是一个典型的对策论研究的例子。战国时期，齐王（公元前356年至公元前320年在位）有一次提出要与田忌进行赛马。双方约定：从各自的上、中、下三个等级的马中各选一匹马参赛；每匹马只能参赛一次；每一次比赛双方各出一匹马，负者要付给胜者千金。已经知道，在同等级的马中，田忌的马不如齐王的马，而如果田忌的马比齐王的马高一等级，则田忌的马可获胜。当时，田忌手下的一个谋士给他出了

第7章 对策论

一个主意：每次比赛时先让齐王牵出他要比赛的马，然后用下等马对齐王的上等马，中等马对齐王的下等马，上等马对齐王的中等马。比赛结果，田忌二胜一负，可得千金。由此看来，两人各采取什么样的出马次序对胜负是至关重要的。

7.2 对策模型的基本要素

为了利用数学方法对对策问题进行分析，需要建立对策问题的数学模型，这类数学模型称为对策模型。根据所研究问题的不同性质，可建立不同的对策模型。不论模型在形式上有何不同，但模型都必须包括以下几个基本要素。

1. 局中人

在一个对策行为中，有权决定自己行动方案的对策参加者被称为局中人。一般要求一个对策中至少有两个局中人。局中人的集合用字母 I 表示。

局中人除了可以理解为个人，还可以理解为集体（如球队、交战国、企业、公司等），也可以把大自然理解为局中人（因为人类经常处于和大自然的斗争状态）；另外，还假定局中人都是聪明且有理智的。

为了使所研究的问题更加清晰，把那些利益完全一致的参加者们看做一个局中人，因为他们利益一致，必使他们齐心合力、相互配合行动如一个人。例如，桥牌游戏中，东西双方利益一致，南北两面得失相当，所以虽有四人参加，只能算有两个局中人。我们称只有两个局中人的对策现象为"两人对策"（如象棋、桥牌），而多于两个局中人的对策称为"多人对策"。另外，根据局中人之间是否允许进行合作，还可有"结盟对策"和"不结盟对策"等。

2. 策略

一局对策中，每个局中人都有供他选择的实际可行的完整的行动方案。此方案不是某一步的行动方案，而是指导自始至终如何行动的一个方案。局中人的一个可行的自始至终通盘筹划的行动方案，称为这个局中人的一个策略；这个局中人的策略全体，称做这个局中人的策略集合。

例如，在象棋比赛中"当头炮"只作为某一个策略的组成部分，而并非一个策略。在齐王与田忌赛马的例子中，如果一开始就要把各人的三匹马排好次序，然后依次出赛，那么，三匹马排列的一个次序就是一个完整的行动方案，于是被称为一个策略。例如，可用"上、中、下"表示首先是上马出赛，其次是中马出赛，最后是下马出赛这样一个策略。显然，各局中人都有6个策略，即

① 上、中、下；② 上、下、中；③ 中、上、下；④ 中、下、上；⑤ 下、中、上；⑥ 下、上、中。

这个策略全体就是局中人的策略集合。

173

如果在一局对策中,各个局中人都有有限个策略,则称为"有限对策"(齐王与田忌赛马就是一个有限对策);否则,称为"无限对策"。

3. 局势集合

在对策过程中,从每个局中人的策略集合中各取一个策略,所组成的策略组称为"局势",可能产生的各种局势的全体,称为局势集合。局势集合用字母 Ω 表示。在某些局势下对局结束,这种局势称为最终局势。

4. 收益函数

一局对策结束之后,对每个局中人来说,不外乎是胜利或失败、名次的前后及其他物质的收入或支出等,这些统称为"得失"或"益损"。在齐王与田忌赛马的例子中,最后田忌赢得 1 千金,而齐王损失 1 千金,即为这局对策(结局时)双方的"得失"。

实际上,每个局中人在一局对策结束时的得失,与局中人所选定的策略有关。例如,在上述赛马的例子中,当齐王出策略"上、中、下",田忌出策略"下、上、中"时,田忌得千金;如果齐王和田忌都出策略"上、中、下"时,田忌就得付出 3 千金了。所以用数学语言来说,一局对策结束时,每个局中人的"得失"是全体局中人所取定的一组策略的函数,通常称为"收益函数"。

在最终局势 ω 下,局中人 $k\in I$ 的收益函数记做 $H(k,\omega)$。

在对策论中,每个局中人的"得失"是"局势"的函数。如果在任一"局势"中,全体局中人的"得失"相加总是等于零时,这个对策就称为零和对策(上述齐王与田忌赛马就是一个零和对策);否则,称为"非零和对策"。

对策分为静态对策与动态对策两大类,静态对策又分结盟对策与不结盟两种。不结盟对策又以局中人两个或多个、策略集有限或无限、收益函数之和是否为零,分成种种类型的对策模型。例如,两人有限零和对策,多人有限零和对策,无限对抗对策。结盟对策有联合对策与合作对策两种(其中有阵地对策)。此外还有随机对策、微分对策,等等。本教材仅讨论最基本的两人有限零和对策模型。

7.3 矩阵对策(两人有限零和对策)

两人有限零和对策也称为矩阵对策。在这种对策中,只有两个局中人,每个局中人各有有限个可供选择的策略。在每个对局中,两个局中人独立地选择一个策略(互相都不知道对方的策略),而两人的收益总和("得失"相加)为零。在这种对策中,两个局中人的利益是完全相反的,即一个局中人的收益值恰好是另一个局中人所损失的值(齐王与田忌赛马的例子就是矩阵对策,每赛一次,失败者要付给胜利者千金)。由于局中人双方的利益是相互冲突的,因此双方不存在合作的可能,所以矩阵对策又称为有限对抗对策。

矩阵对策比较简单,在理论上也比较成熟,而且这些理论奠定了研究"对策现象"的基本思路，所以矩阵对策是对策论的基础。

7.3.1 矩阵对策（两人有限零和对策）的表示

下面继续讨论齐王赛马的例子：以 α_1（上、中、下）表示齐王以"先用上马、再用中马、最后用下马"的次序参加比赛，也就是说它是齐王的一个策略。于是齐王共有 6 个策略（3 的全排列 $P_3=3!=3\times2\times1=6$），即

α_1（上、中、下） α_2（上、下、中） α_3（中、上、下）
α_4（中、下、上） α_5（下、中、上） α_6（下、上、中）

同理，对田忌来讲也有 6 个策略，分别为

β_1（上、中、下） β_2（上、下、中） β_3（中、上、下）
β_4（中、下、上） β_5（下、中、上） β_6（下、上、中）

当齐王选取策略 α_1（上、中、下）而田忌选取策略 β_1（上、中、下）进行比赛时，就形成一个局势（α_1, β_1）。这时，由于在同等级的马中，田忌的马不如齐王的马，所以齐王在这一局势下，每个等级的马都胜过田忌的马，齐王可以得到 3 千金。同理，在局势（α_1, β_2）中，齐王可以得到 1 千金，等等。齐王在不同局势下的不同收益可用矩阵表示为

$$A = \begin{array}{c} \\ \alpha_1 \\ \alpha_2 \\ \alpha_3 \\ \alpha_4 \\ \alpha_5 \\ \alpha_6 \end{array} \begin{array}{cccccc} \beta_1 & \beta_2 & \beta_3 & \beta_4 & \beta_5 & \beta_6 \end{array} \left(\begin{array}{cccccc} 3 & 1 & 1 & 1 & 1 & -1 \\ 1 & 3 & 1 & 1 & -1 & 1 \\ 1 & -1 & 3 & 1 & 1 & 1 \\ -1 & 1 & 1 & 3 & 1 & 1 \\ 1 & 1 & -1 & 1 & 3 & 1 \\ 1 & 1 & 1 & -1 & 1 & 3 \end{array} \right)$$

矩阵中的元素 1 和 3 表示齐王得到的千金数，同时也是田忌应付的千金数；–1 表示齐王应付的千金数，同时也是田忌所得到的千金数。对于两人有限零和对策来说，局中人的收益矩阵给定之后，两个局中人就可方便地考虑各自应选取的最合适的策略，以谋取各自最大的收益。

通常用 Ⅰ、Ⅱ 表示两个局中人，局中人 Ⅰ 有 m 个策略，即 $\alpha_1, \alpha_2, \cdots, \alpha_m$；局中人 Ⅱ 有 n 个策略，即 $\beta_1, \beta_2, \cdots, \beta_n$。

当 Ⅰ 选取策略 α_i，Ⅱ 选取策略 β_j，就形成了一个局势（α_i, β_j），这时局中人 Ⅰ 的收益为 a_{ij}，局中人 Ⅱ 的收益为 $-a_{ij}$（共有 $m\times n$ 个局势）。矩阵 $A = (a_{ij})$ 称为局中人 Ⅰ 的收益矩阵，即

$$A = \begin{array}{c} \\ \alpha_1 \\ \vdots \\ \alpha_m \end{array} \begin{array}{c} \beta_1 \cdots \beta_n \end{array} \left(\begin{array}{ccc} a_{11} & \cdots & a_{1n} \\ \vdots & & \vdots \\ a_{m1} & \cdots & a_{mn} \end{array} \right)$$

显然矩阵 $A = (a_{ij})$ 完全确定了这个对策。

7.3.2 矩阵对策（两人有限零和对策）的纯策略

例 7.1 设有一矩阵对策，局中人 I 的收益矩阵如下，试研究双方策略。

$$A = \begin{pmatrix} -6 & 1 & -8 \\ 3 & 2 & 4 \\ 9 & -1 & -10 \\ -3 & 0 & 6 \end{pmatrix}$$

解 由矩阵 A 可以看出，局中人 I 的最大收益值是 9，要想达到这个目的，他必须选择策略 α_3。然而局中人 II 也在考虑，因为局中人 I 有出 α_3 的心理状态，要想使自己有较大的收益，就应选择 α_3 作为对策。这样不仅不能使局中人 I 得到 9，反而会失去 10（即得-10）。同样，局中人 I 也会想 II 有出 β_3 的可能，于是 I 想出 α_4 来对付 II，使他不但得不到 10 反而输掉 6，等等。

这样一来，双方都必然要考虑风险，考虑对方会设法使自己收入最小，因此，都应当从最坏处着想，去尽量争取最好的结果。这就是所谓的保守准则，保证最小收益，即 max min 准则。

对局中人 I 来说，若他选择策略 α_1，他的收益可能是-8（当 II 选择策略 β_3），这是他采取 α_1 时能保证得到的最小收益。同样，他选择 α_2、α_3、α_4 时，他能保证得到的最小收益分别是（即对应行的最小元素）2、-10、-3，因此，当他采取策略 α_2 时，他可保证收益至少为 2，而当他采取其他策略时，他的收益可能小于 2。在这个意义下（即 max min 准则），我们说 α_2 是 I 的最优策略。

同样，局中人 II 采取策略 β_1、β_2、β_3 时，他的损失分别为（对应列的最大元素）9、2、6，因此，他的最优策略（按 min max 准则）是 β_2，可保证损失不超过 2。

结果，局中人 I 按 max min 准则选取策略 α_2，局中人 II 按 min max 准则选取 β_2，双方都得到了他们预想的收益，这是一种最稳妥的行为。我们把局势 (α_2, β_2) 称为对策 G 的最优局势。

求最优策略的过程可用数学式子描述如下：对局中人 I 来讲，就是先在矩阵 A 每一行元素中取最小值，即

$$\min\{-6, 1, -8\} = -8$$
$$\min\{3, 2, 4\} = 2$$
$$\min\{9, -1, -10\} = -10$$
$$\min\{-3, 0, 6\} = -3$$

再从这些最小值中取最大值，即

$$\max\{-8, 2, -10, -3\} = 2$$

因此，由上面矩阵 A 可知，局中人 I 的最优策略为 α_2。对局中人 II 来讲，先在矩阵 A 每一列元素中取最大值，即

$$\max\{-6, 3, 9, -3\} = 9$$
$$\max\{1, 2, -1, 0\} = 2$$
$$\max\{-8, 4, -10, 6\} = 6$$

再从这些最大值中取最小值，即
$$\min\{9,2,6\}=2$$
因此，由上面可知，对局中人Ⅱ来讲最优策略为β_2。

上面得到的数字 2 是对策 G 的值，对策值用 V_G 表示，即
$$V_G=2$$

通常，设局中人Ⅰ、Ⅱ都采用保守准则，保证最小收益，即 max min 准则，那么，对局中人Ⅰ来说，他应对自己每一种可以选择的策略求出最小收益，再选择最小收益中收益最大的那个策略。对收益矩阵 $A=(a_{ij})$ 来说，就是先在每一行中求最小值，再在这些最小值中选出最大值，即

$$\max_i \min_j a_{ij}$$

对局中人Ⅱ来说，A 是他的损失矩阵，他的收益是$-a_{ij}$，所以他对 A 使用保守准则时，应当先在每一列中求出最大值，再在这些最大值中选择最小的那个，即

$$\min_j \max_i a_{ij}$$

通过上面讨论可以看到：在对策中，局中人Ⅰ、Ⅱ都采用保守准则，最后出现了一个平衡局势(α_{i*},β_{j*})，这个局势双方均可接受，且对双方来说都是一个最稳妥的结果。我们把这个平衡局势(α_{i*},β_{j*})称为鞍点。

鞍点的定义：设对策 G 的收益矩阵为 $A=(a_{ij})$，若 $\max_i \min_j a_{ij} = \min_j \max_i a_{ij} = \min_j \max_i a_{ij}$，且等于矩阵元素$\alpha_{i*j*}$；那么，$(\alpha_{i*},\beta_{j*})$称为对策 G 的一个鞍点，$\alpha_{i*}$称为局中人Ⅰ的最优纯策略，$\beta_{j*}$称为局中人Ⅱ的最优纯策略，$V_G=\alpha_{i*j*}$称为对策 G 的值。

例 7.2 设有一矩阵对策，局中人Ⅰ的收益矩阵为

$$A = \begin{pmatrix} -7 & 1 & -8 \\ 3 & 2 & 4 \\ 16 & -1 & -9 \\ -3 & 0 & 5 \end{pmatrix}$$

求对策的鞍点和对策值及局中人的最优策略。

解 对局中人Ⅰ来说，将矩阵每行元素取最小值，即

第一行　　$\min\{-7, 1, 8\} = -8$
第二行　　$\min\{3, 2, 4\} = 2$
第三行　　$\min\{16, -1, -9\} = -9$
第四行　　$\min\{-3, 0, 5\} = -3$

再从 4 个最小值中取最大值，即
$$\max\{-8, 2, -9, -3\} = 2$$

故有
$$\max_i a_{i2} = 2$$

对局中人Ⅱ来说，将矩阵的每一列元素取最大值，即

$$\max\{-7, 3, 16, -3\} = 16$$
$$\max\{1, 2, -1, 8, 0\} = 2$$
$$\max\{-8, 4, -9, 5\} = 5$$

再从最大值中取最小值，即

$$\min\{16, 2, 5\} = 2$$

故有

$$\min_j a_{2j} = 2$$

因为

$$\max_i \min_j a_{ij} = \min_j \max_i a_{ij} = 2$$

又有

$$\max_i a_{i2} = \min_j a_{i2} = 2$$

所以对策值 $V_G = 2$，鞍点为 (α_2, β_2)，局中人Ⅰ的最优纯策略为 α_2，局中人Ⅱ的最优纯策略为 β_2。

例 7.3 某单位采购员在秋季要决定冬季取暖用煤的采购量。已知在正常气温条件下需要用煤 15 吨，在较暖和较冷气温条件下分别需要用煤 10 吨和 20 吨。假定冬季的煤价随着天气寒冷程度而变化：在较暖、正常、较冷气温条件下每吨煤的价格分别为 100 元、150 元和 200 元，而秋季每吨煤的价格为 100 元。问在没有关于当年冬季气温情况准确预报的条件下，秋季应采购多少吨煤才能使总支出最少？

解 这个问题可看成一个对策问题。把采购员看成一个局中人，他有 3 个策略：分别是在秋季购买 10 吨、15 吨、20 吨煤，记为 α_1、α_2、α_3；该对策的另一局中人可看成是大自然，它也有 3 个策略：分别是出现较暖、正常、较冷的冬季，记为 β_1、β_2、β_3。

现把该单位冬季用煤的全部费用（秋季购煤费用与冬季不够时再补购的费用之和）作为采购员的收益，得到如下收益矩阵：

$$A = \begin{array}{c} \\ \alpha_1 \\ \alpha_2 \\ \alpha_3 \end{array} \begin{pmatrix} \beta_1 & \beta_2 & \beta_3 \\ -1\,000 & -1\,750 & -3\,000 \\ -1\,500 & -1\,500 & -2\,500 \\ -2\,000 & -2\,000 & -2\,000 \end{pmatrix}$$

由于

$$\max_i \min_j a_{ij} = \min_j \max_i a_{ij} = a_{33} = -2\,000$$

求得该对策的解为 (α_3, β_3)，即采购员秋季购煤 20 吨较好。

7.3.3 矩阵对策的混合策略

由上面讨论可知，在一个矩阵对策 $A=(a_{ij})$ 中，局中人 I 能保证的最小可得收益为

$$v_1 = \max_i \min_j a_{ij}$$

局中人 II 能保证的最大所失为

$$v_2 = \min_j \max_i a_{ij}$$

一般而言，局中人 I 的收益不会多于局中人 II 的所失，所以总有

$$v_1 \leq v_2$$

即

$$\max_i \min_j a_{ij} \leq \min_j \max_i a_{ij}$$

若上式出现等号成立的情况，即当 $v_1=v_2$ 时，矩阵对策在纯策略意义下有解，且 $V_G=v_1=v_2$。然而，实际中出现的更多情况是等号不成立，即为 $\max_i \min_j a_{ij} < \min_j \max_i a_{ij}$ 的情形。

这时鞍点不存在，在纯策略意义下双方都不存在最优策略。此时，就需要采用混合策略。

例 7.4 设矩阵对策，局中人 I 的收益矩阵为

$$A = \begin{pmatrix} 1 & 3 \\ 4 & 2 \end{pmatrix}$$

试问这个对策有没有鞍点？如果没有，如何求解？

解 求出每一行的最小元素，即第一行：1；第二行：2。

这里第一行的 1 元素不是它所在列里的最大元素；同样，第二行中的元素 2 也不是它所在列里的最大元素。

而

$$\max_i \min_j a_{ij} = 2, \quad \min_j \max_i a_{ij} = 3$$

故

$$\max_i \min_j a_{ij} \neq \min_j \max_i a_{ij}$$

因而该对策不存在鞍点，没有纯策略意义下的解，两个局中人也没有最优纯策略。

面对这种情况，局中人应如何选择纯策略参加对策呢？

局中人 I 也许总想选取第二个策略（即第 2 行），这是由于他最多可以赢得 4 元和最少可以赢得 2 元。那么他是不是总是采用这个策略呢？假若是，那么局中人 II 就会抓住这一点并选择第二个策略（即第 2 列），因为选择这种策略，他只能输掉 2 元。然而，局中人 I 大概应该开始选择赢得 3 元的第一个策略（即第 1 行），因为，在一个没有鞍点的对策里，局中人经常改变他们的策略，而不应当总是采用同一个策略。这就要求随机地选择策略。实际上，一个局中人应制定一个使他的对手不能发现的策略的变更模型，也就是说不能一

成不变。例如，局中人Ⅰ以40%的机会选择第一个策略（具有概率为0.4），局中人Ⅱ以80%的机会选择第二个策略（具有概率为0.8），这就是混合策略的概念。这种混合策略的概念，在对策论中是非常重要而有用的。如果局中人采用的策略是混合的，那么这种对策称为混合策略对策。

假定已经知道了每个局中人选择某一策略的概率，那么，当采用混合策略时，所谓"对策的收益"是多少呢？因为收益是根据一对纯策略来确定的，而在混合策略的情况下，我们并不知道哪一个策略被采用，所以对于只进行一次的对策来说，是不可能确定收益的。然而，对于进行多次的对策来说，应该知道每个策略被采用的概率，所以，可利用概率计算对策的期望收益。

对于例7.4，如果局中人Ⅰ以50%的概率选择第一行和第二行，而局中人Ⅱ分别以30%和70%的概率选择第一列和第二列，那么对策的期望收益就能计算出来。例如，第一行-第一列的策略以 0.5×0.3=0.15 的概率被选择，而这种策略有 1 元的收益，于是期望收益为 1×0.15=0.15（元）。表 7.1 中的数据概括了所有这些情况，即当这种策略被采用时，对策的期望收益为 2.5 元。

表 7.1 例 7.4 分析数据

策　　略	收益/元	概　　率	期望收益/元
第一行-第一列	1	0.15	0.15
第二行-第一列	4	0.15	0.6
第一行-第二列	3	0.35	1.05
第二行-第二列	2	0.35	0.7
合　　计		1.00	2.5

仔细观察上述的推导过程，可得知如何确定一个没有鞍点对策的期望收益。

一般而言，先估计选取各个策略可能性的大小来进行对策，也就是用多大概率选取各个纯策略，然后计算出期望收益。

对于例7.4来说，假定局中人Ⅰ以概率 x_1 选取纯策略 α_1，以概率 x_2 选取纯策略 α_2，其中 $x_1+x_2=1$；同样，局中人Ⅱ也可以制定一个混合策略，即以概率 y_1 选取纯策略 β_1，以概率 y_2 选取纯策略 β_2，其中 $y_1+y_2=1$。这时，对局中人Ⅰ来说，其收益期望为

$$E(x,y)=1 \cdot x_1 \cdot y_1+3 \cdot x_1 \cdot y_2+4 \cdot x_2 \cdot y_1+2 \cdot x_2 \cdot y_2$$

$$=-4(x_1-\frac{1}{2})(y_1-\frac{1}{4})+\frac{5}{2}$$

由上式可见，当 $x_1=\frac{1}{2}$ 时，$E(x,y)=\frac{5}{2}$，即当局中人Ⅰ以概率 $\frac{1}{2}$ 选取纯策略 α_1 时，其期望收益至少是 $\frac{5}{2}$；同时不能保证其期望收益超过 $\frac{5}{2}$，因为当局中人Ⅱ取 $y_1=\frac{1}{4}$ 时，会控制局中人Ⅰ的收益不超过 $\frac{5}{2}$，因此 $\frac{5}{2}$ 是局中人Ⅰ收益的期望值。

同样，局中人Ⅱ只有取 $y_1=\frac{1}{4}$ 时，才能保证他的损失不会多于 $\frac{5}{2}$。于是对例7.4来说，

局中人Ⅰ以概率$\frac{1}{2}$选择α_1,以概率$\frac{1}{2}$选择α_2;局中人Ⅱ以概率$\frac{1}{4}$选择β_1,以概率$\frac{3}{4}$选择β_2,这时双方都会得到满意的结果。从上述分析可以看出,每个局中人决策时,不是决定用哪一个纯策略,而是决定用多大概率选择每一个纯策略,以这样一种方式选取纯策略参加对策才是双方的最优策略。

将局中人Ⅰ选取α_1、α_2的概率写成向量的形式,即

$$X^* = (x_1, x_2) = \left(\frac{1}{2}, \frac{1}{2}\right)$$

其中 $x_1 + x_2 = 1$

同样,将局中人Ⅱ选取β_1、β_2的概率写成向量的形式,即

$$Y^* = (y_1, y_2) = \left(\frac{1}{4}, \frac{3}{4}\right)$$

其中 $y_1 + y_2 = 1$

上述两式分别称为局中人Ⅰ和局中人Ⅱ的最优混合策略。

混合策略是指某一个局中人以一定的概率随机地采用各个策略,而原来(例 7.1 中)的策略就称为纯策略。在纯策略的对策中,一个策略一经采用,便在各局对策中总使用它。矩阵对策的纯策略可以视为概率为 1 的混合策略。

下面进一步观察一个 2×2 矩阵

$$A = \begin{pmatrix} a_{11} & a_{12} \\ a_{21} & a_{22} \end{pmatrix}$$

所确定的两人零和对策。

假定该矩阵的局中人Ⅰ以x_1、x_2的概率选取策略α_1、α_2,记成向量的形式,即

$$X = (x_1, x_2)$$

同样,局中人Ⅱ以y_1、y_2的概率选取策略β_1、β_2,记成向量的形式,即

$$Y = (y_1, y_2)$$

这时局中人Ⅰ的收益期望为

$$E(x,y) = a_{11}x_1y_1 + a_{12}x_1y_2 + a_{21}x_2y_1 + a_{22}x_2y_2$$

可以证明局中人Ⅰ的最优策略是

$$X^* = (x_1, x_2)$$

其中
$$x_1 = \frac{a_{22} - a_{21}}{a_{11} + a_{22} - a_{12} - a_{21}}, \quad x_2 = \frac{a_{11} - a_{12}}{a_{11} + a_{22} - a_{12} - a_{21}} \tag{7-1}$$

这里,$a_{11} + a_{22} - a_{12} - a_{21} \neq 0$,同时满足条件$x_1 + x_2 = 1$。

同样,局中人Ⅱ的最优策略是

$$Y^* = (y_1, y_2)$$

其中
$$y_1 = \frac{a_{22} - a_{12}}{a_{11} + a_{22} - a_{12} - a_{21}}, \quad y_2 = \frac{a_{11} - a_{21}}{a_{11} + a_{22} - a_{12} - a_{21}} \tag{7-2}$$

这里，$a_{11}+a_{22}-a_{12}-a_{21} \neq 0$，同时满足条件 $y_1+y_2=1$。

对应于上述最优策略的期望收益为

$$E(x,y) = \frac{a_{11}a_{22} - a_{21}a_{21}}{a_{11}+a_{22}-a_{12}-a_{21}}$$

如果应用最优策略，那么对策的期望收益称为对策值 V。

例 7.5 设有一矩阵对策，局中人 I 的收益矩阵为

$$A = \begin{pmatrix} -3 & 5 \\ 5 & -2 \end{pmatrix}$$

试确定最优策略和对策值。

解 直接应用式（7-1）得

$$x_1 = \frac{-2-5}{-3+(-2)-5-5} = \frac{7}{15}, \quad x_2 = \frac{-3-5}{-3+(-2)+-5-5} = \frac{8}{15}$$

那么，局中人 I 的最优策略是以 $\frac{7}{15}$ 的概率选择第一行（策略 α_1）和以 $\frac{8}{15}$ 的概率选择第二行（策略 α_2）。

同样，应用式（7-2），可以得到

$$y_1 = \frac{-2-5}{-3+(-2)-5-5} = \frac{7}{15}, \quad y_2 = \frac{-3-5}{-3+(-2)+-5-5} = \frac{8}{15}$$

那么，局中人 II 的最优策略是以 $\frac{7}{15}$ 的概率选择第一列（策略 β_1）和以 $\frac{8}{15}$ 的概率选择第二列（策略 β_2）。

对策值 V 为

$$V = \frac{a_{11}a_{22}-a_{21}a_{21}}{a_{11}+a_{22}-a_{12}-a_{21}} = \frac{(-3)(-2)-(5)(5)}{(-3)+(-2)-5-5} = \frac{-19}{-15} = \frac{19}{15}$$

即局中人 I 的最优策略为

$$X^* = (x_1, x_2) = \left(\frac{7}{15}, \frac{8}{15}\right)$$

局中人 II 的最优策略为

$$Y^* = (y_1, y_2) = \left(\frac{7}{15}, \frac{8}{15}\right)$$

对策值为

$$V = \frac{19}{15}$$

一般情况下，在矩阵对策中，假设局中人 I 的策略为：以概率 $x_i(x_i \geq 0, \sum_{i=1}^{m} x_i = 1)$ 采用

纯策略 α_i，局中人 II 以概率 $y_j(y_j \geq 0, \sum_{j=1}^{n} y_j = 1)$ 采用纯策略 β_j；则将选取纯策略集合对应的概率向量

$$X^* = (x_1, x_2, \cdots, x_m) \text{ 和 } Y^* = (y_1, y_2, \cdots, y_n)$$

分别称为局中人 I 和局中人 II 的混合策略。

这时，局中人 I 的收益期望为

$$E(x, y) = \sum_{i=1}^{m} \sum_{j=1}^{n} a_{ij} x_i y_j$$

其中 $\qquad x_i \geq 0, \sum_{i=1}^{m} x_i = 1; \ y_j \geq 0, \sum_{j=1}^{n} y_j = 1$

局中人 I 仍按 max min 准则选取策略，即选择混合策略 $X^* = (x_1, x_2, \cdots, x_m)$，使 $\min_y E(x, y)$ 为最大，即

$$\max \min_y E(x, y) = \max \min_j \sum_{i=1}^{m} a_{ij} x_i$$

7.4 求解矩阵对策的方法

求解矩阵对策的方法很多，有图解法、拉格朗日乘数法、方程组法和线性规划法等。本节给出最常用的求解矩阵对策的方法——图解法和线性规划法。

7.4.1 图解法

现在讨论矩阵对策的图解法，这种方法不仅能为收益矩阵为 $2 \times n$ 阶和 $m \times 2$ 阶的对策问题提供一个直观的解法，而且通过这种方法的讨论使我们在几何上理解对策论的思想。

下面利用例子说明如何利用图解法求出最优策略。

例 7.6 设有对策矩阵，其中矩阵中的元素表示局中人 I 的得分，即

$$A = \begin{pmatrix} 4 & -1 & 0 \\ -1 & 4 & 2 \end{pmatrix}$$

试求出每个局中人的最优策略及其对策值。

解 我们知道，在上面对策中，局中人 I 有 2 种策略，局中人 II 有 3 种策略。假定 p 是局中人 I 选取第一行的概率，那么 $1-p$ 是他选取第二行的概率。下面依据 p 来计算局中人 I 的期望收益值。

如果局中人Ⅱ选择第一列，那么局中人Ⅰ的期望收益值等于$4p-1(1-p)$，即
$$E_1=5p-1 \quad （直线①）$$
同样，若局中人Ⅱ选择第二列和第三列，则局中人Ⅰ的期望收益值分别为
$$E_1=4-5p \quad （直线②）$$
$$E_1=2-2p \quad （直线③）$$

以E_1为纵轴、p为横轴，做出直线①、直线②和直线③，如图7.1所示。以局中人Ⅱ的角度来看，他希望局中人Ⅰ得分尽可能少，因为这样可使自己得分尽可能多。因此，局中人Ⅱ将选择这样的策略（直线）使其高度最低，因为每条直线的高度表示局中人Ⅰ得分的多少。换言之，局中人Ⅱ的最优策略为图7.1中的粗黑折线。

局中人Ⅰ认识到这一点，就将选择恰当的p值，使自己能获得最多的分数。这样的p值出现在直线①和直线③的交点A处，交点坐标为
$$p=\frac{3}{7}, \quad E_1=\frac{8}{7}$$

于是局中人Ⅰ的最优策略是以$\frac{3}{7}$的概率选择第一行和以$\frac{4}{7}$的概率选择第二行。在这种情况下，这个对策的值$E_1=\frac{8}{7}$。

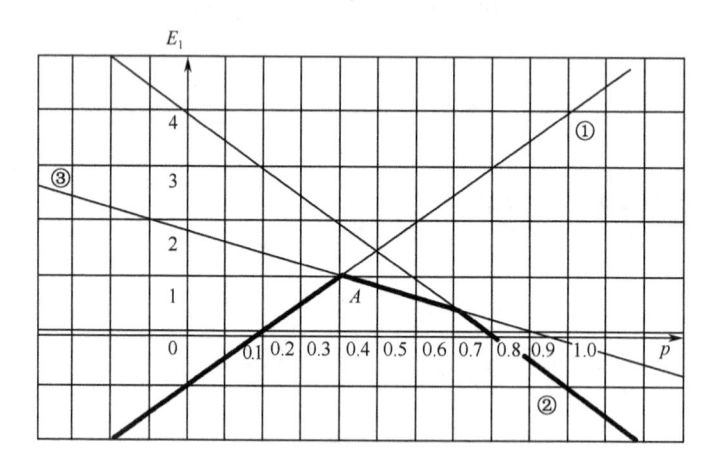

图7.1 例7.6最优策略选择示意图

为求出局中人Ⅱ的最优策略，要注意局中人Ⅰ的最优策略是根据对策矩阵的第一列和第三列所计算出的得分数而得到的，在例7.6的矩阵中删去第二列所构成的矩阵为
$$\begin{pmatrix} 4 & 0 \\ -1 & 2 \end{pmatrix}$$

现在，由式（7-2）可求出局中人Ⅱ的最优策略为
$$q_1=\frac{2}{7}, \quad q_2=0, \quad q_3=\frac{5}{7}$$

于是局中人Ⅱ的最优策略是以 $\frac{2}{7}$ 的概率选择第一列和以 $\frac{5}{7}$ 的概率选择第三列,而始终不选择第二列(即被删去的列)。

例 7.7 给定下列对策矩阵

$$A = \begin{pmatrix} -2 & 2 \\ -1 & 1 \\ 2 & 0 \\ 3 & -1 \\ 4 & -2 \end{pmatrix}$$

其中矩阵中的元素表示局中人Ⅰ的得分,试求出每个局中人的最优策略,并问其对策值是多少?

解 这里,局中人Ⅱ有两种策略,令 q 为他选择第一列的概率,而 $1-q$ 便是他选择第二列的概率;因此,局中人Ⅱ的期望得分 E_1 分别为

$E_1 = -2q + 2(1-q)$, $E_1 = -q + (1-q)$,
$E_1 = 2q$, $E_1 = 3q - (1-q)$,
$E_1 = 4q - 2(1-q)$

化简得

$E_1 = -4q + 2$(图 7.2 中直线①), $E_1 = -2q + 1$(图 7.2 中直线②),
$E_1 = 2q$(图 7.2 中直线③), $E_1 = 4q - 1$(图 7.2 中直线④),
$E_1 = 6q - 2$(图 7.2 中直线⑤)

然后,做出这 5 个方程的直线图,如图 7.2 所示。

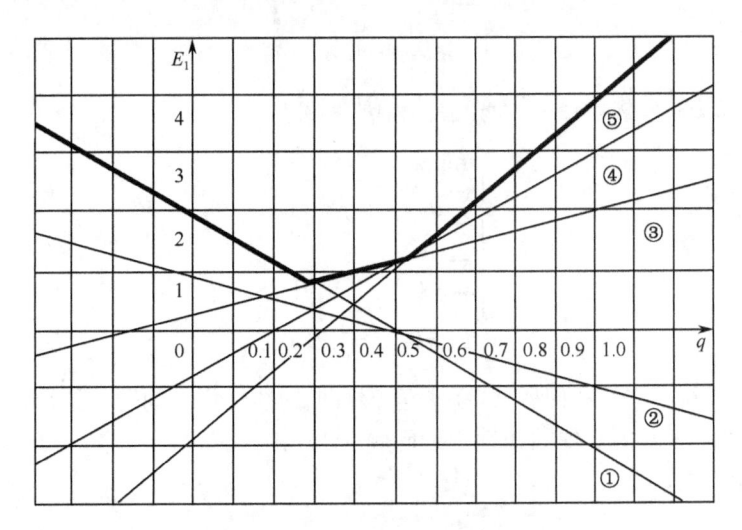

图 7.2 例 7.7 最优策略选择示意图

局中人Ⅰ可以选择图 7.2 中直线所代表的 5 种策略中的任何一种。由于每一条直线的高度表示了他的得分数,于是他将选择图 7.2 中粗黑折线所表示的策略。

但是,局中人Ⅱ希望使局中人Ⅰ的得分尽可能少,这出现在直线①和直线③的交点处,

其交点坐标为 $q = \dfrac{1}{3}$，$E_1 = \dfrac{2}{3}$，因此，局中人Ⅱ的最优策略是以 $\dfrac{1}{3}$ 的概率选择第一列，以 $\dfrac{2}{3}$ 的概率选择第二列，其对策值是 $\dfrac{2}{3}$。

下面求局中人Ⅰ的最优策略。由于局中人Ⅱ的最优策略产生于直线①和直线③，所以在例 7.7 的矩阵中删去第二、四、五行，得到矩阵

$$\begin{pmatrix} -2 & 2 \\ 2 & 0 \end{pmatrix}$$

应用式（7-2），局中人Ⅰ的最优策略为

$$p_1 = \dfrac{-2}{-6} = \dfrac{1}{3}, \quad p_3 = \dfrac{-4}{-6} = \dfrac{2}{3}$$

7.4.2 线性规划法

前面讨论了图解法，解决了收益矩阵为 $2 \times n$ 和 $m \times 2$ 阶的对策问题的求解。对于一般的矩阵对策问题，可以用线性规划法来进行求解，因为这种方法可以求解任意矩阵对策。

在一个矩阵对策中，若局中人Ⅰ的收益矩阵为 A，则他的最优混合策略 $x = (x_1, x_2, \cdots, x_n)$ 是线性规划问题

$$(P) \begin{cases} \max w \\ \sum_i a_{ij} x_i \geqslant w, \ j = 1, 2, \cdots, n \\ \sum_i x_i = 1 \\ x_i \geqslant 0, \ i = 1, 2, \cdots, m \end{cases}$$

的解；而局中人Ⅱ的最优策略 $y = (y_1, y_2, \cdots, y_n)$ 是问题

$$(D) \begin{cases} \min v \\ \sum_j a_{ij} y_j \leqslant v, \ i = 1, 2, \cdots, m \\ \sum_j y_j = 1 \\ y_j \geqslant 0, \ j = 1, 2, \cdots, n \end{cases}$$

的解。容易验证问题（P）和问题（D）是互为对偶的线性规划问题。这样，求解矩阵对策可等价地转化为求解互为对偶的线性规划问题（P）和（D）。

在问题（P）中，令

$$x_i' = \dfrac{x_i}{w} \quad i = 1, 2, \cdots, m (\text{不妨设 } w > 0) \tag{7-3}$$

则问题（P）的约束条件变为

$$\begin{cases} \sum_i a_{ij} x'_i \geq 1, \ j=1,2,\cdots,n \\ \sum_i x'_i = w \\ x'_i \geq 0, \ i=1,2,\cdots,m \end{cases}$$

故问题（P）等价于线性规划问题（P'）：

$$(\text{P}')\begin{cases} \min \sum_i x'_i \\ \sum_i a_{ij} x'_i \geq 1, \ j=1,2,\cdots,n \\ x'_i \geq 0, \ i=1,2,\cdots,m \end{cases}$$

同理，令

$$y'_j = \frac{y_j}{v}, \ j=1,2,\cdots,n \tag{7-4}$$

可知问题（D）等价于线性规划问题（D'）

$$(\text{D}')\begin{cases} \max \sum_j y'_j \\ \sum_j y'_j = 1 \\ y'_j \geq 0, \ j=1,2,\cdots,n \end{cases}$$

显然，问题（P'）和（D'）是互为对偶的线性规划，可利用单纯形或对偶单纯形方法求解。求解后，再通过式（7-3）和式（7-4）进行变换，即可得到原对策问题的解和对策值。

例 7.8 利用线性规划方法求解下述矩阵对策，其收益矩阵为

$$A = \begin{pmatrix} 7 & 2 & 9 \\ 2 & 9 & 0 \\ 9 & 0 & 11 \end{pmatrix}$$

解 上述问题可化成两个互为对偶的线性规划问题，即

$$(\text{P}')\begin{cases} \min (x_1 + x_2 + x_3) \\ 7x_1 + 2x_2 + 9x_3 \geq 1 \\ 2x_1 + 9x_2 \geq 1 \\ 9x_1 + 11x_3 \geq 1 \\ x_1 \geq 0, x_2 \geq 0, x_3 \geq 0 \end{cases}$$

$$(\text{D}')\begin{cases} \max (y_1 + y_2 + y_3) \\ 7y_1 + 2y_2 + 9y_3 \leq 1 \\ 2y_1 + 9y_2 \leq 1 \\ 9y_1 + 11y_3 \leq 1 \\ y_1 \geq 0, y_2 \geq 0, y_3 \geq 0 \end{cases}$$

上述线性规划的解为

$$X = (x_1, x_2, x_3) = \left(\frac{1}{20}, \frac{1}{10}, \frac{1}{20}\right), \quad w = \frac{1}{5}$$

$$Y = (y_1, y_2, y_3) = \left(\frac{1}{20}, \frac{1}{10}, \frac{1}{20}\right), \quad v = \frac{1}{5}$$

故对策问题的解为

$$V_G = \frac{1}{w} = \frac{1}{v} = 5$$

$$X^* = V_G(x_1, x_2, x_3) = 5\left(\frac{1}{20}, \frac{1}{10}, \frac{1}{20}\right) = \left(\frac{1}{4}, \frac{1}{2}, \frac{1}{4}\right)$$

$$Y^* = V_G(y_1, y_2, y_3) = 5\left(\frac{1}{20}, \frac{1}{10}, \frac{1}{20}\right) = \left(\frac{1}{4}, \frac{1}{2}, \frac{1}{4}\right)$$

7.5 对策模型应用案例

例 7.9 两个竞争对手 A 公司和 B 公司，都计划在某一个城市增加产品的销售点，地点选择在城市中心或城市郊区。如果两个对手都决定在城市中心建销售点，那么每年 A 公司产品的利润要比 B 公司产品的利润多 1 000 元；如果两个公司都决定在城市郊区建销售点，那么 A 公司产品的利润要比 B 公司产品的利润少 2 000 元；如果 A 公司安排在城市郊区，而 B 公司安排在城市中心，那么 A 公司的利润要比 B 公司的利润多 4 000 元；如果 A 公司安排在城市中心，而 B 公司安排在城市郊区，那么 A 公司的利润要比 B 公司的利润少 3 000 元。试问各公司安排销售点的最好位置是哪里？

解 最好位置的含义是使双方都能发挥最大的能力，而不是使总销售额达到最高。当然，所谓"最好"在这里也是相对的。另外，对位置的选择可以有不同的解释。

如果规定行作为 A 公司的策略，列作为 B 公司的策略，并且用正值表示 A 公司超过 B 公司的利润，用负值表示 B 公司超过 A 公司的利润，那么其对策矩阵为

$$\begin{array}{c} \text{B公司} \\ \text{A公司} \begin{array}{c} \text{城市中心} \\ \text{城市郊区} \end{array} \begin{pmatrix} \text{城市中心} & \text{城市郊区} \\ 1 & -3 \\ 4 & -2 \end{pmatrix} \end{array}$$

其中每个元素均以千元为单位。

很容易知道，这个对策是有鞍点的，鞍点是 -2，对策值也是 -2。因此，当两个公司都安排在城市郊区时，就会达到最好的竞争状态。这是由于 B 公司只有选择郊区，才能比 A 公司利润多，而在这种情况下，A 公司为了使 B 公司的利润降到最低，它也必须选择在郊区。当然，这种对策是不公平的，因为它只对 B 公司有利。

对 策 论 第7章

例 7.10 在海上战役中，轰炸机编队企图攻击有航空母舰（装有战斗机）护航的舰队。轰炸机或从高空攻击，或从低空攻击，但从低空攻击更为准确。同样，航空母舰能派遣出战斗机在高空或低空搜索轰炸机。如果轰炸机能避开战斗机，那么轰炸机就能赢得 8 个基数（表示力量对比单位）；如果两机相遇，则轰炸机要损失 2 个基数；但当两机在低空相遇时，轰炸机还要增加 3 个基数的赢得（因为它轰炸得准确）。分别求出轰炸机和战斗机的最优策略，并问对策值是多少？

解 首先建立对策矩阵。假定轰炸机出行策略，战斗机出列策略。矩阵的每个元素表示轰炸机的赢得基数。那么，对策矩阵为

$$
\begin{array}{c}
\quad\quad\quad\quad\quad\quad 战斗机 \\
\quad\quad\quad\quad 低空 \quad 高空 \\
轰炸机 \begin{array}{c} 低空 \\ 高空 \end{array} \begin{pmatrix} 1 & 11 \\ 8 & -2 \end{pmatrix}
\end{array}
$$

其中第一行第一列的元素 1 是由于两机相遇时轰炸机要损失两个基数，而低空轰炸时轰炸机要多增加 3 个基数的赢得，故它的总赢得为 1 个基数。

下面应用式（7-1）和式（7-2），求得轰炸机 $X^* = (x_1, x_2)$ 和战斗机 $Y^* = (y_1, y_2)$ 的最优策略分别为

$$x_1 = \frac{-10}{-20} = \frac{1}{2}, \quad x_2 = \frac{-10}{-20} = \frac{1}{2}$$

$$y_1 = \frac{-13}{-20} = \frac{13}{20}, \quad y_1 = \frac{-7}{-20} = \frac{7}{20}$$

相对于这些最优策略的期望收益为

$$V = \frac{-2-88}{-20} = \frac{-90}{-20} = 4.5$$

因此，如果两个局中人都采用他们的最优策略时，那么对策有利于轰炸机。

轰炸机可以用抛掷一枚匀称硬币的方法来决定飞高空还是飞低空（例如，正面为飞高空，反面为飞低空）。而战斗机则用摸球的方法来决定飞高空还是飞低空（例如，将 13 个黑球，7 个白球放入缸中，每天任意地抽取一个球，并且放回），如果是黑球，战斗机将低飞；如果是白球，战斗机就高飞。

例 7.11（简化的投资问题）有一个投资者，计划在国际局势动荡期间，即和平、继续冷战、还是真正的热战都不定的局势下，投资一万美元，其投资的对象可以是军用股票和/或工业股票。这种对策是投资者与国际局势之间的斗争，下面的矩阵给出了每个局中人的策略的利率。

$$
\begin{array}{c}
\quad\quad\quad\quad\quad 热战 \quad 冷战 \quad 和平 \\
投资者 \begin{array}{c} 军用股票 \\ 工业股票 \end{array} \begin{pmatrix} 18 & 6 & -2 \\ 2 & 7 & 12 \end{pmatrix}
\end{array}
$$

试计算投资者的最优策略。

解 这是一个 2×3 矩阵，可用图解方法进行求解。投资者的最优策略为

$$p_1 = \frac{5}{17}, \quad p_2 = \frac{12}{17}$$

对策值为

$$V = 6.7$$

于是，当投资者将 $\frac{5}{17} \approx 0.29$ 的投资用于军用股票，$\frac{12}{17} \approx 0.71$ 的投资用于工业股票，则他一定能获得至少 6.7% 的利息。事实上，在热战情况下的利息为

$$18(\frac{5}{17}) + 2(\frac{12}{17}) = 6.7\%$$

在冷战情况下的利息为

$$6(\frac{5}{17}) + 7(\frac{12}{17}) = 6.7\%$$

在和平时期的利息为

$$(-2)(\frac{5}{17}) + 12(\frac{12}{17}) = 7.9\%$$

本章小结

通过实际例子阐述了组成对策模型的基本要素及其含义；介绍了两人零和有限对策在研究对策模型中的地位和意义；介绍了矩阵对策的求解方法。

思考与练习

思考题

7.1 试述组成对策模型的基本要素及各要素的含义。

7.2 试述两人零和有限对策在研究对策模型中的地位和意义，为什么它又被称为矩阵对策？

7.3 解释下列概念，并说明同组概念之间的联系与区别。

（1）策略，纯策略，混合策略。

（2）鞍点，平衡局势，纯局势，纯策略意义下的解。

7.4 判断下列说法是否正确。

（1）在矩阵对策中，如果最优解要求一个局中人采取纯策略，则另一局中人也必须采用纯策略。

（2）在矩阵对策中，当局势达到平衡时，任何一方单方面改变自己的策略（纯策略或混合策略）将意味着自己更少的赢得或更大的损失。

第7章 对策论

练习题

7.1 甲、乙两名儿童玩猜拳游戏。游戏中双方可分别出拳头（代表石头）、手掌（代表布）或两个手指（代表剪刀）。规则是剪刀赢布，布赢石头，石头赢剪刀，赢者得一分。若双方所出相同，算和局，均不得分。试列出游戏中儿童甲的赢得矩阵（收益矩阵）。

7.2 甲、乙两个游戏者在互不知情的前提下，同时可能伸出 1 个、2 个或 3 个指头。用 k 表示两人伸出指头的总和。若 k 为偶数，甲付给乙 k 元；若 k 为奇数，乙付给甲 k 元。列出甲的收益矩阵。

7.3 两个游戏者分别在纸上写 0、1、2 三个数字中的一个，且不让对方知道。先让第一个人猜两人写的数字之和，再让第二个人猜两人写的数字之和，但规定第二个人猜的数不能与第一个人相同。猜中者从对方赢得一元，如均未猜中，算和局。试回答每个游戏者各有多少个纯策略。

7.4 已知 A、B 两人进行对策时，A 的收益矩阵如下，求双方的最优策略与对策值。

(1) $A = \begin{pmatrix} -2 & 12 & -4 \\ 1 & 4 & 8 \\ -5 & 2 & 3 \end{pmatrix}$ (2) $A = \begin{pmatrix} 2 & 2 & 1 \\ 2 & 4 & 4 \\ 2 & 1 & 6 \end{pmatrix}$

(3) $A = \begin{pmatrix} 2 & 7 & 2 & 1 \\ 2 & 2 & 3 & 4 \\ 3 & 5 & 4 & 4 \\ 2 & 3 & 1 & 6 \end{pmatrix}$ (4) $A = \begin{pmatrix} 0 & 4 & 1 & 3 \\ -1 & 3 & 0 & 2 \\ -1 & -1 & 4 & 1 \end{pmatrix}$

(5) $A = \begin{pmatrix} 9 & 3 & 1 & 8 & 0 \\ 6 & 5 & 4 & 6 & 7 \\ 2 & 4 & 3 & 3 & 8 \\ 5 & 6 & 2 & 2 & 1 \end{pmatrix}$ (6) $A = \begin{pmatrix} 2 & -3 & 1 & -4 \\ 6 & -4 & 1 & -5 \\ 4 & 3 & 3 & 2 \\ 2 & -3 & 2 & -4 \end{pmatrix}$

7.5 用图解法求下列对策矩阵的解。

(1) $A = \begin{pmatrix} 2 & 4 \\ 2 & 3 \\ 3 & 2 \\ -2 & 6 \end{pmatrix}$ (2) $A = \begin{pmatrix} 4 & 2 & 3 & -1 \\ -4 & 0 & -2 & -2 \end{pmatrix}$ (3) $A = \begin{pmatrix} 1 & 3 & 11 \\ 8 & 5 & 2 \end{pmatrix}$

7.6 用线性规划法求下列对策矩阵的解。

(1) $A = \begin{pmatrix} 2 & 7 & 2 & 1 \\ 2 & 2 & 3 & 4 \\ 3 & 5 & 4 & 4 \\ 2 & 3 & 1 & 6 \end{pmatrix}$ (2) $A = \begin{pmatrix} 2 & 7 & 2 & 1 \\ 2 & 2 & 3 & 4 \\ 3 & 5 & 4 & 4 \\ 2 & 3 & 1 & 6 \end{pmatrix}$ (3) $A = \begin{pmatrix} 2 & 7 & 2 & 1 \\ 2 & 2 & 3 & 4 \\ 3 & 5 & 4 & 4 \\ 2 & 3 & 1 & 6 \end{pmatrix}$

7.7 甲、乙两个货物运输公司在同一个地区从事运输。两个公司都想通过改革经营管理获取更多的运输市场份额。甲公司考虑的策略措施有：①降低运输价格；②提高运输质量；③推出新的运输方式。乙公司考虑采取的策略措施有：① 增加广告费用；② 增设服务网；③改进运输设备。假定市场份额一定。由于各自采取的策略措施不同，通过预测，今后两个公司的市场占有份额变动情况如下面矩阵所示（正值为甲公司增加的市场占有份额，负值为其减少的市场占有份额）。试通过竞争对策分析，确定两个公司各自的最优策略。

$$\text{甲公司的策略} \begin{array}{c} \\ ① \\ ② \\ ③ \end{array} \begin{array}{c} \text{乙公司的策略} \\ \begin{array}{ccc} ① & ② & ③ \end{array} \\ \begin{pmatrix} 10 & -1 & 3 \\ 12 & 10 & -5 \\ 6 & 8 & 5 \end{pmatrix} \end{array}$$

7.8 A、B 是两个生产小型汽车的工厂，其中 A 厂研制出一种新型的汽车，为增强与 B 厂的竞争，考虑了 3 个竞争对策：①将新产品全面投入生产；②继续生产现有产品，新产品小批量试产试销；③维持原状，新产品只生产样品征求意见。B 厂在了解到 A 厂有新产品的情况下也考虑了 3 个策略：①加速研制新产品；②对现有汽车进行革新；③加强广告宣传力度，改变营销方式。由于受市场预测能力的限制，下面列出的是双方对策结果的大致的定性分析资料（对 A 厂而言）。

	B 厂的策略		
	①	②	③
A 厂的策略 ①	较好	好	很好
②	一般	较差	较好
③	很差	差	一般

记分办法为：一般记 0 分，较好记 1 分，好记 2 分，很好记 3 分，较差记 -1 分，差记 -2 分，很差记 -3 分。试通过对策分析，确定 A、B 两厂各应采取的策略。

7.9 A、B 两个局中人进行对策。如果他们各自获得的得分之和不一定等于零（非零和对策），这时的支付情况如表 7.2 所示。

表 7.2 练习题 7.9 数据表

B A	1	2
1	(3, 3)	(-5, 5)
2	(5, -5)	(-2, -2)

在表 7.2 中，两个数字一组，前面的数字为 A 的得分，后面的数字为 B 的得分。试问在这个对策中：(1) A、B 之间可以进行协商时；(2) A、B 之间不能进行协商时，各将导致什么结果（相当于警察调查两个同案犯人的情况）？

7.10 在一场军事行动中，甲方拥有 3 种进攻性武器 A_1、A_2、A_3，可分别用于摧毁乙方工事；而乙方有 3 种防御性武器 B_1、B_2、B_3 来对付甲方。根据平时演习得到的数据，各种武器对抗时，相互取胜的可能性如下：

A_1 对 B_1	2∶1		A_2 对 B_1	3∶7
A_1 对 B_2	3∶1		A_2 对 B_2	3∶2
A_1 对 B_3	1∶2		A_2 对 B_3	1∶2
A_3 对 B_1	3∶1		A_3 对 B_3	2∶1
A_3 对 B_2	1∶4			

试确定甲、乙双方使用各种武器的最优策略，回答总的结果对甲、乙哪一方有利。

附录A 练习题参考答案

第1章

1.1 （1）$x_1=1$，$x_2=\frac{3}{2}$，$z_{\max}=\frac{35}{2}$； （2）$x_1=\frac{7}{2}$，$x_2=\frac{3}{2}$，$z_{\max}=\frac{17}{2}$；

（3）$x_1=2$，$x_2=6$，$z_{\max}=36$； （4）无最优解；

（5）$x_1=\frac{2}{3}$，$x_2=\frac{8}{3}$，$z_{\max}=\frac{14}{3}$；

（6）$x_1=\frac{2}{3}$，$x_2=\frac{8}{3}$；$x_3=0$，$x_4=0$；$z=8$；具有无穷多组的解。

1.2 （1）$\max(-z)=-x_1-2x_2'+2x_2''+3x_3'$

$$\text{s.t.}\begin{cases} x_1+2x_2'-2x_2''+x_3'+x_4=5 \\ 2x_1+3x_2'-3x_2''+x_3'-x_5=6 \\ -x_1+x_2'-x_2''+x_3'+x_6=2 \\ x_1\geqslant 0,\ x_2'\geqslant 0,\ x_2''\geqslant 0, x_3'\geqslant 0, x_4\geqslant 0, x_5\geqslant 0, x_6\geqslant 0 \end{cases};$$

（2）$\max(-z)=-2x_1+x_2+3x_3'-3x_3''+0x_4+0x_5$

$$\text{s.t.}\begin{cases} x_1+x_2+x_3'-x_3''+x_4=7 \\ x_1-x_2+x_3'-x_3''-x_5=2 \\ -3x_1+x_2+2x_3'-3x_3''=5 \\ x_1\geqslant 0, x_2\geqslant 0, x_3'\geqslant 0, x_3''\geqslant 0, x_4\geqslant 0, x_5\geqslant 0 \end{cases}。$$

1.3 （1）最优解：$x_1=\frac{4}{3}$，$x_2=\frac{14}{3}$，$x_3=0$，$x_4=0$，$z_{\max}=\frac{46}{3}$；

（2）最优解：$x_1=2$，$x_2=2$，$x_3=0$，$x_4=1$，$x_5=0$，$z_{\max}=12$；

（3）最优解：$x_1=2$，$x_2=0$，$x_3=2$，$z_{\max}=10$；

（4）最优解：$x_1=\frac{1}{2}$，$x_2=0$，$x_3=\frac{1}{4}$，$z_{\min}=\frac{31}{4}$。

1.4 （1）$x_1=\frac{5}{3}$，$x_2=\frac{5}{3}$，$x_3=0$，$x_4=0$，$z_{\max}=\frac{40}{3}$；

（2）无可行解；

（3）$x_1=2$，$x_2=0$，$x_3=3$，$z_{\min}=7$；

（4）$x_1=3$，$x_2=0$，$x_3=1$，$x_4=3$，$z_{\min}=2$；

（5）$x_1=0$，$x_2=5$，$x_3=0$，$x_4=5$，$z_{\min}=-30$。

1.5 （1）min $w=6y_1+4y_2$

$$\text{s.t.}\begin{cases}3y_1+y_2\geqslant 3\\2y_1-2y_2\geqslant -1\\-3y_1+y_2\geqslant -2\\y_1\geqslant 0,\ y_2\geqslant 0;\end{cases}$$

（2）min $w=60y_1+40y_2$

$$\text{s.t.}\begin{cases}3y_1+2y_2\geqslant 4\\y_1+2y_2\geqslant 3\\y_1+3y_2\geqslant 6\\y_1\geqslant 0,\ y_2\geqslant 0;\end{cases}$$

（3）max $z=2y_1-y_2+y_3$

$$\text{s.t.}\begin{cases}3y_1+y_2+y_3\geqslant 60\\y_1-y_2+2y_3\geqslant -10\\y_1+y_2-y_3\geqslant 20\\y_1\geqslant 0,\ y_2\geqslant 0,\ y_3\geqslant 0;\end{cases}$$

（4）max $z=2y_1+y_2+3y_3$

$$\text{s.t.}\begin{cases}2y_1+y_2+3y_3\leqslant 5\\-y_1+y_2-y_3\leqslant -3\\4y_1-2y_2-y_3\leqslant 1\\y_1\geqslant 0,\ y_2\geqslant 0,\ y_3\geqslant 0。\end{cases}$$

1.6 略

1.7 Excel 求解步骤如下：

（1）编制数据计算表，建立目标单元格、可变单元格与约束条件之间的数量对应关系，如图 A.1 所示。

	A	B	C	D	E	F
1	项目	甲产品	乙产品	丙产品	需要资源总量	现有资源总量
2	原材料需要量（500 克）	0	0	0	0	2 000
3	机加工台时需要量	0	0	0	0	1 000
4	产品最低需要量（件）	200	250	100	—	—
5	产品价格（元）	10	14	12	—	—
6	最高产量（件）				—	—
7	最大产值（元）	0	0	0	0	—

其中：E7 为目标函数单元格，B6、C6、D6 是可变单元格，E2、E3、F2、F3、B4～D4 单元格中是约束条件。

图 A.1　练习题 1.7 数据计算表

(2) 在有关单元格中输入公式。B2=B6*1.0，C2=C6*1.5，D2=D6*4.0，B3=B6*2.0，C3=C6*1.2，D3=D6*1.0，E2=B2+C2+D2（用鼠标拖放复制至 E3），B7=B5*B6（用鼠标拖放复制至 D7），E7=B7+C7+D7。

(3) 打开"工具-规划求解"，在"设置目标"单元格中输入 E7，在"等于"项下选择"最大值"，在"可变单元格"中输入 B6:D6。

(4) 单击"添加"按钮，在"添加约束"和"单元格引用位置"中输入 B6，选定>=；在"约束值"中输入 B4，单击"添加"按钮，即自动进入"规划求解参数"–"约束"列表框。照此操作，乙产品输入 C6>=C4，丙产品输入 D6>=D4。再次添加原材料约束条件，输入 E2<=F2；机加工台时约束条件应输入 E3<=F3。注意，还需要选定"假定非负"选项，否则会出现错误。

(5) 单击"求解"按钮，开始运算。在弹出的"规划求解结果"对话框中选择"保存规划求解结果"复选框后单击"确定"按钮，即可得到求解结果。

如图 A.2 所示，最大产值为 E7=9 100（万元）。

	A	B	C	D	E	F
1	项目	甲产品	乙产品	丙产品	需要资源总量	现有资源总量
2	原材料需要量（500 克）	1.0	1.5	4.0	1 775	2 000
3	机加工台时需要量	2.0	1.2	1.0	1 000	1 000
4	产品最低需要量（件）	200	250	100	—	—
5	产品价格（元）	10	14	12	—	—
6	最高产量（件）	200	250	300	—	—
7	最大产值（元）	2 000	3 500	3 600	9 100	

图 A.2　练习题 1.7 求解结果

1.8　Excel 求解步骤如下：

(1) 将数据输入工作表，如图 A.3 所示。

(2) 单击"规划求解-规划求解参数"，设置目标单元格为 D6，公式为"=B8*B6+B9*C6"，选择"最大值"，可变单元格为 B8:B9。

(3) 在"添加约束"框中输入以下约束条件：$D$3>=B8*B3+B9*C3；$D$4>=B8*B4+B9*C4；$D$5>=B8*B5+B9*C5。

(4) 单击"求解"按钮，计算机显示"规划求解找到一解，可满足所有的约束及最优状况"时，选择"保存规划求解结果"复选框后单击"确定"按钮，即得到如图 A.4 所示的求解结果。甲产品最优生产量为 20，乙产品最优生产量为 30，此时可得最大利润：

$$\max z = 20*9 + 30*12 = 540$$

图 A.3　练习题 1.8 数据输入工作表

图 A.4　练习题 1.8 求解结果

第 2 章

2.1 （1）$x_1=4$，$x_2=1$，$z_{max}=14$

（2）$x_1=2$，$x_2=2$ 或 $x_1=3$，$x_2=1$，$z_{max}=4$

（3）$x_1=0$，$x_2=5$，$x_3=0$，$z_{max}=-15$

（4）$x_1=2$，$x_2=2$，$z_{max}=272$

2.2 甲：Ⅰ；乙：Ⅳ；丙：Ⅲ；丁：Ⅱ；或甲：Ⅱ；乙：Ⅰ；丙：Ⅲ；丁：Ⅳ。总耗时 70（小时）。

2.3 A1：B2；A2：B3；A3：B1；A4：B4；A5：B5。最大总价值为每小时 50 元。

2.4 张：仰泳；钱：蝶泳；赵：自由泳；王：蛙泳。

2.5 Excel 2003 求解步骤如下：

本题属于典型的指派问题。

（1）启动 Excel，新建工作表。

（2）制成数据运算表，输入反映目标单元格、可变单元格和约束条件单元格之间的数量对应关系的单元格计算公式。单元格 F2 "=SUM(B2:E2)"，并复制至 F3、F4、F5；单元格 B6 "=SUM(B2:B5)"，复制至 C6、D6、E6；目标单元格 F6 "=15*B2+18*C2+21*D2+24*E2+19*B3+23*C3+22*D3+18*E3+26*B4+17*C4+16*D4+19*E4+19*B5+21*C5+23*D5+17*E5"。

（3）进入"规划求解-规划求解参数"对话框，进行参数设置。

在"设置目标单元格"中输入"F6"；

在"等于"项下选择"最小值"；

在"可变单元格"中输入"B2:E5"。

（4）单击"添加"按钮，输入以下约束条件：

F2:F5=1，B6:E6=1。B2:E5 bin 二进制。

然后选中"线性模型"和"假定非负"复选框，转入下一步。

（5）单击"求解"按钮，给出运算结果，如图 A.5 所示。

单位：小时

	A	B	C	D	E	F
1	人员	工作 1	工作 2	工作 3	工作 4	合计
2	甲	1	0	0	0	1
3	乙	0	0	0	1	1
4	丙	0	0	1	0	1
5	丁	0	1	0	0	1
6	合计	1	1	1	1	70

图 A.5 练习题 2.5 运算结果

安排甲做工作 1，需要 15 小时；安排乙做工作 4，需要 18 小时；安排丙做工作 3，需要 16 小时；安排丁做工作 2，需要 21 小时。4 个人各自完成自己的工作，共计需要时间 70 小时，达到整体最佳的要求。

第3章

3.1 （1）初始方案有以下两种（单位：吨，元）。

初始方案Ⅰ

$x_{12}=4$，$x_{14}=3$，$x_{21}=6$，$x_{22}=2$，$x_{32}=0$，$x_{33}=5$，其他变量为0。

初始方案Ⅱ

$x_{12}=4$，$x_{13}=0$，$x_{14}=3$，$x_{21}=6$，$x_{22}=2$，$x_{33}=3$，其他变量为0。

（2）两个初始方案的检验数分别为：

方案Ⅰ

$\lambda_{11}=2$，$\lambda_{13}=1$，$\lambda_{23}=3$，$\lambda_{24}=3$，$\lambda_{31}=9$，$\lambda_{34}=10$。

方案Ⅱ

$\lambda_{11}=2$，$\lambda_{23}=2$，$\lambda_{24}=3$，$\lambda_{31}=10$，$\lambda_{32}=1$，$\lambda_{34}=11$。

3.2 最优调运方案（单位：元/吨）如下：

$x_{12}=4$，$x_{14}=34$，$x_{21}=22$，$x_{23}=18$，$x_{31}=2$，$x_{35}=21$，$x_{41}=34$，$x_{42}=31$，其他变量为0。

3.3 （1）初始方案如下：

$x_{11}=20$，$x_{13}=20$，$x_{21}=60$，$x_{22}=10$，$x_{32}=20$，其他变量为0；$z=830$。

（2）最优方案如下：

$x_{11}=20$，$x_{13}=20$，$x_{21}=40$，$x_{22}=30$，$x_{31}=20$，其他变量为0；max $z=730$。

3.4 最优方案如下：

$x_{14}=25$，$x_{22}=15$，$x_{24}=10$，$x_{31}=15$，$x_{32}=5$，$x_{33}=30$，其他变量为0；min $z=535$。

3.5 最优方案如下（单位：10吨/10千米）：

昆山—上海：9，苏州—上海：11，苏州—常州：9，

无锡—常州：6，无锡—镇江：16，无锡—南京：6；

min $z=56\ 900$（吨·千米）。

3.6 最优调运方案（单位：元/吨）如下：

$x_{11}=15$，$x_{14}=10$，$x_{24}=25$，$x_{31}=30$，$x_{32}=20$，$x_{33}=30$，其他变量为0。

3.7 最优调运方案（单位：元/吨）如下：

增设虚拟库存B_5，其库存量为：40。

$x_{11}=20$，$x_{14}=30$，$x_{15}=20$，$x_{22}=30$，$x_{25}=20$，$x_{33}=40$，$x_{34}=30$，其他变量为0；min $z=350$元。

3.8 虚设一个销地（库存B_4），并把B_3的需要量分成两部分B_3'、B_3''，写出产销矩阵表后，用表上作业法得到如下最优调运方案（单位：万吨，万元）。

A_1—B_1：10；A_1—B_3'：25；A_1—B_4（库存）：15；A_2—B_1：25；A_2—B_2：30；A_2—B_3''：15；A_3—B_1：45；其他变量为0。min $z=645$（万元）。

3.9 设C为第i年正常生产（加班生产）之用于第j年交货的每台吊车的实际成本，列出C表（单位：万元），即

$$C = \begin{Bmatrix} 50 & 54 & 58 \\ 57 & 61 & 65 \\ M & 60 & 64 \\ M & 67 & 71 \\ M & M & 66 \\ M & M & 73 \end{Bmatrix}$$

再加上假想的需求 D_4，写出产销矩阵表，利用表上作业法进行计算，求得最优方案（单位：台，万元）如下：

$x_{11}=10$，$x_{12}=3$，$x_{23}=2$，$x_{32}=12$，$x_{33}=2$，$x_{43}=1$，$x_{44}=2$，$x_{53}=15$，$x_{64}=3$，其他变量为 0；min z=2 701（万元）。

3.10 这是一个总收量多于总发量的调运问题，只要添上一个假想的发点 A_5，土地产量为 19 000–15 000=4 000（担），变成平衡问题后可得最合理的调运方案（单位：千担，千米）如下：

$x_{11}=2$，$x_{22}=3$，$x_{31}=1$，$x_{32}=2$，$x_{33}=1$，$x_{43}=6$，$x_{51}=4$，其他变量为 0；min z=33（千担·里）。

3.11 Excel 2003 求解步骤如下：

（1）启动 Excel，新建工作表。

（2）制成数据运算表，建立目标单元格、可变单元格和约束条件单元格之间的数量关系。单元格 F9=SUM(B9:E9)，复制至 F10、F11；B12=SUM(B9:B11)，复制至 C12、D12、E12。目标单元格 F12=SUMPRODUCT(B2:E4,B9:E11)。

（3）进入"规划求解-规划求解参数"对话框，进行参数设置。

在"设置目标"单元格中输入"F12"；

在"等于"项下选择"最小值"；

在"可变单元格"框中输入"B9:E11"。

（4）单击"添加"按钮，输入以下约束条件：

F9=1 000，F10=800，F11=500，B12=500，C12=700，D12=800，E12=300。

（5）单击"求解"按钮，给出运算结果，如图 A.6 所示。最低运费为 16 600 元。

	A	B	C	D	E	F	G
1		销地甲	销地乙	销地丙	销地丁	供应量	
2	产地A	15	20	3	30	1000	
3	产地B	7	8	14	20	800	
4	产地C	12	3	20	25	500	
5	需求量	500	700	800	300		
6							
7	模型求解：						
8		销地甲	销地乙	销地丙	销地丁	供应量	
9	产地A	200	0	800	0	1000	
10	产地B	300	200	0	300	800	
11	产地C	0	500	0	0	500	
12	需求量	500	700	800	300	16600	
13							
14		可变单元格	B9:E11				
15		目标单元格	F12				
16							

图 A.6 练习题 3.11 运输问题求解结果

3.12　Excel 2003 求解步骤如下：

这是一个产销量不平衡的问题，故虚拟一个需求点，其需求量为40−39=1（吨）。

（1）启动Excel，新建工作表。

（2）制成数据运算表，输入反映目标单元格、可变单元格和约束条件单元格之间的数量对应关系的单元格计算公式。单元格 F2 "=SUM(B2:E2)"，F3 "=SUM(B3:E3)"，B4 "=SUM(B2:B3)"（复制至C4、D4、E4），目标单元格 F4 "=40*B2+20*C2+10*D2+0*E2+10*B3+30*C3+50*D3+0*E3"。

（3）进入"规划求解-规划求解参数"对话框，进行参数设置。

在"设置目标单元格"中输入"F4"；

在"等于"项下选择"最小值"；

在"可变单元格"中输入"B2:E3"。

（4）单击"添加"按钮，输入以下约束条件：

B4=10，C4=20，D4=9，E4=1，F2=15，F3=25。

选中"线性模型"和"假定非负"复选框。

（5）单击"求解"按钮，给出运算结果，如图A.7所示。最低运费为730元。

单位：元/吨

	A	B	C	D	E	F
1		销地甲	销地乙	销地丙	虚拟销地丁	供应量
2	产地A	0	6	9	0	15
3	产地B	10	14	0	1	25
4	需求量	10	20	9	1	730

图A.7　练习题3.12运算结果

第4章

4.1　Q=1 000（个）；T=10（天）；单位时间总费用为20（元/天）。

4.2　Q=1 118（个）；S=224（个）；T=11.2（天）；单位时间总费用约为17.9（元/天）。

4.3　Q=141（个）；T=14.1（天）；单位时间总费用约为14.1（元/天）。

4.4　最优生产批量为25 298。

4.5　接受订购300件折扣为10%的条件。

4.6　25箱；26箱。

4.7　（略）

4.8　最优进货策略为每天进2 000件。

第5章

5.1　最优路径：A→B_1→C_2→D_2→E_2→F；最短距离：$f_1(A)$=17。

5.2　最佳策略：A→B2→C1→D1→E2→F；最短距离：5+4+1+2+2=14。

5.3 A 到 F_2 的最短距离是 120，故最优路线为 A→B_2→C_3→D_1→F_2。

5.4 最优解为 $d_1^*=3$，$d_2^*=0$，$d_3^*=0$，公司总的最大利润增长额为期 10 千万元。

5.5 最优策略为 $d_1^*=20$，$d_2^*=0$，$d_3^*=30$，$d_4^*=10$；最大利润为 160 万元。

5.6 最优策略为 $d_1^*=0$，$d_2^*=200$，$d_3^*=300$，$d_4^*=100$。

同理，还有另外三个最优策略：

$d_1^*=200$，$d_2^*=100$，$d_3^*=200$，$d_4^*=100$；

$d_1^*=100$，$d_2^*=100$，$d_3^*=300$，$d_4^*=100$；

$d_1^*=200$，$d_2^*=200$，$d_3^*=0$，$d_4^*=200$。

总的最大利润 $f_1(s_1)=f_1(600)=134$（万元）。

5.7 最优方案：$d_1^*=0$，$d_2^*=2$，$d_3^*=0$ 或 $d_1^*=1$，$d_2^*=0$，$d_3^*=1$，总利润最大 $z=260$。

5.8 最优解：$d_3^*=0$，$d_2^*=1$，$d_1^*=2$；最大装载价值为 $f_3(10)=13$。

5.9 最优解为：$d_1^*=1$，$d_2^*=1$，$d_3^*=0$；最大使用价值为 $z=13$。

第 6 章

6.1 （1）和（2）的解如图 A.8 所示；（3）工程最早完工时间 $T_E = 25$ 天。

6.2 图上错误如下：（1）①—③缺箭头；（2）③→②，⑤→②箭头事项编号小于箭尾事项编号；（3）⑨→⑨事项编号出现重复；（4）⑥→⑦不能同时代表两道工序；（5）②→④→⑤→②，出现回路；（6）事项⑧中断，出现缺口。

6.3 工序流线图如图 A.9 所示。

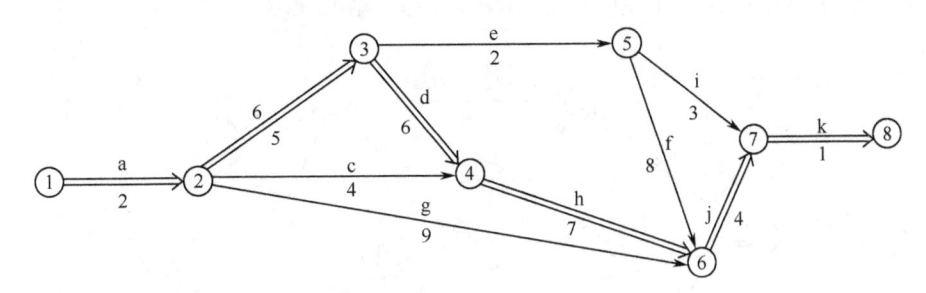

图 A.8 练习题 6.1（1）和（2）的解

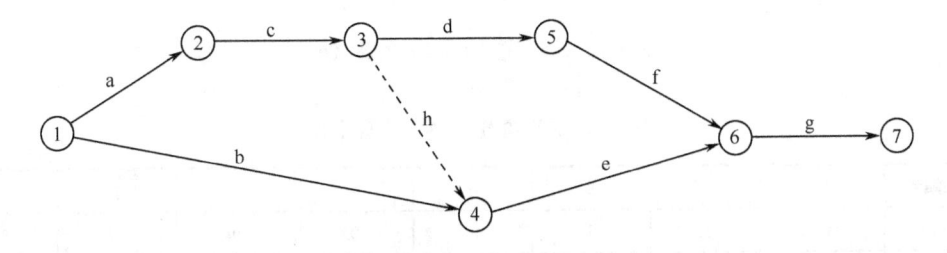

图 A.9 练习题 6.3 的解

6.4 工序流线图如图 A.10 所示。

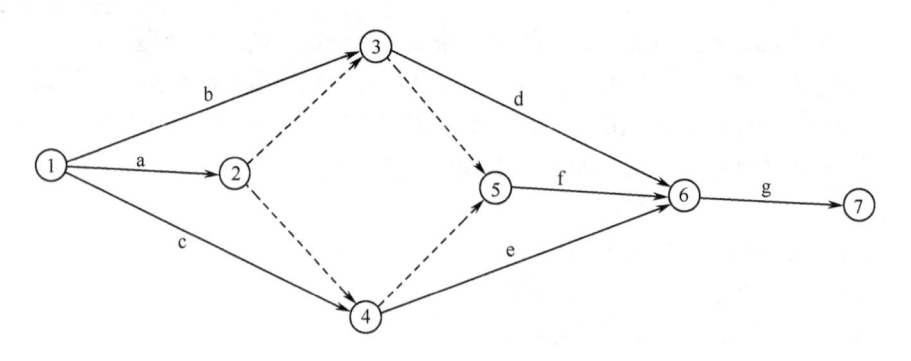

图 A.10 练习题 6.4 的解

6.5 简化合并后的图如图 A.11 所示。

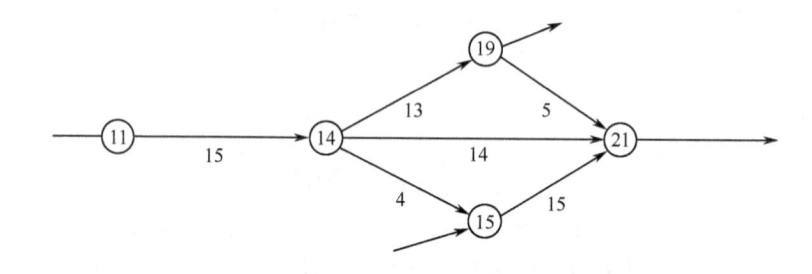

图 A.11 练习题 6.5 的解

6.6 （1）的解如图 A.12 和表 A.1 所示，（2）（略）。

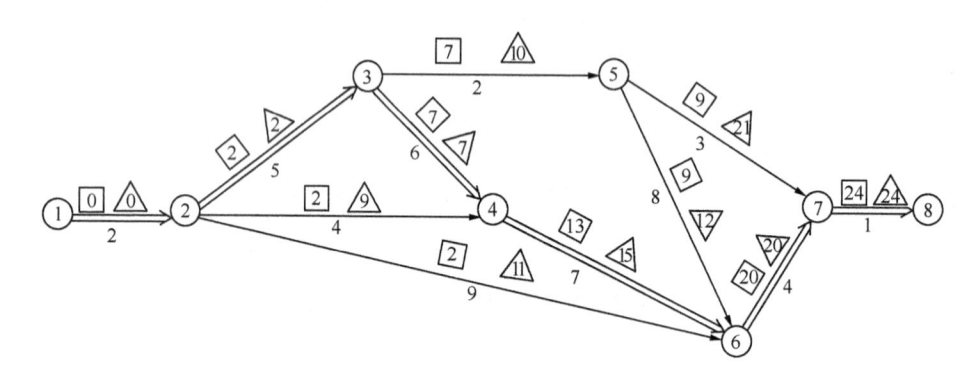

图 A.12 练习题 6.6（1）的解（一）

表 A.1 练习题 6.6（1）的解（二）

事项编号	1	2	3	4	5	6	7	8
$T_E(i)$	0	2	7	13	9	20	24	25
$T_L(i)$	0	2	7	13	12	20	24	25
$S(i,j)$	（略）							

6.7 （1）的解如图 A.13 所示。

202

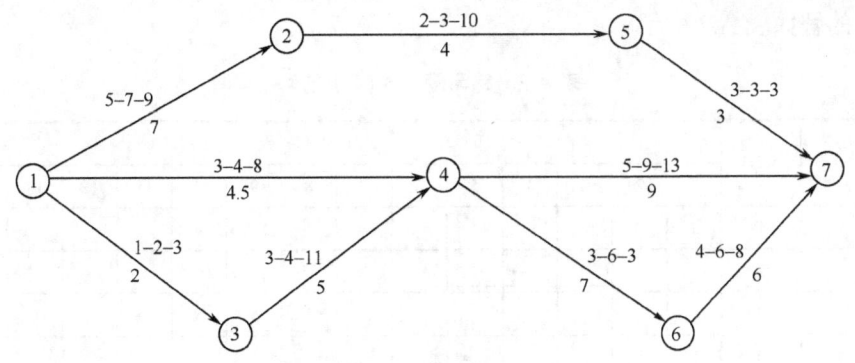

图 A.13 练习题 6.7（1）的解

（2）和（3）的解如图 A.14 所示。

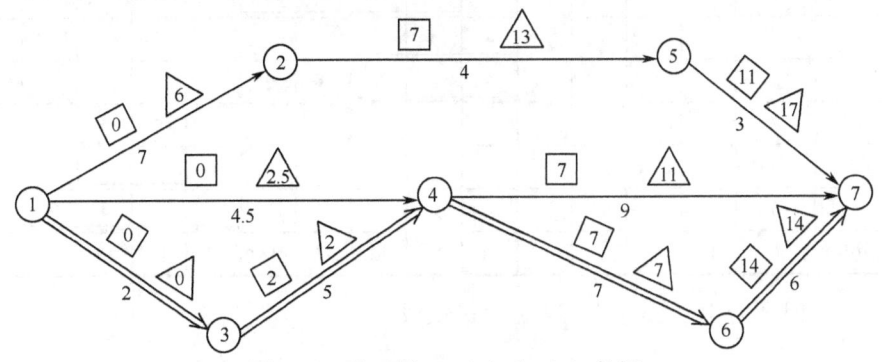

图 A.14 练习题 6.7（2）和（3）的解

（4）T_E=20 天，σ=2.03，T_K=21；故 $x \approx 0.49$，$\phi(0.49) \approx 0.69$；所以，即工程在 21 天前完工的概率是 0.69。

（5）工程在 19 天前完工的概率为 0.31。

（6）规定时间为 23 天。

6.8 （1）各项时间参数 $T_E(i,j)$，$T_L(i,j)$，$R(i,j)$的解如图 A.15 所示，工程最早完工时间 T_E=15 天。

（2）的解如图 A.15 所示。

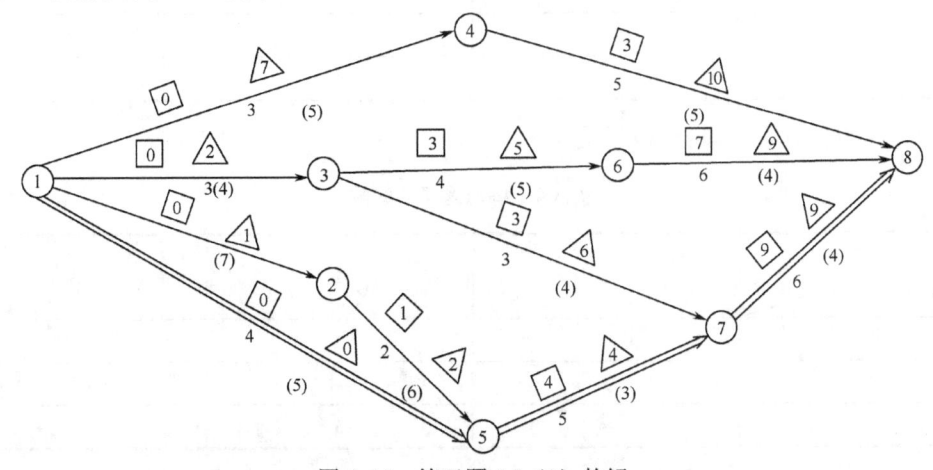

图 A.15 练习题 6.8（2）的解

（3）的解如表 A.2 所示。

表 A.2　练习题 6.8（3）的解

工序	工序时间	$S(i,j)$	1	2	3	4	5	6	7	8	9	10	11	12	13	14	45
(1,2)	1	1	7														
(1,3)	3	2			4	4	4										
(1,4)	3	7								5	5	5					
(1,5)	4	0	5	5	5	5											
(2,5)	2	1					6	6									
(3,6)	4	2						5	5	5	5						
(3,7)	3	3					4	4	4								
(5,7)	5	0					3	3	3	3	3						
(4,8)	5	7										5	5	5	5	5	
(6,8)	6	2									4	4	4	4	4	4	
(7,8)	6	0									4	4	4	4	4	4	
每天用电合计			12	11	15	9	11	12	12	13	13	13	13	13	13	13	

6.9　完工时间为 10 天，费用 94 元为最低成本。

第 7 章

7.1　儿童甲的赢得矩阵如表 A.3 所示。

表 A.3　练习题 7.1 的解

乙＼甲	石头	布	剪刀
石头	0	−1	1
布	1	0	−1
剪刀	−1	1	0

7.2　甲的收益矩阵如表 A.4 所示。

表 A.4　练习题 7.2 的解

甲＼乙	1	2	3
1	−2	3	−4
2	3	−4	5
3	−4	5	−6

7.3 用 a 表示第一个人写的数,b 表示猜的数;a 有 3 种选择,b 有 5 种选择,因此第一个人有 15 个纯策略。第二个人的纯策略用 $(c, d_1, d_2, d_3, d_4, d_5)$ 表示,c 表示写的数,有 3 种选择;d_i 为等第一个人猜数后第二人猜的数,故 $d_i \in \{0,1,2,3,4\}/\{b\}$,有 4 种选择,所以第二个人的纯策略数为 $3 \times 4^5 = 3\,072$。

7.4 用 (a_i, b_j) 和 V 表示双方的最优策略和对策值,各题答案如下:

(1) (a_2, b_1), $V=1$;(2) (a_2, b_1), $V=3$;(3) (a_3, b_1), $V=3$;(4) (a_1, b_1), $V=0$;(5) (a_2, b_3), $V=4$;(6) (a_3, b_4), $V=2$。

7.5 用 X 表示 A 的最优策略,Y 表示 B 的最优策略,V 表示对策值,各题答案如下:

(1) $X = \left(\dfrac{1}{3}, 0, \dfrac{2}{3}, 0\right)$, $Y = \left(\dfrac{2}{3}, \dfrac{1}{3}\right)$, $V = \dfrac{8}{3}$;

(2) $X = \left(\dfrac{6}{11}, \dfrac{5}{11}\right)$, $Y = \left(\dfrac{3}{11}, 0, 0, \dfrac{8}{11}\right)$, $V = \dfrac{4}{11}$;

(3) $X = \left(\dfrac{3}{11}, \dfrac{8}{11}\right)$, $Y = \left(0, \dfrac{9}{11}, \dfrac{2}{11}\right)$, $V = \dfrac{49}{11}$。

7.6 用 X 表示 A 的最优策略,Y 表示 B 的最优策略,V 表示对策值,各题答案如下:

(1) $X = \left(\dfrac{1}{3}, 0, \dfrac{2}{3}\right)$, $Y = \left(\dfrac{1}{3}, \dfrac{1}{3}, \dfrac{1}{3}\right)$, $V = \dfrac{4}{3}$;

(2) $X = \left(\dfrac{17}{46}, \dfrac{20}{46}, \dfrac{9}{46}\right)$, $Y = \left(\dfrac{14}{46}, \dfrac{12}{46}, \dfrac{20}{46}\right)$, $V = \dfrac{30}{46}$;

(3) $X = \left(\dfrac{13}{35}, \dfrac{10}{35}, \dfrac{12}{35}\right)$, $Y = \left(\dfrac{21}{35}, \dfrac{13}{35}, \dfrac{1}{35}\right)$, $V = \dfrac{124}{35}$。

7.7 甲、乙公司均采用策略③。

7.8 A、B 两个工厂均采用策略①。

7.9 A、B 不能协商时,将被迫处于 (A_2, B_2) 这一不利状态;然而,可协商时却变为 (A_1, B_1) 这一有利状态。

7.10 先列出甲、乙双方的赢得可能性的矩阵,即

甲方   乙方

$$A = \begin{pmatrix} 0.667 & 0.75 & 0.333 \\ 0.30 & 0.60 & 0.25 \\ 0.75 & 0.20 & 0.667 \end{pmatrix} \quad B = \begin{pmatrix} 0.333 & 0.25 & 0.667 \\ 0.70 & 0.40 & 0.75 \\ 0.25 & 0.80 & 0.333 \end{pmatrix}$$

将甲方矩阵减去乙方矩阵,得零和对策时甲方收益矩阵(赢得矩阵)为

$$A = \begin{pmatrix} 0.334 & 0.50 & -0.334 \\ -0.40 & 0.20 & -0.50 \\ 0.50 & -0.60 & 0.333 \end{pmatrix}$$

解得:$X = (0.528, 0, 0.472)$;$Y = (0, 0.378, 0.622)$;$V = -0.019$;故对乙方有利。

附录B 物流运筹问题建模概述

B.1 解决问题、制定决策与定量分析

解决问题是指在明确实际情况与期望情况之间的差异后，为消除这种差异而采取的行动。因为这些问题往往非常重要，所以应该花时间和精力对其进行认真分析，解决问题的过程一般包括下列 7 个步骤。

（1）明确问题，定义问题；
（2）找出多个备选方案；
（3）制定分析这些备选方案所用的准则；
（4）评价备选方案；
（5）选择一个备选方案；
（6）付诸实施；
（7）分析结果，检验是否达到了预期的效果。

制定决策则由解决问题过程中的前 5 个步骤构成，即从"明确问题、定义问题"到"选择一个备选方案"。选择一个备选方案是决策的结果。

决策分析有两种基本方式：定性分析和定量分析。定性分析主要依赖管理者的主观判断和经验，靠的是管理者的直觉，这种分析方式与其说是科学还不如说是艺术。在进行决策时，如果管理者有相似的经历，或者遇到的问题比较简单，也许应该首推这种分析方式，但是，如果管理者缺乏经验，或者问题很复杂，定量分析方式就显得非常重要了，管理者在进行决策时应该予以重视。

在运用定量分析时，分析人员首先要从问题中提取量化资料和数据，并对其进行分析；再运用数学表达式的形式把问题的目标、约束条件和其他关系表示出来；最后，分析人员依靠一种或多种定量分析方法，提出建议。显然，这种建议应该建立在定量分析的基础之上。

定性分析能力天生存在于管理者的头脑中，并随着管理者经验的增加而提高；但定量分析能力则不同，它只能通过对管理科学理论和方法的学习来获得。管理者如果学习了一些关于管理科学的理论和方法，并且对其作用也很了解，那就会大大提高决策效率。如果管理者对定量分析的决策过程很熟悉，就能更好地分析和比较所提供的定性和定量的信息资源，并将这两种资源结合起来，制定出最佳的决策方案。

总之，在以下几种情况中需要在决策过程中使用定量分析方法。

（1）问题复杂，如果没有定量分析，管理者可能无法找到解决问题的方法。
（2）问题特别重要（如涉及大量的资金），管理者希望在决策前进行深入的分析。
（3）新问题，管理者没有以前的经验作为参考。
（4）问题是重复性的，管理者希望通过定量分析方法得到程序化的决策制定过程。

B.2 定量分析方法简介

为了成功地将定量分析方法应用于决策过程,管理学家必须关注决策的每一步,只有当管理学家和管理者都认为问题构造已经完毕的时候,才可以进入决策过程的下一步,即数学建模阶段。这时可以运用程式化的办法,找出一个最适合的解决方案,并将此方案推荐给决策的制定者。下面所讨论的建模和求解过程是定量分析的精髓。

1. 建立模型

模型是对客观实体或事态的描述,它有不同的表现形式。例如,仿真飞机是真飞机的模型,同样,玩具卡车是真卡车的模型。类似这样的实实在在的复制品,运用建模的术语可将之称为形象模型。

此外,还有一种模型,它虽然也是物理实体,但却不能说成是真实物体的仿制品,这样的模型称之为模拟模型。汽车里的速度表就是模拟模型,指针的位置是真实车速的表现;温度计也是模拟模型。

第三种模型是运用一系列符号和数学关系对事物进行描述,一般称为数学模型,它是定量分析中的关键环节,下面重点学习这种模型。例如,总利润等于单位利润与单位数量的乘积。现在,用 x 代表产品的卖出数量,用 P 代表总利润,而卖出一件产品所带来的利润是 10 元,那么模型的数学形式就可以用下式描绘:

$$P=10x \tag{B-1}$$

通过对模型进行分析和研究,可以对真实情况进行一定的预测,这就是建立模型的价值和意义。对于式(B-1)来说,当卖出 6 件产品时($x=6$),所得总利润就是 60 元($P=10\times6=60$)。定量分析方法建立在数学建模的基础之上,在对数学建模的过程进行仔细分析后可以发现,在思考管理问题时,具体的目标及可能的约束条件总是产生在问题的定义阶段,如利润的最大化或成本的最小化、企业的生产能力等都是如此。定量分析和数学建模能否成功,关键要看建立起来的数学公式能否准确地描述这个问题的目标及约束条件。

目标函数是用来描述一个问题的目标的数学表达式。例如,一个公司的目标是使其利润最大化,那么利润方程 $P=10x$ 就是它的目标函数。企业的生产能力也需要考虑,假设制造每件产品需要 5 小时,而每周总工作时间只有 40 小时。若用 x 代表周生产产品数,则 $5x$ 就是生产 x 件产品需要的总时间;符号≤表示用于生产的总时间小于或等于 40 小时。

于是,这个问题的完整数学模型如下:

最大化 $P=10x$(目标函数)

满足(约束条件)

$$\begin{cases} 5x \leq 40 \\ x \geq 0 \end{cases} \tag{B-2}$$

其中,$x\geq0$ 表示生产的产量必须大于或等于零。这个模型的最优解很容易得出,即 $x=8$,由此得出利润是 80 元。这就是一个线性规划模型。

2. 数据准备

定量分析方法中有一个阶段是准备模型所需要的数据，这里所说的数据是指模型的非可控因素的值。通常，那些能够影响目标函数和约束条件，管理者和决策者却又无法对其进行控制的因素称为非可控因素；那些可以被管理者和决策者所控制的因素称为可控因素。在对模型进行分析，并由此得到解决问题的结果之前，所有的非可控因素都必须明确。

但是对于很多数学模型来说，非可控因素的值并非唾手可得。例如，在上面提到的例子中，管理学家需要知道生产单位产品所得的利润、单位产品的制造时间以及每周的生产时间这几个数值，可是在对会计、制造、工程这几个部门进行咨询以前，人们无法得到模型所需要的这些数据，所以，分析人员都会先用一些通用的符号来代替它们，并以此建立数学模型，然后再进行数据准备，即得到模型所需要的具体数据。

很多缺乏经验的分析人员以为，一旦问题被定义，模型基本建立，问题也就解决了。这些人员认为，数据准备是一件很简单的事情，企业中的主管人员能很轻松地完成这项工作。而事实上，这样的想法是很不对的。特别是对于那些大型模型，往往需要大量的数据。一个有50个决策变量、25个约束条件的中型线性规划模型就需要1 300多个数据元素，而且在收集过程中还极可能产生错误，这样的错误会使一个看起来非常完美的模型产生荒谬的、甚至是明显错误的结论，因此数据准备阶段至关重要。

3. 模型求解

一旦模型已经建立，且数据准备工作也已完成，就可以进入模型求解阶段。在此阶段分析人员将明确可变量的具体值，以获得模型的最佳结果。这些具体的值，或者说是能够得到的最佳答案的值，通常被称为模型的最优解。

在所有的解中，那些不能满足约束条件的解（无论对应的目标函数值是多少）都是不可行解，也就不能被采用；如果一个备选方案满足所有的约束条件，则它就是可行解，是最优解的一个候选项。需要注意的是，建立模型与模型求解不能截然分开，分析人员既希望能建立一个可以准确描述实际问题的模型，又希望能够对其进行求解。如果一味追求模型的准确性和真实性，那么很可能出现的情况是，模型非常巨大，导致根本无法求解。这时，我们更欣赏那些简单、易懂的，而且是可以求解的数学模型——即使它只能得到一个近似的最优解。

模型的解求出以后，管理学家和管理者将对解的好坏进行判断。通常所采用的方法是将一些比较简单的，且已经知道答案的问题代入模型中，以验证模型的好坏与对错。无论采取何种纠错方式，在模型通过验证之前，它是不可以直接运用到实际工作中去的。

4. 编写报告

定量分析中很重要的一环就是为管理者编写报告。报告内容应建立在模型解答的基础之上，因为定量分析的解是管理者做出决策的依据之一，因此，报告的内容必须简单、易懂，报告中应包含3~5个推荐方案和一些有助于决策的相关信息。

5. 具体实施中需注意的问题

所制订的方案能否成功实施，对管理学家和管理者都很重要。如果定量分析所得到的方案不能正确实施，那么所做的工作就毫无意义。制订出的方案如果总不能得到成功实施，管理学家便会停止建模人员的工作。由于在方案的实施阶段，通常会要求人们改变以往的工作方法，所以一般都会遭到不同程度的阻挠。人们会问"以前的方法有什么错？"这样的问题。确保方案成功实施的有效方法是：让那些新方案的直接使用者参与模型的建立。如果他们感到自己是建模和求解的参与者，必然会更加关心方案的实施。这样建立的模型，方案实施的成功率会大大提高。

B.3 物流运筹常用方法

常用的物流运筹方法有下列 9 种。

（1）预测（forecasting）。预测是一项用来预测商业运作未来的技术。

（2）线性规划（linear programming）。如果函数的表达式是线性的，且其约束条件也是线性的，若要求目标函数实现最大化或最小化，这时可以用线性规划的方法来进行求解。

（3）整数线性规划（integer linear programming）。如果要求一个线性规划问题的解必须是整数，这时可以用整数线性规划的方法来进行求解。

（4）目标规划（goal programming）。目标规划方法用来解决多准则的问题，通常会用到线性规划的框架。

（5）网络模型（network models）。网络模型采用图形来描述问题，且图形是由一些点及点之间的连线表示的。这种模型可以帮助我们很快解决物流运输的设计、物流管理信息系统的设计及工程时间表的设计等问题。

（6）库存模型（inventory models）。库存模型所解决的问题具有两个特点：一是必须保证库存量以保证需求，二是必须尽可能降低库存以减少库存费用。

（7）项目计划（project scheduling: PERT/CPM）。很多时候，管理者都需要对项目进行计划，列出时间表，并对其进行管理，而某些项目往往是巨大的。由于这些大型项目往往包含许多工种、部门、员工等，所以利用 PERT（Program Evaluation and Review Technique）和 CPM（Critical Path Method）可以帮助管理者完成项目时间表的制定。

（8）仿真（simulation）。仿真是一项用来模拟系统运转的技术。这项技术使用计算机程序模拟运转过程，得出仿真结果。

（9）决策分析（decision analysis）。当遇到有多种备选方案或者危机四伏的情况时，可以用这种方法来选择最优策略。

参 考 文 献

[1] 徐渝，胡奇英. 运筹学. 西安：陕西人民出版社，2001.
[2] 彭文学. 经济数学基础. 武汉：武汉大学出版社，1997.
[3] 秦明森，言木. 物流决策分析技术. 北京：中国物资出版社，2003.
[4] 韩大卫. 管理运筹学. 大连：大连理工大学出版社，1999.
[5] 林齐宁. 运筹学. 北京：北京邮电大学出版社，2003.
[6] 魏国华等. 实用运筹学. 上海：复旦大学出版社，1987.
[7] 腾传琳. 管理运筹学. 北京：中国铁路出版社，1986.
[8] 李业. 预测学. 广州：华南工学院出版社，1986.
[9] 赵刚. 物流运筹. 成都：四川人民出版社，2002.
[10] 李苏北. 运筹学基础. 成都：四川大学出版社，2002.
[11] 刘舒燕. 运筹学. 北京：人民交通出版社，1999.
[12] 汤代焱. 管理运筹学. 长沙：湖南大学出版社，1997.
[13] 魏炳麒. 市场调查和预测. 大连：东北财经大学出版社，2002.
[14] 胡运权. 运筹学教程·第2版. 北京：清华大学出版社，2003.
[15] 高平. Excel 在多元线性回归分析中的应用. 青海统计，2006,12:27-29.
[16] 戴维·R. 安德森，丹尼斯·J. 斯威尼，于淼等. 数据、模型与决策·第10版. 北京：机械工业出版社，2003.
[17] 赵刚. 物流定量模型与应用. 成都：四川人民出版社，2009.

《现代物流运筹学（第 3 版）》读者意见反馈表

尊敬的读者：

　　感谢您购买本书。为了能为您提供更优秀的教材，请您抽出宝贵的时间，将您的意见以下表的方式（可从 http://www.huaxin.edu.cn 下载本调查表）及时告知我们，以改进我们的服务。对采用您的意见进行修订的教材，我们将在该书的前言中进行说明并赠送您样书。

姓名：_____　　电话：_____
职业：_____　　E-mail：_____
邮编：_____　　通信地址：_____

1. 您对本书的总体看法是：
　　□很满意　　□比较满意　　□尚可　　□不太满意　　□不满意
2. 您对本书的结构（章节）：　□满意　　□不满意　　改进意见_____
_____
_____

3. 您对本书的例题：　　□满意　　□不满意　　改进意见_____
_____
_____

4. 您对本书的习题：　　□满意　　□不满意　　改进意见_____
_____
_____

5. 您对本书的实训：　　□满意　　□不满意　　改进意见_____
_____
_____

6. 您对本书其他的改进意见：
_____
_____
_____

7. 您感兴趣或希望增加的教材选题是：
_____
_____
_____

请寄：　100036　北京万寿路 173 信箱高等职业教育事业部　　白羽　收
电话：　010-88254563　　　E-mail：baiyu@phei.com.cn

全国信息化应用能力考试介绍

考试介绍

全国信息化应用能力考试是由工业和信息化部人才交流中心组织、以工业和信息技术在各行业、各岗位的广泛应用为基础,检验应试人员应用能力的全国性社会考试体系,已经在全国近 1000 所职业院校组织开展,年参加考试的学生超过 100000 人次,合格证书由工业和信息化部人才交流中心颁发。为鼓励先进,中心于 2007 年在合作院校设立"国信教育奖学金",获得该项奖学金的学生超过 300 名。

考试特色

* 考试科目设置经过广泛深入的市场调研,岗位针对性强;
* 完善的考试配套资源(教学大纲、教学 PPT 及模拟考试光盘)供师生免费使用;
* 根据需要提供师资培训、考前辅导服务;
* 先进的教学辅助系统和考试平台,硬件要求低,便于教师模拟教学和考试的组织;
* 即报即考,考试次数和时间不受限制,便于学校安排教学进度。

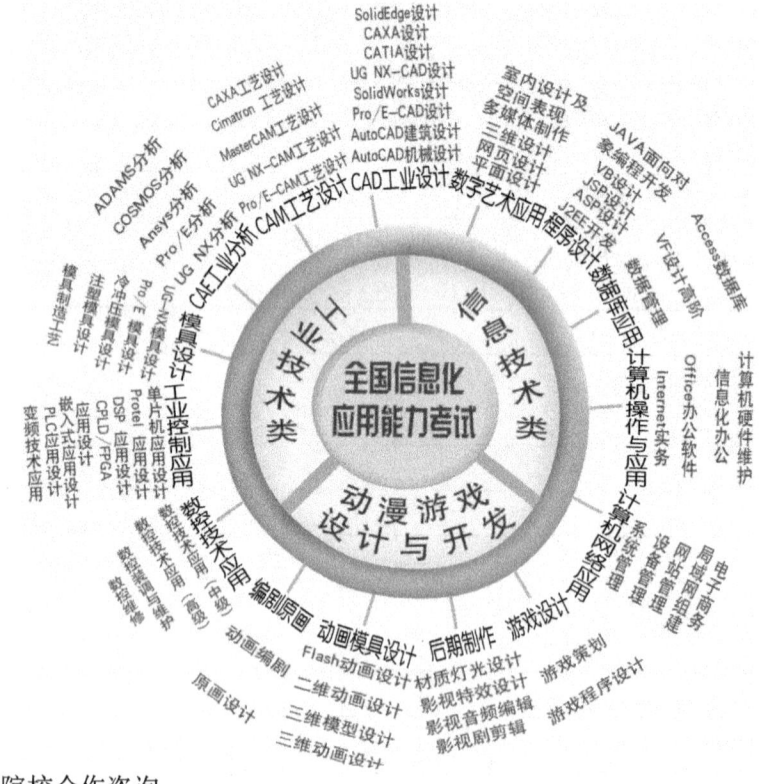

欢迎广大院校合作咨询
工业和信息化部人才交流中心教育培训处
电话:010-88252032 转 850/828/865
E-mail:ncae@ncie.gov.cn
官方网站:www.ncie.gov.cn/ncae